中國近代史論集

蔣廷黻外交史著作選 ▪ 復刻典藏本 ▪

蔣廷黻 原著
蔡登山——主編

編輯說明：

本書原由大西洋圖書公司於一九七〇年出版，原書名為《中國近代史論集》。今復刻出版後，新增一副書名，作《中國近代史論集：蔣廷黻外交史著作選（復刻典藏本）》。另相較於原版，本書內文在編排順序上略有調動，特此說明。

原序：中國近代史論集序例

這是中國近代史學家蔣廷黻博士的近代史論專集。

蔣廷黻是湖南邵陽人，生於一八九四年十二月七號，死在一九六五年十月九號，活了七十一歲。

他一生的簡歷如下：

一九一八年美國奧伯林學院畢業。

一九二三年美國哥倫比亞大學哲學博士。

一九二三年到一九二七年南開大學教授。

一九二七年到一九三五年清華大學教授。

（其中一九三三年到一九三四年兼做清華大學文學院院長）

一九三五年到一九三六年行政院政務處處長。

一九三六年到一九三八年駐蘇大使。

一九三八年到一九四四年行政院政務處處長。

一九四四年到一九四七年行政院善後救濟總署署長。

一九四七年到一九六二年駐聯合國常任代表。

一九六二年到一九六五年駐美大使。

一九六五年總統府資政。

蔣廷黻在中國近代史的研究方面，最有成績的時期是一九二三年到一九三五年，也就是他十二年大學教授的那一階段。在這一階段，他首先有「近代中國外交史資料輯要」上卷的編纂，一九三一年十一月在上海商務印書館出版。這部書，是中國有史以來，第一部不靠外國藍皮書等單方面文件而編成的外交史資料。過去人們研究外交史，不分中外，都以外國單方面的文件為根據，這就如像只根據一造的口供就來判案一樣，當然有失公平。蔣廷黻這部「近代中國外交史資料輯要」，不但糾正了這種偏頗，同時還將歷史研究帶出了「春秋大義」或「資治通鑑」式的主觀論斷，這部書裏沒有描寫洋鬼子如何欺壓中國，也沒有宣揚不平等條約該如何廢除。……它只是平舖直敍挖掘歷史眞相，並且呈露歷史眞相。這樣子編寫歷史，才眞正是中國舊史學的埋葬，眞正算中國新史學的開端。

繼「近代中國外交史資料輯要」上卷出版後，蔣廷黻又在一九三四年十一月，仍由上海商務印書館出版了此書的中卷。從此他就沒再有這一方面的專書了。直到一九三八年，他辭去了駐蘇大使的職務，才趁機寫成了「中國近代史大綱」一本小書（一九四〇年長沙商務印書館出版）。這本書，是他「對我國近代史的觀感」的一個「簡略的初步報告」，見解精闢，出語不凡。

蔣廷黻一生中，關於近代史的著作，除了上面所舉的專書外，論文也有一些，可惜這些文字，都未能在一個「中國近代史論集」的標題下歸成一類。為了彌補這一缺憾，這本「中國近代史論集」的編印，也就不無意義了。

本書編例是：排比所有蔣廷黻有關中國近代史的主要文字，按年列出，綱目如下：

一、「評清史稿邦交志」——選自「北海圖書館館刊」二卷六號，一九二九年六月北平出版。

二、「近代中國外交史資料輯要」上卷——輯出此書中蔣廷黻的全部議論文字，資料部份從略。

1. 自序
2. 各章節引論

三、「琦善與鴉片戰爭」——選自「清華學報」六卷三期，一九三一年十月北平出版。

四、「東北外交史中的日俄密約」——選自「獨立評論」八號，一九三二年七月十日北平出版。

五、「外交史及外交史料」——選自「大公報」文學副刊二四九期，一九三二年十月十日天津出版。

六、「最近三百年東北外患史」——選自「清華學報」八卷一期，一九三二年十二月北平出版。前有小引，寫於一九五二年九月十六日。

七、「東北問題的新史料」——選自「大公報」文學副刊二六一期，一九三三年一月四日天津出版。

八、「姚薇元『鴉片戰爭史事考』序」——選自姚薇元「鴉片戰爭史事考」，一九四二年二月貴州文通書局出版。序作於一九三三年六月三十日。

九、「從日俄對敵到日俄合作」——選自「大公報」文學副刊二八七期，一九三三年七月三日天津出版。

十、「民國初年之中日關係」——選自「大公報」文學副刊二九八期，一九三三年九月十八日天津出版。

十一、「『清季外交史料』序」——選自「清季外交史料」，一九三三年十月北平出版。

十二、「中國與近代世界的大變局」——選自「清華學報」九卷四期，一九三四年十月北平出版。

十三、「近代中國外交史資料輯要」中卷——輯出此書中蔣廷黻的全部議論文字，資料部分從略。

1. 自序
2. 各章節引論

十四、「中國近代史大綱」——重刊「中國近代史大綱」前有小序，寫於一九五九年六月一日。

以上十四大項，已全部囊括了蔣廷黻這一方面的主要著作。至於文星書店、傳記文學出版社及其他翻印商有「蔣廷黻選集」的出版，本書並不跟它衝突：一來本書爲專輯中國近代史論部分；二來本書所收，爲「近代中國外交史資料輯要」上中卷之各章節引論、「中國近代史大綱」等，都爲「蔣廷黻選集」所無；三來本書編排次序上，都重加訂正，而「蔣廷黻選集」中的次序，卻偶有誤差之處。

目次

中國近代史大綱

中國近代史大綱

總論

中華民族到了十九世紀就到了一個特殊時期。在此以前，華族雖與外族久已有了關係，但是那些外族都是文化較低的民族。縱使他們入主中原，他們不過利用華族一時的內亂而把政權暫時奪過去。到了十九世紀，這個局勢就大不同了，因為在這個時候到東亞來的英、美、法諸國，絕非匈奴、鮮卑、蒙古、倭寇、滿清可比。原來人類的發展可分為兩個世界，一個是東方的亞洲，一個是西方的歐洲。兩個世界雖然在十九世紀以前有過關係，但是那種關係是時有無的，而且是可有可無的。在東方這個世界裏，中國是領袖，是老大哥，我們以大哥自居，他國——連日本在內——也承認我們的優越地位。到了十九世紀，來和我們打麻煩的，不是我們東方世界裏的小弟們，是那個素不相識，而且文化根本互異的西方世界。

嘉慶、道光年間的中國人，當然不認識那個西方世界。直到現在，我們還不敢說我們完全了解西洋的文明。不過有幾點我們是可以斷定的：第一、中華民族的本質可以與世界上最優秀的民族比，中國人的聰明不在任何別的民族之下。第二、中國的物產雖不及俄、美兩國的完備，然總在一般國家水平線之上。第三、我國秦始皇的廢封建為郡縣及漢唐兩朝的偉大帝國，足證我民族是有政治天才的。

是故論人論地，中國本可大有作爲。然而到了十九世紀，我民族何以遇着空前的難關呢？第一是因爲我們的科學不及人。人與人的競爭，民族與民族的競爭，最足以決勝負的，莫過於知識的高低。科學的知識與非科學的知識比賽，好像汽車與洋車的比賽。在嘉慶、道光年間，西洋的科學基礎已經打好了，而我們的祖先還在那裏作八股文，講陰陽五行。第二、西洋已於十八世紀中年起始用機械生財打仗，而我們的工業、農業，運輸、軍事，仍保存唐、宋以來的模樣。第三、西洋在中古的政治局面很像中國的春秋時代，文藝復興以後的局面很像我們戰國時代，在列強爭雄的生活中，西洋人養成了熱烈的愛國心，深刻的民族觀念。我們則死守着家族觀念和家鄉觀念。所以在十九世紀初年，西洋的國家雖小，然團結有如鐵石之固；我們的國家雖大，然如一盤散沙，毫無力量。總而言之，到了十九世紀，西方的世界已經具備了所謂近代文化，而東方的世界則仍滯留於中古，我們是落伍了！

近百年來的中華民族根本只有一個問題，那就是：中國人能近代化嗎？能趕上西洋人嗎？能利用科學和機械嗎？能廢除我們的家族和家鄉觀念而組織一個近代的民族國家嗎？能的話，我們民族的前途是光明的；不能的話，我們這個民族是沒有前途的。因爲在全世界上，一切的國家，能接受近代文化者必致富强，不能者必遭慘敗，毫無例外。並且接受得愈早愈速就愈好。日本就是一個好例子，日本的原有土地不過中國的一省，原有的文化幾全是隋、唐以來自我國學去的，近四十餘年以來，日本居然能在國際上作一個頭等的國家，就是因爲日本接受近代文化很快。我們也可以把俄國作例子，俄國在十五世紀，十六世紀也是個落伍的國家，所以那時在西洋的大舞臺上幾乎沒有俄國的地位。可是在十七世紀末年，正當我們的康熙年間，俄國幸而出了一個大彼得。他以專制皇帝的至尊，變名改姓，微服到西歐去學造船，學鍊鋼，後來他又請了許多西歐的技術家到俄國去，幫助他維新，那時許多的俄國人反對他，尤其是首都莫斯科的國粹黨。他不顧一切，奮鬪到底，甚至遷都到一個偏僻的，即是濱海的尼瓦河旁，因爲他想靠海就容易與近代文化發源地的西歐往來。俄國之近代化基礎是大彼得建立的，他是俄羅斯民族的大英雄之一，所以今日的斯塔林還推崇他。

土耳其的命運也足以表示近代文化左右國家富强力量之大。在十九世紀初年，土耳其帝國的土地跨歐、亞、非三洲，土耳其人也是英勇善戰的。却是在十九世紀百年之內，別國的科學、機械，和民族主義有一日千里的長進，土耳其則祇知保守，因此土耳其遂受了歐洲列强的宰割。到了一八七八年以後，土耳其也有少數青年覺悟了非維新不可，但是他們遇着極大的阻力：第一，土耳其的國王，如我國的滿清一樣，並無改革的誠意。第二，因爲官場的腐敗，創造新事業的經費都被官僚侵吞了，浪費了，國家沒有受到新事業的益處，人民却增加了許多的苛捐雜稅，似乎國家愈改革就愈弱愈窮，關於這一點，土耳其的近代史也很像中國的近代史。第三，社會的守舊勢力太大，以致有一個人提倡維新，就有十個人反對。總而言之，土耳其在十九世紀末年的維新是三心兩意的，不澈底的，無整個計劃的。其結果就是在一次世界大戰中的慘敗，國家幾致於滅亡。土耳其人經過那次大國難以後，一致團結起來，擁護民族領袖基瑪爾，於是始得復興。基瑪爾一心一意爲國家服務，不知有他。他認識了時代的潮流，知道要救國非澈底接受近代的文化不可。他不但提倡科學工業，他甚至改革了土耳其的文字，因爲土耳其的舊文字太難，兒童費在文字上的時間和腦力太多，能費在實學上的必致減少。現在土耳其立國的基礎算打穩了。

日本、俄國、土耳其的近代史大致是前面說的那個樣子。這三國接受了近代科學、機械、及民族主義，於是復興了，富强了。現在我們要硏究我國的近代史，我們要注意帝國主義如何壓迫我們，我們要仔細研究每一個時期內的抵抗方案，我們尤其要分析每一個方案成敗的程度和原因。我們如果能找出我國近代史的教訓，我們對於抗戰建國就更能有所貢獻了。

第一章　剿夷與撫夷

第一節　英國請中國訂立平等邦交

在十九世紀以前，中西沒有邦交。西洋沒有派遣駐華的使節，我們也沒有派大使到外國去。此中的原故是很複雜的：第一，中西相隔很遠，交通也不方便，西洋到中國來的船隻都是帆船，那時沒有蘇彝士運河，中西的交通須繞非洲頂南的好望角，從倫敦到廣州頂快需三個月。因此商業也不大，西洋人從中國買的貨物不外絲茶及別的奢侈品。我們的經濟是自足自給的，用不着任何西洋的出品，所以那時我們的國際貿易總有很大的出超。在這種情形之下，邦交原來可以不必有的。

還有一個原故，那就是中國不承認別國的平等。西洋人到中國來的，我們總把他們當作琉球人，安南人，高麗人看待。他們不來，我們不勉强他們，他們如來，必尊中國爲上國而以藩屬自居。這個體統問題，儀式問題，就成爲邦交的大阻礙，「天朝」是絕不肯通融的。中國那時不感覺有聯絡外邦的必要，並且外夷無不是蠻貊之邦，不知禮義廉恥，與他們往來有什麼好處呢？他們貪利而來，天朝施恩給他們，許他們作買賣，藉以羈縻與撫綏而已。假若他們不安份守己，天朝就要「剿夷」。那時中國不知道有外交，只知道「剿夷」與「撫夷」。政治家分派別，不過是因爲有些主張剿，有些注重撫。

那時的通商制度也特別，西洋的商人都限於廣州一口，在明末清初的時候，西洋人曾到過漳州、泉州、福州、厦門、寧波、定海各處。後來一則因爲事實的不方便，二則因爲清廷法令的禁止，就成了所謂一口通商制度。在廣州，外人也是不自由的，夏秋兩季是買賣季，他們可以住在廣州的十三行，買賣完了，他們必須到澳門去過冬。十三行是中國政府指定的十三家可以與外國作買賣的，十三行的行總是十三行的領袖，也是政府的交涉員，所有廣州官吏的命令都由行總傳給外商，外商上給官吏的呈文也由行總轉遞，外商到廣州，照法令，不能坐轎，事實上官吏很通融。他們在十三行住的時候，照法令，不能隨便出遊，逢八（那就是初八，十八，二十八），可以由通事領導到河南的「花地」去遊一次。他們不能帶軍器到廣州，「夷婦」也不許進去，以防「盤踞之漸」。頂奇怪的禁令是外人不得買中國書，不得學中文。第一個耶蘇教傳教士馬禮遜博士的中文教師，每次去授課的時候，身旁必隨帶一隻鞋子和一瓶毒藥，鞋子表示他是去賣鞋子的，不是去教書的，毒藥是預備萬一官府查出，可以自盡。

那時中國的海關是自主的，朝廷所定的海關稅則原來很輕，平均不過百分之四。滿清政府並不看重那筆海關收入，但是官吏所加的陋規極其繁重，大概連正稅要收價百分之廿。中國法令規定稅則應該公開，事實上，官吏絕守秘密，以便隨意上下其手。外人每次納稅，都經過一種講價式的交涉，因此很不耐煩。

中國那時對於法權並不看重，在中國境內的外國人與外國人的民刑案件，我國官吏不願過問，那就是說，自動的放棄境內的法權。譬如，乾隆十九年，一個法國人在廣州殺了一個英國人，廣州的府縣最初勸他們自己調解，後因英國堅決要求，官廳始理問。中國人與外國人的民事案件，總是由雙方設法和解，因為雙方都怕打官司之苦。倘若中國人殺了外國人，官廳絕不偏袒，總是殺人者抵死，所以外國人很滿意。只有外國人殺中國人的案子麻煩，中國要求外人交兇抵死，在十八世紀中葉以前，外人遵命者多，以後則拒絕交兇，拒絕接受中國官廳的審理，因為他們覺得中國刑罰太重，審判手續太不高明。

外人最初對是我們的通商制度雖不滿意，然而覺得這既是中國的定章，祗好容忍。到了十八世紀末年（乾隆末年嘉慶初年），外人態度就漸漸的變了。這時中國的海外貿易，大部份在東印度公司手裏。在廣州的外人之中，英國人已佔了領袖地位。英國此時的工業革命已經起始，昔日的手工業都慢慢的變為機械製造，海外市場在英國的國計民生上一天比一天緊要。中國對通商的限制，英國認為最不利於英國的商業發展，同時英國在印度已勝了法國，印度半島全入了英國的掌握。以後再往亞東發展也就更容易了，因爲有了印度作發展的根據地。

當時歐洲人把乾隆皇帝作爲一個模範的開明君主看，英國人人爲在華通商所遇着的困難都是廣州地方官吏作出來的，倘若有法能使乾隆知道，他必願意改革。一七九三年（乾隆五十七年）正是乾隆帝滿八十歲的那年，如果英國趁機派使來賀壽，那就能得着一個交涉和促進中英友誼的機會。廣州地方官吏知道乾隆的虛榮心，竭力慫恿英國派使祝壽，於是英國乃派馬戛爾尼侯（Lord Macartney）爲全權特使來華。

馬戛爾尼使節的預備是很費苦心的。特使乘坐頭等兵船，並帶衞隊，送乾隆的禮物都是英國上等的出品，用意不外要中國知道英國是個富强而且文明的國家。英政府給馬戛爾尼的訓令要他竭力遷就中國的禮俗，惟必須表示中英的平等。交涉的目的有好幾個：第一、英國願派全權大使常駐北京，如中國願派大使到倫敦去，英廷必以最優之禮款待之。第二、英國希望中國加開通商口岸。第三、英國希望中國有固定的、公開的海關稅則。第四、英國希望中國給她一個小島，可以供英國商人居住及貯貨，如同葡萄牙人在澳門一樣。在乾隆帝方面，他也十分高興迎接英國的特使，但是乾隆把他當作一個藩屬的貢使看待，至要他行跪拜禮。馬戛爾尼初不答應，後來有條件的答應，他的條件是：將來中國派使到倫敦去的時候，也必須向英王行跪拜禮；或是中國派員向他所帶來的英王的畫像行跪拜答禮。他的目的不外要表示中、英的平等。中國不接受他的條件，他就拒絕行跪拜禮，乾隆帝很不快樂，接見以後，就要他離京回國。至於馬戛爾尼所提的要求，中國都拒絕了。那次英國和平的交涉要算完全失敗了。

十八世紀末年和十八世紀初年，歐洲正鬧法蘭西革命和拿破崙戰爭，英國無暇顧及遠東商業的發展。等到戰事完了，英國遂派第二次的使節來華，其目的大致與第一次同。但是嘉慶給英使的待遇遠不及乾隆，所以英使不但外交失敗，並且私人對我的感情也不好。

英國有了這兩次的失敗，知道和平交涉的路走不通。

中西的關係是特別的，在鴉片戰爭以前，我們不肯給外國平等待遇，在以後，他們不肯給我們平等待遇。

到了十九世紀，我們只能在國際生活中找出路，但是嘉慶、道光、咸豐年間的中國人，不分漢、滿，仍圖閉關自守，要維持歷代在東方世界的光榮地位，根本否認那個日益強盛的西方世界。我們倘若大膽的踏進大世界的生活，我們需要高度的改革，不然，我們就不能與列強競爭。但是我們有與外人並駕齊趨的人力物力，只要我們有此決心，我們可以在十九世紀的大世界上得着更光榮的地位。我們研究我民族的近代史，必須了解近代的邦交是我們的大困難，也是我們的最大機會。

第二節　英國人作鴉片買賣

在十九世紀以前，外國沒有什麼大宗貨物是中國人要買的，外國商船帶到中國來的東西祗有少數是貨物，大多數是現銀。那時經濟學者，不分中外，都以爲金銀的輸出是於國家有害的，各國都在那裏想法子加增貨物的出口和金銀的進口。在中國的外商，經過多年的試驗，發現鴉片是一種上等的商品，於是英國東印度公司在印度乃獎勵種植，統制運銷。乾隆初年，鴉片輸入每年約四百箱，每箱約百斤。乾隆禁止內地商人販買，但是沒有效果。到了嘉慶初年，輸入竟加了十倍，每年約四千箱。嘉慶下令禁止入口，但是因爲官吏的腐敗和查禁的困難，銷路還是繼續增加。

道光對於鴉片是最痛心的，對於禁煙是最有決心的。卽位之初，他就嚴申禁令。可是在他的時代，鴉片的輸入加增最快，道光元年，一八二一年，輸入尙祇五千箱，道光十五年，就加到三萬箱，值價約一千八百萬元。中國的銀子漏出，換這有害無益的鴉片，全國上下都認爲是國計民生的大患。廣東有班紳士，覺得煙禁絕不能實行，因爲「法令者，胥役之所藉以爲利也。立法愈峻，則索賄愈多」。他現主張一面加重關稅，一面提倡種植，拿國貨來抵制外貨。久而久之，外商無利可圖，就不運鴉片進口了。道先十四五年的時候，這一派的議論頗得勢，但是除許乃濟一人外，沒有一人敢冒天下之大不韙，公開提倡這個辦法。道光十八年，黃爵滋上了一封奏摺，大聲疾呼的主張嚴禁。他的辦法是嚴禁吸食，他說沒有人吸，就沒有人賣，所以吸者應該治以死罪：

「請皇上嚴降諭旨，自今年某月某日起至明年某月某日止，準給一年限戒煙。倘若一年以後，仍然吸食是不奉法之亂民，置之重刑，無不平允。查舊例，吸食鴉片者僅枷杖，其不指出興販者罪止杖一百，徒三年，然皆係活罪。斷癮之苦，甚於枷杖與徒杖，故甘犯明刑，不肯斷絕。若罪以死論，是臨刑之慘更苦於斷癮。臣知其情願絕癮而死於家，不願受刑而死於市。惟皇上既愼用刑之意，誠恐立法稍嚴，互相告訐，必至波及無辜。然吸食鴉片是否有癮無癮，到官熬審，立刻可辨。如非吸食之人，無大深仇，不能誣枉良善。果係吸食者，究亦無從掩飾。故雖用刑，並無流弊」。

這封奏摺上了以後，道光令各省的督撫討論。他們雖不彰明的反對黃爵滋，總覺得他的辦法太激烈。他們說吸食者尚只害自己，販賣者害許多別人，所以販賣之罪重於吸食之罪。廣州是鴉片煙的總進口，大販子都在那裏，要禁煙應從廣州下手。惟獨湖廣總督林則徐完全贊成黃爵滋的主張，並建議各種實施辦法。道光決定吸食與販賣都要嚴加禁止，並派林則徐爲欽差大臣，馳赴廣州查辦煙禁。林文忠公是當時政界聲望最好，辦事最認眞的大員，士大夫尤其信任他。他的自信也不小，他雖然以先沒有辦過「夷務」，但他對外國人說：「本大臣家居閩海，於外夷一切伎倆，早皆深悉其詳」。

實在當時的人對禁煙問題都帶了幾分客氣。在他們的私函中，他們承認禁煙的困難；但是在他們的奏章中，他們總是逢迎上峯的意旨，唱高調。這種不誠實的行爲，是我國士大夫階級的大毛病之一。其實禁煙是個極複雜、極困難的問題，縱使沒有外國的干涉，禁煙已極其困難，何況在道光年間，英國人絕不願意我們實行禁煙呢？那時鴉片不但是通商上的大利，而且是印度政府財政收入之大宗。英國對於我們獨自尊大，閉關自守的態度，早已不滿意，要想和我們算一次賬，倘若我們因鴉片問題給予英國任何藉口，英國絕不惜以武力對付我們。

那次的戰爭，我們稱爲鴉片戰爭，英國人則稱爲通商戰爭。兩方面都有理由。關於鴉片問題，我方力圖禁絕，英方則希望維持原狀，我攻彼守。關於通商問題，英方力圖獲得更大的機會和自由，我方則硬要維持原狀，彼攻我守。就世界大勢論，那次的戰爭是不能避免的。

第三節 東西對打

林則徐於道光十九年正月二十五日行抵廣州，經過一個星期的考慮和佈置，他就動手了。他諭告外人說：「利己不可害人，何得將爾國不食之鴉片煙帶來內地，騙人財而害命乎」？他要外國人作兩件事：第一、把已到中國而尚未出賣的鴉片「盡數繳官」；第二，出具甘結，聲明以後不帶鴉片來華，如有帶來，一經查出，甘願「貨盡沒官，人即正法」。外國人不知林則徐的品格，以爲他不過是個普通官僚，到任之初，總要出個告示，大講什麼禮義廉恥，實在還不是要價，價錢講好了，買賣就可以照常作了。因此他們就觀望，就講價。殊不知林則徐不是那類的人：「若鴉片一日未絕，本大臣一日不回，誓與此事相始終，斷無中止之理」。到了二月初十，外人尚不肯交煙，林則徐就下命令，斷絕廣州出海的交通，派兵把十三行圍起來，把行裏的中國人撤出，然後禁止一切的出入。換句話說，林則徐把十三行作了外國人的監牢，並且不許人賣糧食給他們。

當時在十三行裏約有三百五十個外國人，連英國商業監督義律在內。他們在裏面當然要受相當的苦，煮飯、洗碗、打掃都要自己動手。但是糧食還是有的，外人預貯了不少，行商又秘密的接濟。義律原想妥協，但是林則徐堅持他的兩種要求。是時英國在中國洋面祇有兩隻小船，船上的水兵且無法到廣州。義律不能抵抗，只好屈服。他屈服的方法很值得我們的注意，他不是命令英國商人把煙交給林則徐，他是教英商把煙交給他，並且由他以商業監督的資格給各商收據，一轉手之間，英商的鴉片變爲大英帝國的鴉片。

義律共交出二萬零二百八十三箱，共計二百數十萬斤，實已一網打盡。這是林文忠的勝利，道光帝也高興極了，他批林的奏摺說：「卿之忠君愛國，皎然於域中化外矣」。外人尚不完全相信林眞是要禁煙，他們想林這一次發大財了。林在虎門海灘挑成兩個池子，「前設涵洞，後通水溝，先由溝道引水入池，撒鹽其中，次投箱中煙土，再拋石灰煮之，煙灰湯沸，顆粒悉盡，其味之惡，鼻不可嗅。潮退，啓放涵洞，隨浪入海，然後刷滌池底，不留涓滴。共歷二十三日，全數始盡銷毀。逐日皆有文武官員監視，外人之來觀者，詳記其事，深讚欽差大臣之坦然無私」。

義律當時把繳煙的經過詳細報告英國政府以後，靜待政府的訓令。林文忠的大功告成，似乎可以休手了，並且朝廷調他去作兩江總督，他可是不去，他說，已到的鴉片雖已銷毀，但是以後還可以來，他要澈底，方法就是要外商人人出具甘結，以後不作鴉片買賣。這個義律不答應。於是雙方又起衝突了，林自覺極有把握。他說英國的戰鬪力亦不過如此，英國人「腿足纏束緊密，屈伸皆所不便」虎門的砲臺都重修過。虎門口他又拿很大的鐵鍊封鎖起來。他又想外人必須有茶葉大黃，他禁止茶葉大黃出口，就可以致外人的死命。那年秋冬之間，廣東水師與英國兩隻小兵船有好幾次的衝突，林報告朝廷中國大勝，因此全國都是樂觀的。

英國政府接到義律的信以後，就派全權代表懿律率領海陸軍隊來華。這時英國的外相是巴麥尊，有名的好大喜功的帝國主義者。他不但索鴉片賠款，軍費賠款，並且要求一掃舊日所有的通商限制和邦交的不平等。懿律於道光二十年（一千八百四十年）的夏天到廣東洋面。倘若英國深知中國的國情，懿律應該在廣州與林則徐決勝負，因爲林是主戰派的領袖。但英國人的策略並不出此，懿律在廣東並不進攻，僅宣佈封鎖海口。中國人的解釋是英國怕林則徐。封鎖以後，懿律北上，派兵佔領定海。定海並無軍備，中國人覺得這是不武之勝。以後懿律和義律就率主力艦隊到大沽口。定海失守的消息傳到北京以後，清廷憤懣極了。道光下令調陝、甘、雲、貴、湘、川各省的兵到沿海各省。全國脚慌手忙，上面要調値，下面就請餉。道光帝最怕花錢，於是對林則徐的信任就減少了。七月二十二日，他的上諭罵林則徐說：「不但終無實際，反生出許多波瀾，思之曷勝憤懣，看汝以何詞對朕也」

是時在天津主持交涉者是隸總督琦善。他下了一番知己知彼的工夫，他派人到英國船上假交涉之名去調查英國軍備，覺得英人的船堅砲利遠在中國之上。他們的汽船「無風無潮，順水逆水，皆能飛渡」。他們的砲位之下，「設有石磨盤，中具機軸，祇須移轉磨盤，砲卽隨其所向」。回想中國的設備，他覺得可笑極了。山海關的砲，尚是「前明之物，免強蒸洗備用」。所謂大海及長江的天險，已爲外人所據。任軍事者「率皆文臣，筆下雖佳，武備未諳」。所以他決計撫夷。

英國外相致中國宰相書，很使琦善覺得他的撫夷政策是很有希望的。那封書的前半都是批評林則徐的話，說他如何殘暴武斷。後半提出英國的要求。琦善拿中國人的眼光來判斷那封書，覺得牠是個狀紙。林則徐待英人不平，所以要大皇帝替他們伸寃。他就將計就計，告訴英國人說：「上年欽差大臣林等查禁煙土，未能體仰大皇帝大公至正之意，致受人欺矇，措置失當，必當逐細查明，重治其罪。惟其事全在廣東，此間無憑辦理，貴統帥等應卽返棹南還，聽候欽派大臣，馳往廣東，秉公查辦，定能代伸寃抑」。至於賠款一層，中國多少會給一點，使英國代表可以有面子回國。至於變通通商制度，他告訴英國人，事情解決以後，英人可照舊通商，用不着變更。懿律和義律原不願在北方打仗，所以就答應了琦善回到廣州去交涉，並表示願撤退在定海的軍隊。道光帝高興極了，覺得琦善的三寸之舌竟能說退英國的海陸軍，遠勝林則徐的孟浪多事。於是下令教內地各省的軍隊概歸原防，「以節糜費」。同時革林則徐的職，教琦善去替代他。

琦善到了廣東以後，他發現自己把事情看的太容易了。英國人堅持賠款和割香港或加通商口岸。琦善以爲與其割地，不如加開通商口岸，但是怕朝廷不答應，所以祇好慢慢講價稽延時日。英人不耐煩，遂於十二月初開火了。大角、沙角失守以後，琦善遂與義律訂立條約，賠款六百萬元，割香港與英國，以後給英國平等待遇。道光不答應，罵琦善是執迷不悟，革職鎖拏，家產查抄入官。同時調大兵赴粵剿辦。英國政府也不滿意義律，另派代表及軍隊來華。從這時起，中英雙方皆一意主戰，彼此絕不交涉。英國的態度很簡單：中國不答應他的要求，他就不停戰。道光也是很倔强的，一軍敗了再調一軍。中國兵士有未出戰而先逃者，也有戰敗而寧死不降不逃者。將帥有戰前妄自誇大而臨戰卽後退者，也有鞠躬盡瘁死而後已者，如關天培、裕謙、海齡諸人。軍器不如人，自不待說；紀律不如人，精神不如人，亦不可諱言。人民有些甘作漢奸，有些爲饑寒所迫，投入英軍作苦力。到了二十二年的夏天，英軍快要攻南京的時候，清廷知道沒有辦法，不能再抵抗，於是接受英國的要求，成立南京條約。

第四節　民族喪失二十年的光陰

鴉片戰爭失敗的根本原因，是我們的落伍。我們的軍器和軍隊是中古的軍隊，我們的政府是中古的政府，我們的人民，連士大夫階級在內，是中古的人民。我們雖拼命抵抗，終歸失敗，那是自然的，逃不脫的。從民族的歷史看，鴉片戰爭的軍事失敗還不是民族致命傷。失敗以後還不明瞭失敗的理由，力圖改革，那才是民族的致命傷。倘使同治、光緒年間的改革，移到道光、咸豐年間，我們的近代化就要比日本早二十年。遠東的近代史就要完全變更面目。可惜道光、咸豐年間的人，沒有領受軍事失敗的教訓。戰後與戰前完全一樣，痲木不仁，妄自尊大。直到咸豐末年，英、法聯軍攻進了北京，然後少數人覺悟了，知道非學西洋不可。所以我們說，中華民族喪失了二十年的寶貴光陰。

爲什麼道光年間的中國人不在鴉片戰爭以後，就起始維新呢？此中原故雖極複雜，但是值得我們研究。第一，中國人的守舊性太重，我國文化有了這幾千年的歷史，根深蒂固，要國人承認有改革的必要，那是不容易的。第二，我國文化是士大夫階級的生命線，文化的搖動就是士大夫飯碗的搖動，我們一實行新政，科擧出身的先生們就有失業的危險，難怪他們要反對。第三，中國士大夫階級（知識階級和官僚階級）最缺乏獨立的、大無畏的精神。無請在那個時代，總有少數人看事較遠較清，但是他們怕清議的指責，默而不言，林則徐就是個好例子。

林則徐實在有兩個：一個是士大夫心中的林則徐，一個是眞正的林則徐。前一個林則徐是主剿的，他是百戰百勝的，他所用的方法都是中國的古法，可惜奸臣琦善受了英人的賄賂，把他驅逐了。英人未去林之前，不敢在廣東戰；旣去林之後，當然就開戰。所以士大夫想，中國的失敗不是因爲中國的古法不行，是因爲奸臣誤國。當時的士大夫得了這樣的一種印像，也是很自然的。林的奏章，充滿了他的自信心。可惜自道光二十年夏天定海失守以後，林沒有得着機會與英國比武，難怪中國人不服輸。

眞的林則徐是慢慢的覺悟了的。他到了廣東以後，他就知道中國軍器不如西洋，所以他竭力買外國砲，買外國船。同時他派人翻譯外人所辦的刋物，他在廣東所搜集的材料，他給了魏默深。魏後來把這些材料編入海國圖志。這部書提倡以夷制夷，並且以夷器制夷。後來日本的文人把這部書譯成日文，促進了日本的維新。林雖有這種覺悟，他怕清議的指責，不敢公開的提倡。清廷把他謫戍伊犂，他在途中曾致書友人說：

「彼之大砲遠及十里內外，若我砲不能及彼，彼砲先已及我，是器不良也。彼之放砲如內地之放排槍，連聲不斷。我放一砲後，須輾轉移時再放一砲，是技不熟也。求其良且熟焉，亦無他深巧耳。不此之務，卽遠調百萬貔貅，恐祗供臨敵之一哄。況逆船朝南暮北，惟水師始能尾追，岸兵能頃刻移動否？蓋內地將弁兵丁，雖不乏久歷戎行之人，而皆覿面接仗，似此之相距十里八里彼此不見面而接仗者，未之前聞。徐嘗謂剿匪八字要言，器良技熟膽壯心齊是已。第一要大砲得用，今此一物置之不講，眞令岳韓束手，奈何奈何」！

這是他的私函，道光二十二年九月寫的，他請他的朋友不要給別人看。換句話說，眞的林則徐，他不要別人知道。難怪他後來雖又作陝、甘總督和雲、貴總督，他總不肯公開提倡改革。他讓主持清議的士大夫睡在夢中，他讓國家日趨衰弱，而不肯犧牲自己的名譽去與時人奮鬭。林文忠無疑的是中國舊文化最好的產品。他尙以爲自己的名譽比國事重要，別人更不必說了。士大夫階級既不服輸，他們當然不主張改革。

主張撫夷的琦善、耆英諸人，雖把中外强弱的懸殊看清楚了，而且公開的宣傳了，但是士大夫階級不信他們，而且他們無自信心，對民族亦無信心，只聽其自然，不圖振作，不圖改革。我們不責備他們，因爲他們是不足責的。

第五節　不平等條約開始

道光二十二年八月二十九日在南京所訂的中英條約，不過是戰後新邦交及新通商制度的大綱，次年的虎門條約才規定細則。我們要知道戰後的整個局面，應該把兩個條約合拼起來研究。我們應該注意的有下列幾點：第一，賠款二千一百萬元。第二，割香港。第三，開放廣州、廈門、禮州、寧波、上海爲過商口岸。第四，海關稅則詳細載明於條約，非經兩國同意不能修改，是卽所謂協定關稅。第五，英國人在中國者祇受英國法律和英國法庭的約束，是卽所謂治外法權。第六，中、英官吏平等往來。當時的人對於這些條款最痛心的是五口通商。他們覺得外人在廣州一口通商的時候已經不易防範，現在有五口通商，外人簡直可以橫行天下，防不勝防。直到前清末年，文人憂國者莫不以五口通商爲後來的禍根。五口之中，他們又以福州爲最重要，上海則是中、英雙方所不重視的。割讓土地當然是時人所反對的，但是香港在割讓以前，毫無商業的或國防的重要，英人初提香港的時候，北京還不知道香港在那裏。時人反對割地，不是反對割香港。

協定關稅和治外法權，是我們近年所認爲不平等條約的核心。可是當時的人並不這樣看。治外法權，在道光時代的人的目光中，不過是讓夷人管夷人。他們想那是最方便最省事的辦法。至於協定關稅，他們覺得也是方便省事的辦法，每種貨物應該納多少稅都明白的載於條約，那就可以省除爭執。負責交涉條約的人如伊布里、耆英、黃恩彤諸人，知道戰前廣東地方官吏的苛捐雜稅是引起戰爭原因之一，現在把關稅明文規定，豈不是一個釜底抽薪，一勞永逸的辦法？而且新的稅則平均到百分之五，比舊日的自主關稅還要略高一點。負交涉責任者計算，以後海關的收入比以先還要多。所以他們洋洋得意，以爲他們的外交成功。其實他們犧牲了國家的主權，遺害不少。總而言之，道光年間的中國人，完全不懂國際公法和國際形勢，所以他們爭所不當爭，放棄所不應當放棄的。

我們與英國訂了這種條約，實因爲萬不得已，如別的國家來要求同樣的權利，我們又怎樣對付呢？在鴉片戰爭的時候，國內分爲兩派，剿夷派和撫夷派。前者以林則徐爲領袖，後者以琦善爲領袖。戰爭失敗以後，撫夷派當然是得勢了。這一派在朝者是軍機大臣穆彰阿，在外的是伊里布和耆英。中、英訂了條約以後，美、法兩國就派代表來華要求與我們訂約，撫夷派的人當然不願意與美國、法國又打仗，所以他們自始就決定給美、法的人平等的待遇。他們說，倘若中國不給，美、法的人大可以假冒英人來作買賣，我們也沒有法子查出。這樣作下去，美、法的人既靠英國人，勢必與英國人團結一致，來對付我們。假使中國給美、法通商權利，那美國、法國必將感激中國，我們或者還可以聯絡美、法來對付英國。並且伊里布，耆英諸人，以爲中國的貿易是有限的，這有限的貿易，不讓英國獨佔，讓美、法分一部份，與中國並無妨礙，中國何不作個順水人情？英國爲避免別國的妒嫉，早已聲明她歡迎別國平等競爭，所以美國、法國竟能和平的與中國訂約。

不平等條約的根源，一部份由於我們的無知，一部份由於我們的法制未達到近代文化的水準。

第六節　剿夷派又抬頭

在鴉片戰爭以前，廣州與外人通商已經三百多年，好像廣州人應該比較的多知道外國的情形，比別處的中國人應該更能與外人相安無事。其實不然，五口通商以後，惟獨廣州人與外人感情最壞，衝突最多。此中原因複雜：第一，英國在廣州受了多年的壓迫，無法出氣，等到他們打勝了，他們覺得他們出氣的日子到了。他們不能平心靜氣的，原諒中國人因受了戰爭的痛苦而對他們自然不滿意，自然帶幾分的仇視。第二、廣東地方官商最感覺南京條約給他們私人利益的打擊，在鴉片戰爭以前，因爲中外通商集中於廣州，地方官吏，不分大小，都有發大財的機會。南京條約以後，他們的意外財源都禁絕了，難怪他們要恨外國人。商人方面也是如此，在戰前，江浙的絲茶都由陸路經江西，過梅嶺，而由廣州的十三行賣給外國人。據外人的估計，伍家的怡和行，在戰前有財產八千多萬，恐怕是當是世界上最富的資本家。南京條約以後，江浙的絲茶，外人直接到江浙去買，並不經過廣州。五口之中，上海日盛一日，而廣州則日形衰落，不但富商受其影響，就是勞工直接間接受影響的都不少，難怪民間也恨外國人。

仇外心理的表現之一就是殺外國人。他們到郊外去玩的時候，鄉民出其不意就把他們殺了。耆英知道這種仇殺一定引起大禍，所以竭力防禦，絕不寬容。他嚴厲的執行國法，殺人者處死。這樣一來，士大夫罵他是洋奴。他們說，官民應該一致對外，那可以壓迫國民以順夷情呢？因此耆英在廣東的地位，一天困難一天。

在廣東還有外人進廣州的問題。照常看識來，許外國人到廣州城裏去，似乎是無關宏旨的。在外人方面，不到廣州城裏去似乎也沒有任何損失。可是這個入城問題竟成了和戰問題。在上海，就全無這種糾紛，南京條約以後，外人初到上海的時候，他們在上海城裏租借民房，後來他們感覺城內街道狹小，衞生情形也不好，於是請求在城外劃一段地作爲私人居留地區。上海道臺也感覺華洋雜處，不便管理，乃劃洋涇濱以北的小塊地作爲外人住宅區。這是上海租界的起源。在廣州，十三行原在城外，鴉片戰爭以前，外人是不許入城的，廣州人簡直把城內作爲神聖之地，外夷倘進去就好像與尊嚴有損。外人也是爭意氣，他們以爲不許他們入城就是看不起他們。耆英費盡苦心，調停外人與廣州人民之間，不料雙方愈鬧愈起勁，道光二十七年，英人竟兵臨城下，要求入城。耆英不得已許於二年後准外人入城，希望在兩年之內，或者中外感情可以改良，入城可以不成問題，但時人攻擊耆英者多，於是道光調他入京，而陞廣東巡撫徐廣縉爲兩廣總督。道光給徐的上諭，很清楚的表示他的態度：

「疆寄重在安民，民心不失，則外侮可免。嗣後遇有民夷交涉事件，不可瞻洵遷就，有失民心。至於變通參酌，是在該署督臨時加意權衡體察，總期以誠實洽民情，以羈縻辦夷務，方爲不負委任」。

徐廣縉陞任總督以後，就寫信問林則徐制夷之法，林回答說：「民心可用」。道光的上諭和林則徐的回答，都是士大夫階級傳統的高調和空談，僅以民心對外人的砲火當然是自殺。民心固不可失，可是一般人民懂得什麼國際關係？主政者應該負責指導輿論，如不指導，或指導不生效，這都是政治家的失敗。徐廣縉也是怕清議的指責，也是把自己的名譽看的重，國事看的輕。當時廣東巡撫葉名琛比徐廣縉更頑固，他們繼承了林則徐的衣缽，他們上任就是剿夷派的抬頭。

道光二十九年，兩年後許入城的約到了期，英人根據條約提出要求，廣州的士大士和民衆一致反對。徐廣縉最初猶疑，後亦無可奈何，只好順從民意。葉名琛自始卽堅決反對履行條約，他們的辦法分兩層：第一不與英人交易，第二組織民衆。英人這時不顧爲意氣之爭與中國決裂，所以除聲明保存條約權利以外，沒有別的舉動。徐葉認爲這是他們的大勝利，事後他們報告北京說：

「計自正月二十七日至三月二十日，居民則以工人，舖戶則以伙伴，均擇其強壯可靠者充補。挨戶註册，不得在外雇募。公司籌備經費，置造器械，添設柵欄，共團勇至十萬餘人，無事則各安工作，有事則立出捍衛。明處則不見荷戈持戟之人，暗中實皆折衝禦侮之士（硃批：朕初不料卿等有此妙用）。衆志成城，堅逾金石，用能內戢土匪，外懾猾夷」。

爲紀念勝利，道光帝賞了徐廣縉子爵，世襲雙眼花翎，葉名琛男爵，世襲花翎。道光又特降諭旨，嘉勉廣州民衆：

「我粵東百姓素稱饒勇，乃近年深明大義，有勇知方，固由化導之神，亦係天性之厚。朕念其翊戴之功，能無惻然有動於中乎」！

三十年（一千八百五十年）年初道光死了，咸豐卽位。在咸豐年間，國內有太平天國的內戰，對外則剿夷派的勢力更大。三十年五月，有個御史曹履泰上奏說：

「查粵東夷務，林始而徐終之，兩臣皆爲英夷所敬畏。去歲林則徐乞假回籍，今春取道江西養疾，使此日英夷頑梗不化，應請旨飭江西撫臣速令林則徐趕緊來京，候陛見後，令其協辦夷務，庶幾宋朝中國復相司馬之意。若精神尚未復原，亦可養疴京中，勿遽回籍。臣知英夷必望風而靡，伎倆悉無所施，可永無宵旰之慮矣」。

咸豐也很佩服林則徐，當卽下令教林來京。林的運氣眞好，他病太重，以後不久就死了，他的名譽藉此保存了。

第七節　剿夷派崩潰

林則徐死了，徐廣縉離開廣東去打太平天國去了，廣東負外交重責的是葉名琛。他十分輕視外人，自然不肯退讓。在外人方面，他們感覺已得的權利不够，他們希望加開通商口岸。舊有的五口只包括江浙閩粵四省的海岸，現在他們要深入長江，要到華北。其次他們要派公使駐北京。此外他們希望中國地方官吏不拒絕與外國公使領事往來。最後他們要求減輕關稅並廢除厘金。這些要求，除最後一項外，並沒有什麼嚴重的性質。但是咸豐年間的中國人，反而覺得稅收一項倒可通融，至於北京駐使，長江及華北通商及官吏與外人往來各項，簡直有關國家的生死存亡，絕對不可妥協的。

咸豐四年（一八五四年），英美兩國聯合要求修改條約，當時中國沒有外交部，所有的外交都由兩廣總督辦。葉名琛的對付方法，就是不交涉，外人要求見他，他也不肯接見。英美兩國的代表跑到江蘇去找兩江總督，他勸他們回廣東去找葉名琛。他們後來到天津，地方當局只允奏請皇帝施恩稍爲減免各種稅收，其餘一概拒絕。總而言之，外人簡直無門可入。他們知道，要修改條約，只有戰爭一條路。

咸豐六年（一八五六年），葉名琛派兵上在香港註册之亞羅船去搜海盜，這一舉給了英國人開戰的口實。不久，法國傳教士馬神父在廣西西林被殺，葉名琛不好好的處理，又得罪了法國。於是英法聯軍來和我們算總賬。

七年冬天，英法聯軍香先進攻廣東，士大夫階級所依賴的民心竟毫無力量，英法不但打進廣州，而且把總督、巡撫都俘虜了。葉後來押送印度，死在喀爾喀塔。巡撫柏貴出來作英法的傀儡，維持地方治安。民衆不但不抵抗，且幫英國人把藩臺衙門的庫銀抬上英船。

八年，英法聯軍到大沽口，交涉失敗，於是進攻，我國迫不得已與訂天津條約，接受英法的要求，於是英法撤退軍隊。

清廷對於北京駐使及長江通商始終不甘心，總要想法挽回。清廷派桂良和花沙納到上海，名爲交涉海關細則，實則想取消天津條約。爲達到這個目的，清廷準備出很大的代價。只要英法放棄北京駐使，長江通商口岸，清廷願意以後全不收海關稅。幸而桂良及何桂清反對這個辦法！所以天津條約未得挽回。清廷另一方面派科爾沁親王僧格林沁在大沽佈防。僧格林沁是當時著名勇將之一，辦事極認眞。

九年，英法各國代表又到大沽，預備進京去交換天津條約的批准證書。他們事先略聞中國要修改天津條約，並在大沽設防，所以他們北上的時候，隨帶相當海軍，到了大沽口，看見河已堵塞，他們憤憤不平，責中國失信，並派船拔取防禦設備。僧格林沁就令兩岸的砲臺出其不意，同時開砲，英法的船隻無法抵抗，陸戰隊陷於海灘的深泥，亦不能登岸，他們祗有宣告失敗，等國內增派軍隊。

咸豐九年冬季及十年的春季，正是清廷與太平天國內戰最緊急的時候，蘇州被太平天國包圍，危在且夕。江浙的官吏及上海蘇州一帶的紳士，聽見北方又與英法開戰，簡直驚慌極了，因爲他們正竭力尋求英法的援助來對付太平軍。所以他們對北京再三請求撫夷，說明外人兵力之可畏及長江下游局勢之危急。清廷雖不許他們求外人的援助，恐怕示弱於人，但外交政策並不因大沽口的勝利而轉强硬，北京此時反願意承認天津條約。關於大沽口的戰爭，清廷的辯護亦極有理，倘使英法各國代表的眞意旨在進京換約，何必隨帶重兵？海河既爲中國領河，中國自有設防的權，而這種防禦或者是對太平軍，並非對外仇視的表示。海河雖阻塞，外國代表尚可以在北塘上岸，由陸路進北京。我國根據以上理論的宣傳，頗生效力。大沽口之役以後，英法並不堅持要報復，要雪恥，但却又要求賠償損失及其他不關重要之條約解釋與修改。這種天津條約以外的要求，遂成爲咸豐十年英法聯軍的起因。

十年，英法的軍隊由側面進攻大沽砲臺，僧格林沁不能支持，連天津都不守了。清廷又派桂良等出面在天津交涉，格外的要求答應了。但到簽字的時候，一則因爲英法代表要求率衞隊進京，二則因爲他們以爲桂良的全權證書不合格式，疑他們的交涉不過是中國的緩兵之計，所以又決裂了，英法的軍隊直向北京推進。清廷改派怡親王載垣爲欽差大臣，在通州交涉。條件又講好了，但英使的代表巴夏禮在簽字之前聲明，英使到北京後，必須向中國皇帝面呈國書，這是國際間應行的禮節，但那時候的中國人認爲這是外夷的狂悖，其居心叵測，中國絕不能忍，載垣乃令軍隊捕拏英法代表派到通州來的交涉人員，這一擧激怒外人，軍事又起了。

咸豐帝原想「親統六師，直抵通州，以伸天討而張撻伐」。可是通州決裂以後，他就逃避熱河，派恭親王奕訢留守北京。奕訢是咸豐的親弟，這時只二十八歲，他當然毫無新知識，八年天津交涉的時候，他竭力反對長江通商，捕拏外國交涉代表最初也是他提議的，所以他也是屬於剿夷派的。但他是個有血性的人，且眞心爲國圖謀，他是清朝後百年宗室中之賢者。在道咸時代，一般士大夫不明天下大勢是可原諒的，但是戰敗以後而仍舊虛驕如附和林則徐的剿夷派，或是服輸而不圖振作，不圖改革，如附和耆英的撫夷派，那就不可救藥了。恭親王把握政權以後，天下大勢爲之一變，他雖缺乏魄力，他有文祥作他的助手。文祥雖是親貴，但他的品格可說是中國文化的最優代表。他爲人十分廉潔，最盡孝道。他可以作督撫，但因爲有老母在堂，不願遠行，所以堅辭。他辦事負責而認眞，且不怕別人的批評。我們如細讀文文忠公年譜，我們覺得他是一個「先天下之憂而憂，後天下之樂而樂」的大政治家。

奕訢與文祥在元首逃難，京都將要失守的時候，接受大命。他們最初因無外交經驗，不免舉棋不定，後來把形勢看清楚了，他們就毅然決然承認外人的要求，與英法訂立北京條約。條約簽訂以後，英法退軍，中國並沒有喪失一寸土地。咸豐八年的天津條約和十年的北京條約，是三年的戰爭和交涉的結果，條款雖很多，主要是北京駐使和長江通商，歷史上的意義，不外從此與西洋的關係更密切了。這種關係，固可以爲禍，亦可以爲福，看我們振作與否。奕訢與文祥絕不轉頭回看，留戀那失去不復回的閉關時代。他們大膽的向前進，到國際生活中去找新出路。我們研究近代史的人所痛心的，就是這種新精神不能出現於鴉片戰爭以後，而出現於二十年後的咸末周初。一寸光陰一寸金，個人如此，民族更如此！

第二章　洪秀全與曾國藩

第一節　舊社會走循環套

第一章已經討論了道光咸豐年間自外來的禍患。我們說過，那種禍患是不可避免的，因為我們無法阻止西洋科學和機械勢力，使其不到遠東來。我們也說過，我們很可以轉禍為福，只要我們大膽的接受西洋近代文化，以我們的人力物力，倘若接受了科學、機械和民族精神，我們可以與別國並駕齊趨，在國際生活之中，取得極光榮的地位。可是道光時代的人，不此之圖，鴉片之役雖然敗了，他們不承認是敗了，主戰的剿夷派及主和的撫夷派，在戰爭之後，正如在戰爭之前，均未圖振作，直到受了第二次戰敗的教訓，然後有人認識時代的不同而思改革。

在沒有敍述同治光緒年間的新建設以前，我們試再進一步的研究道咸年間中國的內政。在近代史上，外交雖然要緊，內政究竟是決定國家強弱的根本要素。譬如：上次世界大戰以前，德國的外交失敗了，所以戰爭也失敗了。然而因為德國內政健全，戰後尚不出二十年，她又恢復她的地位了。這就是自力更生。

不幸到了十七世紀，我們的社會政治經濟都已到腐爛不堪的田地。據前清政府的估計，中國的人口，在康熙四十年（一千七百零一年）約有二千萬；到了嘉慶五年（一千八百年），增加到三萬萬。百年內竟有十五倍的增加！這種估計雖不可靠，然而我國人口在十八世紀有很大的加增，這是毫無疑問的。十七世紀是個大屠殺的世紀，開初有明朝末年的內亂，以後又有明清的交戰及滿清有計劃的屠殺漢人，如揚州十日及嘉定屠城。我們也不要忘記張獻忠在四川的屠殺，近年中央研究院發表了許多明清史料，其中有一件是康熙初年四川某縣知事的人口年報，那位縣老爺說：他那一縣的人口在大亂之後只有九百餘人，而在一年之內，老虎又吃了一大半！康熙、雍正乾隆三朝，是大亂之後的大治，於是人口增加。這是中國幾千年來的圈套，演來演去，就是聖賢也無法逃脫。

那時的人，一方面不知利用科學節制生育，另一方面又不知利用科學加增生產。在大亂之後，大治之初，人口減少，有荒可墾，故人民安居樂業，生活程度略為提高。這是老百姓心目中的黃金時代。後來人口一天多一天，荒地則一天減少一天，而且新墾的地不是土質不好，就是水源不足，於是每年耕地的面積減少，生活程度降低。老百姓莫明其妙，只好燒香拜佛，嗟嘆自己的命運不好。士大夫階級和政府，縱有救世之心，亦無救世之力，只好聽天災人禍自然演化。等到土匪一起，人民更不能生產，於是小亂變為大亂。

中國歷史還有一個循環套：每朝的開國君主及元勳，大部份起自民間，自奉極薄，心目中的奢侈標準是很低的，而且比較能體恤民間的痛苦，辦事亦比較認眞，這是內政昌明，吏治澄清的時代。後來慢慢的統治階級的慾望提高，奢侈標準隨之提高，因之官吏的亦貪汚大大的長進。並且在舊社會裏，政界是才子唯一的出路，不像在近代文化社會裏，有志之士，除作官以外，可以經營工商業、可以行醫、可以作新聞記者、大學教授、科學家、發明家、探險家、音樂家、美術家、工程師，而都名利兩全，其所得往往還在大官之上。有人說：中國舊日的社會很平等，因為官吏都是科舉出身，而且舊日的教育是很不費錢的。這種看法過於樂觀，前清一代的翰林，那一個在未得志以前，曾經下個苦力？我們可以進一步的問：前清一代的翰林，那一個的父親曾經下個苦力？林則徐、曾國藩，是前清有名的貧苦家庭的子弟，但是細考他們的家世，我們就知道他們的父親是教書先生，不是勞力者。中國舊日的資本家，有幾個不是做官起家？中國舊日的大商業，那一種沒有官吏作後盾，仗官發財！總而言之，在中國舊日的社會裏，有心事業者集中於政界，專心利祿者也都擠在官場裏，結果是每個衙門的人員永在加增之中，而衙門的數目亦天天加多。所以每個朝代到了天下太平，人口加增，民生痛苦的時候，官吏加多，每個官吏的貪污更加厲害，人民所受的壓榨也更加嚴重。

中國到了嘉慶年間，已到了循環套的最低點。嘉慶初年所革除的權臣和坤，據故宮博物院所保存的檔案，積方私產到九萬萬兩銀子之多，當時官場的情形可想而知。歷嘉慶道光兩朝中國幾無，日無內亂，最初有湖北四川陝西三省白蓮教徒的叛亂，後來有西北回教徒之亂，西南苗徭之亂，同時東南沿海的海盜亦甚猖獗。這還是明目張膽與國家對抗者，至於潛伏於社會的匪徒，幾遍地皆是。道光十五年，御史常大淳上奏說：「直韓、山東、河南，向有教匪，輾轉傳習，或衆歛錢。遇歲歉，白晝夥搶，名曰均糧。近來間或拿辦，不斷根株。湖南之永州郴州、桂陽，江西之南安、贛州與兩廣接壤，均有會匪結黨成羣，動成巨案」。

西洋勢力侵略當起始的時候，正是我們抵抗力量薄弱的時候。到了道光年間，我們的法制有名無實，官吏腐敗，民生痛苦萬分，道德已部份的失其維繫力。我們一面須接受新的文化，一面又須設法振興舊的政教，我民族在近代所遇着的難關是雙層的。

第二節　洪秀全企圖建新朝

洪秀全所領導的太平天國運動，就是上一節所講的那個時代和那種環境的產物。

洪秀全是廣東花縣人，生於嘉慶十八年卽西曆一八一年年。傳說他的父親是個農民，家境窮苦。但他自幼就入村塾讀書，到十六歲才輟學，作鄉村教師，這樣似乎他不是出身於中國社會的最下層，他自已並不是勞力者。他兩次到廣州去考秀才，兩次都失敗了，於是心懷怨恨。這是舊社會常有的事，並不出奇。洪秀全經驗的特別，是他在廣州應試的時候，得着耶穌教傳教士的宣傳品，後來大病四十多天，病中夢見各種幻象，自說與耶穌教義符合，於是信仰上帝，創立上帝會。最早的同志是馮雲山，也是一位因考試失敗而心懷不平者。他們因爲在廣東傳教不順利，所以遷移出活動於廣西桂平縣。

中國自古以來的民間運動，都帶點宗教庴質，西洋中古時候也是如此。可是洪秀全與基督教發生關係，不過是偶然的事。他的耶穌教也是個不倫不類的東西。他稱耶和華爲天父，耶穌爲天兄，自爲天弟，他奉天父天兄之命來救世，他的命令就是天父天兄的命令，崇拜耶和華上帝者，「無災無難」不崇拜者，「蛇虎傷人」。他的兵士，如死在戰場，就是登仙。孔教，佛教，道教，都是妖術。孔廟及寺觀都必須破壞。

洪秀全的上帝會吸收了許多三合會的份子。這個三合會是個排滿的秘密團體，大概是明末清初時代起始的。洪秀全或者早有了種族革命的思想，無論如何，他收了三合會的會員以後，他的運動以推倒滿清爲第一個目的。他駡滿人爲妖人，滿人之改變中國衣冠和淫亂中國女子（三千粉黛，皆爲羯狗所汚；百萬紅顏，竟與騷狐同寢），是洪秀全的宣傳品中斥責的最好對象。

洪秀全除推行宗教革命及種族革命以外，他有社會革命的思想沒有？以提倡男女平權，但他的宮庭充滿了妃妾，太平天國的王侯將帥，亦皆多蓄妻妾。他的詔書中有田畝制度，其根本思想類似共產主義：「有田同耕，有飯共食，有衣同穿，有錢同使」。但是他們的均田主義，雖有詳細的規定，並未實行。是他不願實行呢？還是感覺實行的固難而不願試呢？就現在我們所有的史料判斷，我們可以說，洪秀全對於宗教革命及種族革命，是十分積極的，對於社會革命則甚消極。他的黨徒，除馮雲山以外，尙有燒炭的楊秀清，後封東王；耕種山地的蕭朝貴，封西王；曾捐監生，與衙門胥吏爲伍的韋昌輝，後封北王；及富豪石達開，後稱翼王。他的運動當然是民間運動，反映當時民間的痛苦和迷信，以及潛伏於民間的種族觀念。

道光三十年夏天，洪秀全在廣西金村起兵，九月，佔蒙山縣（舊名永安），於是定國號爲太平天國，自稱天王。清兵進圍永安，洪秀全於咸豐二年春突圍，進攻桂林，未得，改圖湖南。他在長沙遇着很堅强的抵抗，乃向湘江下流進攻。他在岳州得着清初吳三桂留下來的軍械，並搶奪了不少的帆船。實力補充了以後，他直逼武漢。他雖打下了漢陽、武昌，他不留兵防守，設官立治。他一直向長江下游進攻，沿途攻破九江、安慶、蕪湖。咸豐三年春，打進南京，就定都於此，名叫天京。在定都南京以前，洪秀全的行動，類似流寇，定都南京以後，他才開始他的建國工作。

從道光三十年（一千八百五十年）到咸豐三年（一千八百五十三年），可說是太平天國的順利時期。在這一時期內，社會對洪秀全的運動是怎樣應付呢？一般安份守己的國民，不分貧富，是守中立的。太平軍到了，他們順從太平軍，貢獻金錢；官軍到了，他們又順從官軍，又貢獻金錢。他們是順民，其實是左右為難的。他們對滿清政府及其官吏，絕無好感，因為他們平素所受的苦也够了。並且官軍的紀律不好，在這期內，太平軍的紀律還比較好一點。同時老百姓感覺太平軍是造亂份子，使他們不能繼續過他們的平安日子。太平軍到處破壞寺廟，毀滅偶像，迷信的老百姓看不慣，心中不以為然。各地的土匪都趁火打刧，太平軍所經過的地方就是他們容易活動的地方，他們幹他們的事，對於官軍及太平軍無所偏依。有組織的秘密會社則附和太平軍，如湖南的哥老會及上海的小刀會。大多數的士大夫階級積極反對洪秀全的宗教革命。至於排滿一層，士大夫不是不知道漢人的恥辱，但是他們一則因為洪秀全雖為漢人，雖提倡種族革命，然竭力破壞幾千年來的漢族文化；滿人雖是外族，然自始即擁護漢族文化。二則因為他們覺得君臣之份既定，不好隨便作亂，亂是容易的，撥亂反正則是極難的，所以士大夫階級這時對於種族革命並不熱心。

太平軍的軍事何以在這時期內這樣順利呢？主要原因不是太平軍本身的優越。論組織訓練，太平軍很平常；論軍器，太平軍尚不及官軍；論將才，太平軍始終沒有出過大將。太平軍在此時期內所以能得勝，全因爲牠是一種新興的勢力，富有朝氣，能拼命，能犧牲。官軍不但暮氣很重，簡直腐化不成軍了。當時的官軍有兩種，即八旗和綠營。八旗的戰鬭力，隨着滿人的漢化文弱化而喪失了。所以在乾隆善慶年間，清朝用綠營的時候已逐漸加多，用八旗的時候已逐漸減少。到了道光咸豐年間，綠營已經成了清廷的主力軍隊，其腐化程度正與一般政界相等。兵士的餉額甚低，又爲官長剝削，所以自謀生計，把當兵作爲一種副業而已。沒有紀律，沒有操練，害民有餘，打仗則簡直談不到。並且將官之間，猜忌甚深，彼此絕不合作。但是綠營在制度上也有一種好處，這種軍隊，雖極端腐化，然是統一的國家的軍隊，不是個人的私有武力。在道咸以前，地方大吏沒有人敢擁兵自重，與朝廷對抗。私有武力是太平天國內亂的意外副產品，以後我們要深切的注意牠的出世。

第三節　曾國藩刷新舊社會

曾國藩是我國舊文化的代表人物，甚至於理想人物。他生在嘉慶十六年，一八一一年，比洪秀全大兩歲。他是湖南湘鄉人，家世業農。他雖沒有下過苦力，他的教育是從艱難困苦中奮鬭出來的。他成翰林的時候，正是鴉片戰爭將要開始的時候。他的日記雖提及鴉片戰爭，他似乎不大注意，不了解那次戰爭的歷史意義，仍埋首於古籍中。他是個實踐主義的理學家。無論我們是看他的字，讀他的文章，或是研究他的爲人辦事，我們自然的想起我們鄉下那個務正業的小農民。他和小農民一樣，一生一世，不作苟且的事情。他知道文章學問道德功業，都只有汗血才能換得來，正如小農民知道要得一粒一顆的稻麥，都非出汗不可。

在咸豐初年，曾國藩官作到侍郎，等於現在的各部次長。他的知己固然承認他的文章道德是特出的，但是他的知己不多，而且這少數的知己也不知道他有大政治家的才能，恐怕連他自己也不知道。所以在他的事業起始的時候，他的聲望並不高，他也沒有政治勢力作他的後盾。但是湖南地方上的士大夫階級，確承認他的領袖地位。他對洪秀全的態度就是當時一般士大夫的態度，不過比別人更加積極而已。

那時的兵不但不能打仗，連鄉下的土匪都不能對付。所以人民爲自衞計，都辦團練。這種團練就是民間的武力，是務正業的農民藉以抵抗不務正業的游民土匪。這種武力，因爲沒有官場化，又因爲與農民有切身利害關係，保存了我國鄉民固有的勇敢和誠實。曾國藩的事業就是利用這種鄉勇，而加以組織訓練，使它成爲一個軍隊，這就是以後著名的湘軍。團練是當時全國皆有的，並不是曾國藩獨創的。但是爲什麼惟獨湘軍能成大事呢？原故就在於曾國藩所加的那點組織和訓練。

曾國藩治兵的第一個特點是精神教育的注重。他自己十二分相信，孔孟的遺教是我民族洪秀全既然要廢孔孟的至寶，那洪秀全就是他們的敵人，也就是全民族的敵人，他的「討賊檄文」罵洪秀全最激烈的一點就在此：

「舉中國數千年禮義人倫，詩書典則，一旦掃地蕩盡，此豈獨我大清之變，乃開闢以來，名教之奇變，我孔子孟子之所痛哭於九泉！凡讀書識字者，又焉能袖手坐觀，不思一爲之所也」？

他是孔孟的忠實信徒，他所選的官佐，都是他的忠實同志。他是軍隊主帥，同時也是士兵的導師。所以湘軍是個有主義的軍隊。其實，精神教育是曾國藩終身事業的基礎，也是他在我國近代史上地位的特點。他的行政用人都首重主義，他覺得政治的改革，必須先由精神的改革。前清末年的官吏，出自曾文正門下者，皆比較正派，足見其感化力之大。

曾國藩不但利用中國的舊禮教作軍隊的精神基礎，而且利用宗族觀念和鄉土觀念來加强軍隊的團結力。他選的官佐幾全是湖南人，而且大半是湘鄉人。這些官佐都回本地去招兵，因此兵士都是同族或同里的人。這樣，他的部下的互助精神特別濃厚。這是湘軍的第二特點。

歷史上的精神領袖，很少同時也是事業領袖，因爲注重精神者往往忽略事業的具體條件。在西洋社會裏，這兩種領袖資格，是完全分開的，管教者不必管事，管事者不必管教。在中國則不然，中國社會，幾千年來是政教不分，官師合一的。所以在中國，頭等領袖必須兼雙層資格。曾國藩雖注重爲人，並不忽略作事，這是他的特別的第三點。當時綠營之所以不能打仗，原故雖多，其中之一，是待遇太薄。曾氏在起始辦團練的時候，就決定每月陸勇發餉四兩二錢，水勇發三兩六錢，比綠營的餉額加一倍，湘軍在待遇上享有特別權利。湘軍作戰區域是長江沿岸各省，在此區域內，水上的優勢很能決定陸上的優勢，所以曾國藩自始就注重水師。關於軍器，曾氏雖常說，打仗不在軍器，然而他對軍器的製造，尤其對大砲的製造，是很費苦心的。他用盡心力去羅致當時的技術人才。他對於兵士的操練，也十分認眞，他自己常去督察檢閱。他不寬縱他的軍官，也不要軍官寬縱他們的部下。

曾國藩的事業，如同他的學問，也是從艱難困苦中奮鬬出來的，他要救舊社會，舊文化，而那個舊社會，舊文化所產生的官僚反要和他搗亂。他要維持滿清，但滿人反而嫉妒他，排斥他。他在長沙練勇的時候，舊式的官兵恨他的新方法，新標準，幾乎把他打死了，他逃到衡州去避亂。他最初一戰是個敗仗，他投水自盡，幸而被部下救起來。他練兵打仗，同時他自己須籌餉。以後他成了大事，並不是因爲滿清和官僚自動的把政權交給他，是因爲他們的失敗迫着他們求曾國藩出來任事，迫着他們給他一個作事的機會和權利。

第四節　洪秀全失敗

洪秀全得了南京以後，我們更能看出他的眞實心志，不在建設新國家或新社會，而在建設新朝代。他深居宮中，務求享作皇帝的福，對於政事則不放在心上。宮廷的建築，宮女的徵選，金銀的聚斂，官制宮制的規定，這些事情，是太平天王所最注意的。他的宗教，後來簡直變爲瘋狂的迷信。李秀成向他報告國事的困難，他回答說：

「朕奉上帝聖旨，天兄耶穌聖旨，下凡作天下萬國獨一眞主，何懼之有？不用爾奏，政事不用爾理，欲出外去欲在京住由於爾。朕鐵桶江山，爾不扶，有人扶。爾說無兵，朕之天兵多過於水，何懼曾妖（國藩）乎？」快要滅亡的時候，南京絕糧，洪秀全令人民飲露充飢，說露是天食。

這樣的領袖不但不能復興民族，且不能作爲部下團結的中心。在咸豐六年，洪秀全的左右起了很大的內訌，東王楊秀清個人獨掌大權，其他各王都須受東王的節制。照太平天國的儀式，天王稱萬歲，東王稱九千歲，西王八千歲，餘遞減。別的王都須到東王府請安議事，並須跪呼千歲。在上奏天王的時候，東王立在陛下，其餘則跪在四下。因此楊秀清就爲其同輩所憤恨。同時天王也怕他要取而代之。六年九月，北王韋昌輝設計誘殺楊秀清和他的親屬黨羽，翼王石達開心懷不平，北王又把翼王家屬殺了。天王爲聯絡翼王起見，下令殺北王，但翼王以後還是獨創一幟，與天王脫離關係。經過此次的內訌，太平天國打倒滿清的希望完全消滅。以後洪秀全尙能抵抗八年，一則因爲北方有大股捻匪作他的聲援，二則因爲他得了兩個後起的良將，忠王李秀成和英王陳玉成。

在滿清方面，等到別人都失敗了，然後重用曾國藩，任他爲兩江總督，節制江浙皖贛四省軍事。湖北巡撫胡林翼與他志同道合，竭力與他合作。他的親弟曾國荃，是個打硬仗的前線指揮。以後曾國藩舉薦他的門生李鴻章作江蘇巡撫，他的朋友左宗棠作浙江巡撫。長江的中游和下游都是他的勢力範圍。他於是得通盤籌劃。他對洪秀全採取大包圍的戰略。同時英美法三國也給了曾左李三人不少的幫助。同治三年（一八六四年）湘軍在曾國荃領導之下，打進南京，洪秀全自殺，太平天國就此亡了。

洪秀全想打倒滿清，恢復漢族的自由，這當然是我們應該佩服的。他想平均地權，雖未實行，也足表現他有相當政治家的眼光。他的運動無疑的是起自民間，連他的宗教也是迎合民衆心理的。但是他的人格上及才能上的缺點很多而且很大，倘若他成功了，他也不能爲我民族造幸福。總而言之，太平天國的失敗，證明我國舊式的民間運動，是不能救國家民族的。

曾國藩所領導的士大夫式的運動又能救國救民族嗎？他救了滿清這是毫無疑問的。但是滿清並不能救中國。倘若他客觀的、誠實的研究滿清在嘉慶、道光、咸豐三代的施政，他應該知道滿清是不可救藥的。他未嘗不知道此中實情，所以他平定太平天國以後，他的態度反趨於消極了。平心而論，曾國藩要救清朝是很自然的，可原諒的。第一、中國的舊禮教既是他的立場，而且士大夫階級是他的憑依，他不能不忠君。第二、他想清廷經過大患難之後，必能有相當覺悟。事實上，同治初年的北京，因爲有恭親王及文祥二人主政，似乎景象一新，頗能有爲。所以嘉道咸三代雖是多難的時代，同治年間的清朝，確有中興的氣象。第三、他怕滿清的滅亡要引起長期的內亂。他是深知中國歷史的，我國幾千年來，每次換個朝代，總要經過長期的割據和內戰，然後天下才得統一和太平。在閉關自守，無外人干涉的時代，內戰雖給人民無窮的痛苦，尙不至於亡國；到了十九世紀，有帝國主義者環繞着，長期的內戰，就能引起亡國之禍。曾國藩所以要維持滿清，最大的理由在此。

在維持滿清作爲政治中必的大前題之下，曾國藩的工作分兩方面進行。一方面他要革新，那就是說，他要接受西洋文化的一部份。另一方面他要守舊，那就是說，恢復我國固有的美德。革新守舊同時舉行，這是曾國藩對我國近代史的大貢獻。我們至今還佩服曾文正公，就是因爲他有這種偉大的眼光，陡然恢復我國的舊禮教而不接受西洋文化，我們還不能打破我民族的大難關。因爲我們絕不能拿禮義廉恥來抵抗帝國主義的機械軍器和機械製造。何況舊禮教本身就有他的不健全的地方，不應完全恢復，也不能完全恢復呢？同時陡然接受西洋文化而不恢復我國固有的美德，我們也不能救國家救民族，因爲腐化的舊社會和舊官僚，根本不能舉辦事業，無論這個事業是新的或是舊的。

曾國藩的革新事業，我們留在下一章討論。他的守舊事業，我們在前一節裏，已經說過。現在我們要指出他的守舊事業的流弊。湘軍初起的時候，精神紀律均好，戰鬭力也高，後來人數多了，事業大了，湘軍就退化了。收復南京以後，曾自己就承認，湘軍暮氣很深，所以他遣散了很多，足證我國治軍的舊法，根本是有毛病的。此外，湘軍既充滿了宗族觀念和家鄉觀念，兵士祗知道有直接上級長官，不知道有最高統帥，更不知道有國家。某回曾國荃回家鄉去招兵，把原有部隊交曾國藩暫時管帶，這些部隊就不守規矩，國藩沒有法子，祗好催國荃趕快回營。所以湘軍是私有軍隊的開始。湘軍的精神以後傳給李鴻章所部的淮軍，而淮軍以後又傳給袁世凱的北洋軍。我們知道，民國以來的北洋軍閥，利用私有的軍隊，割據國家，阻礙統一，追究其禍根，我們不能不歸咎於湘軍。於此也可看出舊法子的毛病。

第三章 自強及其失敗

第一節 內外合作以求自強

恭親王及文祥從英法聯軍的經驗，得了三種教訓。第一、他們確切的認識，西洋的軍器和練兵法方，遠在我們之上。咸豐十年，擔任津、京防禦者是僧格林沁和勝保，這兩人在當時是有名的大將，他們慘敗了以後，時人祗好承認西洋軍隊的優勝。第二、恭親王及文祥發現西洋人不但願意賣軍器給我們，而且願意把製造軍器的秘密及訓練軍隊的方法教給我們，這頗出於時人意料之外，他們認爲這是我們自强的機會。第三、恭親王及文祥發現西洋人並不是他們以先所想的那樣「狼子野心，不守信義」。英、法的軍隊雖然佔了北京，並且實力充足，能爲所欲爲，但北京條約訂了以後，英、法居然依據條約撤退軍隊，交還首都。時人認爲這是了不得的事情，足證西洋人也守信義。所以對付外人並不是全無辦法的。

從這三種教訓，恭親王及文祥定了一個新的大政方針。第一、他們決定以夷器和夷法來對付夷人。換句話說，他們覺得中國應該接受西洋文化之軍事部份。他們於是買外國軍器，請外國教官。他們說，這是中國的自强之道。第二、他們知道自强不是短期內所能成功的。在自强沒有達到預期的程度以前，中國應該謹守條約以免戰爭。恭親王及文祥兩個人，都是有血性的人，下了很大的決心要推行他們的新政。在國家危急的時候，他們膽敢出來與外人周旋，並且專靠外交的運用，他們居然收復了首都，時人認爲這是他們的奇功。並且恭親王是咸豐的親弟，同治的親叔，他的地位是全朝最親貴的。有了他們的決心和資望，他們在京內成了自强運動的中心。

同時在京外的曾國藩、左宗棠、胡林翼、李鴻章諸人，也得着同樣的教訓。最初使他們注意的，是外人所用的輪船，在長江下游私運軍火糧食賣給太平軍。傳說胡林翼在安慶曾有過這樣的經驗：

「馳至江濱，忽見二洋船鼓輪西上，迅如奔馬，疾如飄風。文忠（卽胡）變色不語，勒馬回營，中途嘔血，幾至墮馬。閻丹初尚書向在文忠幕府，每與文忠論及洋務，文忠輒搖手閉目，神色不怡者久之，曰，此非吾輩所能知也。」

可見輪船給胡文忠印象之深。曾、左、李大致相同。曾在安慶找了幾位明數理的舊學者和鐵匠木匠去試造輪船，造成了以後不能行動。左在杭州作了同樣的試驗，得同樣的結果。足證這般人對於西洋機械的注重。

在長江下游作戰的時候，太平軍和湘軍淮軍都競買洋槍。李鴻章設大本營於上海，與外人往來最多，認識西洋文化亦比較深切。他的部下還有英國軍官戈登統帶的長勝軍。他到了上海不滿一年，就寫信給曾國藩說：

「鴻章嘗往英、法提督兵船，見其大砲之精純，子藥之細巧，器械之鮮明，隊伍之雄整，實非中國所能及。……深以中國軍器遠遜外洋爲恥，日戒諭將士虛心忍辱，學得西人一二秘法，期有增益。若駐上海久，而不能資取洋人長技，咎悔多矣。」

同治三年（一八六四年），他又寫信給恭親王和文祥說：

「鴻章竊以爲天下事窮則變，變則通。中國士大夫沈浸於章句小楷之積習，武夫悍卒又多粗蠢而不加細心，以致所用非所學，所學非所用，無事則斥外國之利器爲奇技淫巧，以爲不必學；有事則驚外國之利器爲變怪神奇，以爲不能學。不知洋人視火器爲身心性命之學者已數百年，一旦豁然貫通，參陰陽而配造化，實有指揮如意，從心所欲之快。……前者英、法各國，以日本爲外府，肆意誅求，日本君臣發憤爲雄，選宗室及大臣子弟之聰秀者往西國製器廠師習各藝；又購製器之器在本國製習，現在已能駕駛輪船，造放炸砲。去年英人虛聲恫喝，以兵臨之，然英人所恃爲攻戰之利者，彼已分擅其長，用是凝然不動，而英人固無如之何也。夫今之日本，即明之倭寇也，距西國遠而距中國近，我有以自立，則將附麗於我，窺伺西人之短長。我無以自強，則並效尤於彼，分西人之利藪。日本以海外區區小國，尙能及時改轍，知所取法，然則我中國深維窮極而通之故，夫亦可以皇然變計矣。……杜摯有言曰：『利不百，不變法；功不十，不易器』。蘇子瞻曰：『言之於無事之時，足以爲名，而恆苦於不信；言之於有事之時，足以見信，而已苦於無及』。鴻章以爲中國欲自强，則莫如學習外國利器；欲學習外國利器，則莫如覓製器之器。師其法而不必盡用其人。欲覓製器之器，與製器之人，則或專設一科取士，士終身懸以爲富貴功名之鵠，則業可成，藝可精，而才亦可集」。

這封信是中國十九世紀最大的政治家最具有歷史價値的一篇文章。我們應該再三誦讀。李鴻章第一認定我國到了十九世紀惟有學西洋的科學機械然後能生存。第二、李鴻章在同治三年已經看清，中國與日本，孰强孰弱，要看那一國變的快。日本明治維新運動，有世界的、歷史的意義，他一下就看清了，並且大聲疾呼的要當時的人猛醒與努力，這一點尤足以表現李鴻章的偉大。第三、李鴻章認定改革要從培養人才下手，所以他要改革前清的科擧制度。不但此也，他簡直要改革士大夫的人生觀，他要士大夫放棄章句小楷之積習，而把科學工程懸爲終身富貴的鵠的。因爲李鴻章認識時代最清楚，所以他成了同治光緒年間自强運動的中心人物。

在我們這個社會裏，作事極不容易，同治年間起始的自强運動，雖未達到目的，然而能有相當的成績，已經費了九牛二虎之力。倘若當時沒有恭親王及文祥在京內主持，沒有曾國藩、李鴻章、左宗棠在京外推動，那末，英、法聯軍及太平天國以後的中國，還要痲木不仁，好像鴉片戰爭以後的中國一樣。所以我們要仔細研究，這幾位時代領袖人物，究竟作了些什麼事業。

第二節　步步向前進

自强的事業頗多，我先擇其要者列表於下：

咸豐十一年　恭親王及文祥聘請外國軍官訓練新軍於天津。

同　　年　恭親王和文祥設立同文館於北京，是爲中國新學的起始。

同　　年　恭親王和文祥託總稅務司赫德購買砲艦，聘請英國海軍人員來華，創設新水師。

同治　二年　李鴻章設外國語文學校於上海。

同治　四年　曾國藩、李鴻章設江南機器製造局於上海，附設譯書局。

同治　五年　左宗棠設造船廠於福州，附設船政學校。

同治　九年　李鴻章設機器製造局於天津。

同治十一年　曾國藩、李鴻章挑選學生赴美留學。

同　　年　李鴻章設輪船招商局。

光緒　元年　李鴻章籌辦鐵甲兵船。

光緒　二年　李鴻章派下級軍官赴德學陸軍，船政學生赴英法學習造船和駕駛。

光緒　六年　李鴻章設水師學堂於天津，設電報局，請修鐵路。

光緒　七年　李鴻章設開平礦務局。

光緒　八年　李鴻章築旅順軍港，創辦上海機器製布廠。
光緒十一年　李鴻章設天津武備學堂。
光緒十三年　李鴻章開辦黑龍江漠河金鑛。
光緒十四年　李鴻章成立北洋海軍。

以上全盤建設事業的動機是國防，故軍事建設最多。但我們如仔細研究，就知道國防的近代化牽連甚多。近代化的軍隊第一需要近代化的軍器，所以有江南及天津兩個機械製造廠的設立，那兩個廠實際大部份是兵工廠。第二、新式軍器必須有技術人才去駕駛，所以設立武備學堂和派遣軍官出洋留學。第三、近代化的軍隊必須有近代化的交通，所以有造船廠和電報局的設立，及鐵路的建築。第四、新式的國防比舊式的費用要高幾倍，以中古的生產來負擔近代的國防是絕對不可能的，所以李鴻章要辦招商局來經營沿江沿海的運輸；創立製布廠來挽回利權；開煤礦、金鑛來加增收入。自强運動的領袖們並不是事前預料到各種需要而定一個建設計劃，他們起初祗知道國防近代化的必要。但是他們在這條路上前進一步以後，就發現必須再進一步；再進一步以後，又必須更進一步。其實必須走到盡頭然後能收效。近代化的國防，不但需要近代化的交通、教育、經濟，並且需要近代化的政治和國民。半新半舊是不中用的。換句話說，我國到了近代，要圖生存，非全盤接受西洋文化不可。曾國藩諸人雖向近代化方面走了好幾步，但是他們不澈底，仍不能救國救民族。

第三節　遇着阻礙

曾國藩及其他自强運動的領袖雖走的路線不錯，然而他們不能救國救民族。此其故何在？在於他們的不澈底。他們爲什麼不澈底呢？一部份因爲他們自己不要澈底，大部份因爲時代不容許他們澈底。我們試先研究領袖們的短處。

恭親王奕訢、文祥、曾國藩、李鴻章、左宗棠這五個大領袖。都出身於舊社會，受的是舊教育。他們沒有一個人能讀外國書，除李鴻章以外，沒有一個人到過國外。就是李鴻章的出洋，尚在甲午戰敗以後，他年已過七十，他的建設事業已經過去了。這種人能毅然決然推行新事業就了不得。他們不能完全了解西洋文化，是自然的，很可原諒的。他們對於西洋的機械是十分佩服的，十分努力要接受的。他們對於西洋的科學也相當尊重，並且知道科學是機械的基礎。但是他們自己毫無科學機械的常識，此外更不必說了。他們覺得中國的政治制度及立國精神是至善至美，無須學西洋的。事實上，他們的建設事業，就遭了舊的制度和舊的精神的阻碍。我們可以拿李鴻章的事業作例子。

李鴻章於同治九年(一千八百七十年)起始作直隸總督兼北洋大臣。因爲當時的要人之中以他最能對付外人，又因爲他比較勇於任事，而且他的淮軍是全國最近代化，最得力的軍隊，所以從同治九年光緒二十年的中、日戰爭，李鴻章是那個時代的中心人物。國防的建設全在手裏。他特別注重海軍，因爲他看清楚了如果中國海軍能戰勝日本海軍，無論日本陸軍如何强，不能進攻高麗，更不能爲害中國。那末，李鴻章辦海軍的第一個困難是經費。經費所以困難，就是因爲中國當時的財政制度，如同一般的政治制度，是中古式的。中央政府沒有辦海軍的經費，祇好靠各省協濟。各省都成見很深，不願合作。在中央求各省協助的時候，各省務求其少；認定了以後，又不按期十足撥款，總要延期打折扣。其次當時皇室用錢，漫無限制，而且公私不分。同治死了以後，沒有繼嗣，於是西太后選了一個小孩子作皇帝，年號光緒，而實權還不是在西太后手裏？等到光緒快要成年親政的時候，光緒和他的父親醇親王奕譞怕西太后不願意把政權交出來，醇親王定計重修頤和園，一則以表示光緒對西太后的孝敬，一則以使西太后沉緬於遊樂就不干政了。重修頤和園的經費很大，無法籌備，醇親王乃請李鴻章設法，李氏不敢得罪醇親王，更不敢得罪西太后，祇好把建設海軍的款子移作重修頤和園之用。所以在甲午之戰以前的七年，中國海軍沒有添購過一條新船。在近代政治制度之下，這種事情是不能發生的。

李鴻章所主持的機關中，並沒有新式的文官和審計制度。就是在極廉潔，極謹嚴的領袖之下，沒有良好的制度，貪污尚且無法杜絕，何況李氏本人就不廉潔呢？在海軍辦軍需的人經手的款項既多，發財的機會就更大。到了甲午戰爭的時候，我們船上的砲雖比日本的大，但砲彈不够，並且彈子所裝的不盡是火藥。外商與官吏狼狽爲奸，私人發了財，國事就敗壞了。李鴻章自己科學智識的幼稚，也是他事業失敗的原因之一。北洋海軍初成立的時候，他請了英國海軍有經驗的軍官作總教官和副司令。光緒十年左右，中國海軍紀律很嚴，操練很勤，技術的進步很快。那時中國的海軍是很有希望的。後來李鴻章誤聽人言，辭退英國海軍的軍官而聘請德國海軍騎兵的軍官來作海軍的總教官。以後我國的海軍的技術反而退步。並且李鴻章所用的海軍總司令是個全不知海軍的丁汝昌，丁氏原是淮軍裏帶馬隊的，他作海軍的領袖當然祇能誤事，不能成事。甲午戰爭的時候，中國海軍佔世界海軍的第八位，日本的海軍佔第十一位，我們的失敗不是因爲船不如人，砲不如人，實在是因爲戰略戰術不如人。

北洋海軍的情形如此，其他的自強事業莫不如此。總之，同治、光緒年間的自強運動所以不能救國，不是因爲路線錯了，是因爲領袖人物還不够新，所以不能澈底。

但是倘若當時的領袖人物更新，更要進一步的接受西洋文化，社會能容許他們嗎？社會一定要給他們更大的阻碍。他們所行的那種不澈底的改革已遭一般人的反對，若再進一步，反對一定更大。譬如鐵路：光緒六年（一千八百八十年）李鴻章、劉銘傳奏請建築，到了光緒二十年，還祇建築天津附近的一小段，爲什麼呢？因爲一般人相信修鐵路就破壞風水。又譬如科學：同治五年（一八六六年）恭親王奏請在同文館添設科學班，請外國科學家作教授，招收翰林院的人員作學生，他的理由是很充足的，他說買外國輪船槍砲，不過一時權宜之計，治本的辦法在於自己製造。但要自己製造，非有科學人才不可。所以他想請外國人來教中國青年學生科學。他又說：

「夫天下之恥莫恥於不若人。……日本蕞爾小國，尚知發憤爲雄。獨中國狃於因循積習，不思振作，恥孰甚焉？今不以不如人爲恥，而獨以學其人爲恥，將安於不如，而終不學，遂可雪其恥乎？」

他雖說的名正言順，但還是有人反對。當時北京有位爵高望重的大學士倭仁就大聲疾呼的反對說：

「竊聞立國之道，尚禮義不尚權謀；根本之圖，在人心不在技藝。今求之一藝之末，而又奉夷人為師，無論夷人詭譎，未必傳其精巧，即使教者誠教，所成就者不過術數之士。古今來未聞有恃術數而能起衰弱者也。天下之大，不患無才，如以天文算學必須講習，博采旁求，必有精其術者，何必夷人？何必師事夷人？」

恭親王憤慨極了，他回答說：

「該大學士既以此舉為窒碍，自必別有良圖。如果實有妙策，可以制外國而不為外國所制，臣等自當追隨該大學士之後，竭其檮昧，悉心商辦。如別無良策，僅以忠信為甲冑，禮義為干櫓等詞，謂遂折衝樽俎，足以制敵死命，臣等實未敢信。」

倭仁不過是個守舊的糊塗蟲，但是當時的士大夫居然聽了他的話，不去投考同文館的科學班。同治、光緒年間的社會如何反對新人新政，我們從郭嵩燾的命運可以更加看得清楚。郭氏的教育及出身，和當時一般士大夫一樣，並無特別。但是咸豐末年，英、法聯軍之役，他跟着僧格林沁在大沽口辦交涉。有了那次經驗，他根本覺悟，知道中國非澈底改革不可。他的覺悟還比恭親王諸人的更深刻。據他的研究，我國在漢、唐極盛時代，固常與外族平等往來，閉關自守而又獨自尊大的哲學，是南宋勢力衰弱時代的理學先生們提倡出來的，絕不足以為訓。同治初年，江西南昌的士大夫羣起毀教堂，殺傳教士，巡撫沈葆楨（林則徐的女壻）稱讚士大夫的正氣，郭嵩燾則斥責沈氏頑固。郭氏作巡撫的時候，汕頭的人，像以先廣州人不許外國人進城，他不顧一切，强迫汕頭人遵守條約，許外國人進城。光緒元年，雲貴總督岑毓英因爲反對英國人進雲南，秘密的在雲貴、緬甸邊境上把英國使館的翻譯暗殺了。郭嵩燾當卽上奏彈劾岑毓英。第二年，政府派他出使英、法，中國有公使駐外有從他起。他在西歐的時候，他努力研西洋的政治經濟社會。他覺得不但西洋的輪船、槍砲值得我們學，就是西洋的政治文化都值得我們學習。他發表了他的日記送給朋友們看，他常寫信給李鴻章，報告日本派到西洋的留學生不限於機械一門，學政治經濟的都有。他勸李鴻章擴大留學範圍。他這些超時代的議論，引起了全國士大夫的謾罵，他們說郭嵩燾是個漢奸，「有二心於英國」。湖南的大學者如王闓運之流，還撰了一幅對子罵他：

「出乎其類，拔乎其萃，不容於堯舜之世。
未能事人，焉能事鬼，何必去父母之邦。」

王闓運的日記，還說「湖南人至恥與爲伍」。郭嵩燾出使兩年就囘國了，囘國的時候，沒有問題，他是全國最開明的一個人，他對西洋的認識遠在李鴻章之上。但是時人反對他，他以後全無機會作事，祇好隱居湖南，從事著作。他所著的養知書屋文集，至今尙有披閱的價値。

繼郭嵩燾作駐英、法公使的是曾紀澤。他在外國五年多，略識英語。他的才能眼光與郭嵩燾等。因爲他運用外交，從俄國收還伊犂，他是國際有名的外交家。他囘國的時候，抱定志向要推進全民族的近代化，但是他也遭時人的反對，找不着機會作事，不久就氣死了。

同治、光緒時代的士大夫階級的守舊既然如此，民衆是否比較開通？其實民衆和士大夫階級是同鼻孔出氣的。我們近六十年來的新政都是自上而下，並非自下而上，一切新的事業都是由少數先知先覺者提倡，費盡苦心，慢慢的奮鬪出來的。在甲午以前，這少數先知先覺者都是在朝的人。甲午以後，革新的領袖權纔慢慢的轉到在野的人的手裏，可是這些在野的領袖都是知識份子，不是民衆。嚴格說來，民衆的迷信，是我民族近代接受西洋文化大阻碍之一。

第四節　士大夫輕舉妄動

在同治、光緒年間，民衆的守舊雖在士大夫階級之上，但是民衆是被動的。領導權、統治權是在士大夫階級手裏。不幸，那個時代的士大夫階級，除極少數外，完全不了解當時的世界大勢。

同治共十三年，從一千八百六十二年到一千八百七十四年。在這個時期內，德意志統一了，意大利統一了，美國的中央政府也把南方的獨立運動消滅，恢復而又加強美國的統一了。那個時期是民族主義在西洋大成功的時期。這些國家統一了以後，隨着就是國內的大建設和經濟的發展。等到國內的經濟發展到了相當的程度，就圖向國外發展。在同治以前，列強在國外行帝國主義的，僅英、俄、法三國。同治以後，加了美、德、意三國。競爭者多了，競爭就愈厲害。並且在同治以前，英國是世界上惟一的工業化國家，全世界都銷英國的製造品。同治以後，德、美、法也逐漸工業化，資本化了。國際上除了政治勢力的競爭以外，又有了新起的熱烈的經濟競爭。因此我國在光緒年間處境的困難，遠在道光、咸豐年間之上。

帝國主義是我們的大敵人。同治、光緒年間如此，現在還是如此。要救國的志士，應該人人了解帝國主義的眞實性質。帝國主義與資本主義是有關係的。關係可以說有三層：第一、資本主義的國家貪圖在外國投資，國內的資本多了，利息就低。譬如：英、美兩國資本很多，資本家能得百分之四的利息就算很好了。但是如果英、美的資本家能把資本投在中國或印度或南美洲，年利很容易的達到百分之七或更高些。所以英、美資本家競向未開發的國家投資。但是接受外國來的資本不一定有害，英、美的資本家也不一定有政治野心。美國在十九世紀的下半期的建設，大部份是利用英國資本舉辦的。結果英國的資本家固然得了好處，但是美國開闢了富源，人民所得的好處更多。我們的平漢鐵路原是借比國資本建築的，後來我們按期還本付息，那條鐵路就變爲我們的了。比國資本家得了好處，我們得了更大的好處。所以孫中山先生雖反對帝國主義，他贊成中國利用外債來建設。但是有些資本家，要利用政治的壓力去取得投資的機會，還有政治野心家，要利用資本來擴充政治勢力。凡是國際投資有政治作用的，就是侵略的，帝國主義的。凡是國際投資無政治作用的，就是純潔的，投資者與受資者兩方收益。所以我們對於外國的資本應採的態度，如同對水一樣：有的時候，有的地方，在某種條件之下，我們應該掘井取水或開河引水；在別的時候、地方、和條件之下，我們則必須築堤防水。

帝國主義與資本主義的第二層關係，是商品的推銷。資本主義的國家，都利用機械製造，工廠規模愈大，出品愈多，得利就更厚。困難在市場。各國競爭市場原可以專憑商品之精與價格之廉，不必靠武力的侵略或政治的壓力。但在十九世紀末年，國際貿易的自由一天少一天，各國不但提高本國的關稅，並且提高屬地的關稅。這樣一來，商業的發展隨着政權的發展，爭市場等於爭屬地。被壓迫的國家，一旦喪失關稅自主，就永無發展工業的可能。雖然，國際貿易大部份還是平等國家間的貿易，不是帝國與屬地之間的貿易。英國與美、德、法、日諸國的貿易額，遠大於英國與其屬地的貿易額。英國的屬地很多，尚且如此，別國更不必說了。

帝國主義與資本主義的第三層關係是原料的尋求。世界上沒有一國完全不靠外來的原料。最富有原料的國家如英、美、俄，尚且如此，別的國家所需的外來原料更多。日本義大利是最窮的，煤、鐵、棉、油四種根本的原料，日、義都缺乏。德國較好，但仍不出棉花和石油。那末，一國的工廠雖多，倘若沒有原料，就會完全沒有辦法。所以帝國主義者因爲要找工業的原料，就大事侵略。雖然，資本主義不一定要行帝國主義而後始能得到原料。同時，出賣原料者不一定就是受壓迫者。譬如美國的出口貨之中，石油和棉花是大宗。日本、德國、意大利從美國輸入石油和棉花，不能、也不必行帝國主義，因爲美國不但不禁止石油和棉花的出口，且竭力推銷。

總之，資本主義可以變爲帝國主義，也可以不變爲帝國主義。未開發的國家容易受資本主義的國家的壓迫和侵略，也可以利用外國的資本來開發自己的富源及利用國際的通商來提高人民的生活程度。資本主義如同水一樣：水可以資灌溉，可以便交通，也可以成災，要看人怎樣對付。

同時我們不要把帝國主義看得過於簡單，以爲世界上沒有資本主義就沒有帝國主義了。七百年以前的蒙古人還在遊牧時代，無資本，也無工業，但是他們對我的侵略還在近代資本主義國家之上。三百年以前的滿洲人也是如此。在西洋方面，中古的亞拉伯人以武力推行回教，大行其宗教的帝國主義。十八世紀末年，法國革命家以武力强迫外國接受他們的平等自由，大行其革命的帝國主義。據我們所知，歷史上各種政體，君主也好，民主也好，各種社會經濟制度，資本主義也好，封建主義也好，共產主義也好，都有行帝國主義的可能。

同治、光緒時代的士大夫，完全不了解時代的危險及國際關係的運用，他們只知道破壞李鴻章諸人所提倡的自强運動。同時他們又好多事，倘若政府聽他們的話，中國幾無日不與外國打仗。

長江流域有太平天國之亂的時候，北方有捻匪，陝、甘、新疆有回亂。清廷令左宗棠帶湘軍去收復西北，俄國趁我內亂的機會就佔領了伊犂，這是俄國趁火打刼的慣技。在十九世紀，俄國佔領我們的土地最多。咸豐末年，俄國趁太平天國之亂及英、法聯軍，强佔了我國黑龍江以北及烏蘇里以東的地方，共三十萬方英里。現在俄國的阿穆爾省及濱海省，包括海參崴在內，就是那次搶奪過去的。在同治末年，俄國佔領新疆的西部，清廷提出抗議的時候，俄國又假仁假義的說，她全無領土野心，她祗代我們保守伊犂，等到我們平定回亂的時候，她一定把土地退還給我們，其實俄國預料中國絕不能平定回亂，中國勢力絕不能再伸到新疆，那末，俄國不但可以併吞伊犂，還可以蠶食全新疆，中國一時沒有辦法，只好把伊犂作爲中、俄間的懸案。

左宗棠軍事的順利，不但出於俄國意料之外，還出於我們自己的意料之外。他次第把陝西、甘肅收復了。到了光緒元年，他準備進攻新疆，軍費就成了大問題。從道光三十年，洪秀全起兵到光緒元年，二十五年之間中國無時不在內亂內戰之中，實已兵疲力盡，何能再經營新疆呢？並且交通不便，新疆民族複雜，面積廣大，成敗似乎毫無把握，於乎發生大辯論。左宗棠頗好大喜功，他一意主張進攻，他說祖宗所遺留的土地子孫沒有放棄的道理。他又說倘如新疆不保，陝、甘就不能保；陝、甘不保，山西就不能保；山西不保，河北就不能保。他的理由似乎充足，言論十分激昂。李鴻章的看法正與左的相反。李說自從乾隆年間中國佔領新疆以後，中國沒有得着絲毫的好處，徒費駐防的兵費。這是實在的情形。他又說中國之大禍，不在西北而在東邊沿海的各省，因爲沿海的省份是中國的精華，而且帝國主義者的壓迫，在東方的過於在西方的。自從日本維新以後，李鴻章更加焦急，他覺得日本是中國的眞敵，因爲日本一心一意謀我，他無所圖，而且相隔旣近，動兵比較容易。至於西洋各國，彼此互相牽制，向外發展，不限於遠東，相隔又遠，用兵不能隨便。李鴻章因此主張不進攻新疆，而集中全國人力物力於沿海的國防及腹地各省的開發。邊省雖然要緊，但是腹地倘有損失，國家大事就去了。反過來說：倘若腹地强盛起來，邊省及藩屬，自然的就保存了。左宗棠的言論比較動聽，李的比較合理；左是高調，李是低調。士大夫階級一貫的尙感情、唱高調，當然擁護左宗棠。於是借外債，啓用各省的建設費，以供左宗棠進攻新疆之用。

左宗棠的運氣眞好，因爲新疆發生了內訌，他並沒有遇着堅强的抵抗，光緒三年年底，他把全疆克服了。中國乃派崇厚爲特使，到俄國去交涉伊犂的退還。崇厚所訂的條約雖收復了伊犂城，但城西的土地幾全割讓與俄國，南疆與北疆的交通險要區亦割讓予俄。此外，崇厚還許了很重要的通商權利，如新疆加設俄國領事館；經甘肅、陝西西到漢口的通商路線，經內蒙古到北京、天津通商路線，及吉林、松花江的航行權。士大夫階級主張殺崇厚，廢約，並備戰。這正是青年言論家如張之洞、張佩綸、陳寶琛初露頭角的時候，清廷竟爲所動。於是脚慌手忙，調兵遣將。等到實際備戰的時候，政府就感覺困難了，第一、從伊犂起到高麗東北角的圖們江口上，沿中、俄的交界線處處都要設防，那裏有這多軍隊呢？首當其衝的左宗棠在新疆的部隊就太疲倦，不願再打。第二、俄國遠東艦隊故作聲勢，從海參崴開到日本洋面，中國因此又必須於沿海沿長江設防。清廷乃起用彭玉麟督長江水師來對付俄國的海軍。彭玉麟想滿載桐油木柴到日本洋面去施行火攻，兩江總督劉坤一和他開玩笑，說時代非三國，統帥非孔明，火攻之計恐怕不行呢！李鴻章看見書生誤國，當然極爲憤慨。可是抗戰的情緒很高，他不敢公開講和，他祗好使用手段，他把英國有名的軍官戈登將軍請來作軍事顧問。戈登是個老實人，好說實話，當太平天國的末年，他曾帶所謂常勝軍，立功不少，所以清廷及一般士大夫頗信任他。他的意見怎樣呢？他說，中國如要對俄作戰，必須作三件事：一、遷都於西安；二、長期抵抗，至少十年；三、滿人預備放棄政權，因爲在長期戰爭之中，滿清政權一定不能維持。清廷聽了戈登的意見以後，乃決心求和。我國近代史的一幕滑稽劇才因此沒有開演。

幸而俄國在光緒三四年的時候，正與土耳其打仗，與英國的關係也很緊張，所以不願多事。又幸而中國當時有青年外交家曾紀澤，以極冷靜的頭腦和極堅强的意志，去貫澈他的主張。原來崇厚所訂的條約並沒有奉政府的批准，尚未正式成立。曾紀澤運用外交得法，挽回了大部份的通商權利及土地，但償價加倍，共九百萬盧布。英國駐俄大使稱贊曾紀澤說：「憑外交從俄國取回她已佔領的土地，曾侯要算第一人」。

中、俄關於伊犂的衝突告一段落的時候，中、法關於越南的衝突就起了。

中國原來自己是個帝國主義者，我們的版圖除本部以外，還包括緬甸、暹羅、越南、琉球、高麗、蒙古、西藏。這些地方可以分爲兩類：蒙古、西藏屬於第一類，歸理藩部管，中國派有大臣駐紮其地。第二類即高麗、越南等屬國。實際中國與他們的關係很淺，他們不過按期進貢，新王即位須受中國皇帝的策封，此外我們並不派代表常駐其國都，也不干涉他們的內政。在經濟方面我們也十分消極，我們不移民，也不鼓勵通商，簡直是得不償失。但是我們的祖先何以要費力去得這些屬地呢？此中也有原故，光緒七年（一八八一年）翰林院學士周德潤說得很清楚：

「臣聞天子守在四夷，此誠慮遠憂深之計。古來敵國外患，伏之甚微，而蓄之甚早。不守四夷而守邊境，則已無及矣；不守邊境而守腹地，則更無及矣。我朝幅員廣闢，龍沙雁海，盡列藩封。以琉球守東南，以高麗守東北，以蒙古守西北，以越南守西南；非所謂河山帶礪，與國同休戚者哉？」

換句話說，在歷史上，屬國是我們國防外線，是代我們守門戶的。在古代，這種言論有相當的道理。到了近代，局勢就大不同了。英國在道光年間，直接進攻了廣東、福建、浙江、江蘇；英、法聯軍接著打進了北京。所謂國防外線，簡直沒有用處。倘使在這種時代我們還要保存外線，我們也應該變更方案。我們應該協助這些弱小國家獨立，因爲獨立的高麗、琉球、越南、緬甸，絕不能侵略我們。所怕的不是他們獨立，是怕他們充當帝國主義者的傀儡。無論如何，外人旣直攻我們的腹地，我們無暇去顧外線了。協助這些弱小國家去獨立，是革命的外交，正如蘇聯革命的初年，外受列強的壓迫，內有反革命的抗爭，列寧於是毅然決然放棄帝俄的屬國。

法國進攻越南的時候，士大夫階級大半主張以武力援助越南。張佩綸、陳寶琛、張之洞諸人特別激昂。李鴻章則反對，他的理由又是要集中力量，火速籌備腹地的國防事業。淸廷一方面怕淸議的批評，一方面又怕援助越南引起中、法戰爭，所以舉棋不定。起初是暗中接濟越南軍費和軍器，後來果然引起中法戰爭。那個時候，官吏不分文武，文人尤好談兵。北京乃派主戰派的激烈份子張佩綸去守福州船廠，陳寶琛去幫辦兩江的防務。用不着說，紙上談兵的先生們是不濟事的，法國海軍進攻船廠的時候，張佩綸逃得頂快了。陳寶琛在兩江不但無補實際，連議論也不發了。打了不久就講和，和議剛成又打，再後還是接受法國的條件。越南沒有保存，我們的國防力量反大受了損失，左宗棠苦心創辦的福州船廠，就在此時被法國毀了。

第五節 中日初次決戰

李鴻章在日本明治維新的初年，就看清楚了日本是中國的勁敵，並且知道中、日的勝負要看那一國的新軍備進步的快。他特別注重海軍，因爲日本必須先在海上得勝，然後能進攻大陸。所以他反對左宗棠以武力收復新疆，反對爲伊犂問題與俄國開戰，反對爲越南問題與法國打仗，他要把這些戰費都省下來作爲擴充海軍之用，他的眼光遠在一般人之上。

李鴻章既注重中、日關係，不能不特別注意高麗。在國防上，高麗的地位極其重要，因爲高麗可以作敵人陸軍侵略我東北的根據地，也可以作敵人海軍侵略我山東、河北的根據地。反過來看，高麗在日本的國防上的地位也很要緊。高麗在我們手裏，日本尚感不安，一旦被俄國或英國所佔，那時日本所感的威脅就更大了。所以高麗也是日本必爭之地。

在光緒初年，高麗的國王李熙年幼，他的父親大院君李昰應攝政。大院君是個十分守舊的人，他屢次殺傷教士，他堅不欲與外人通商。在明治維新以前，日、韓關係，在日本方面，由政府主持，由對馬島的諸侯執行。維新以後，大權歸日皇，所以日、韓的交涉也改由日本中央政府主持。大院君厭惡日本的維新，因而拒絕與新的日本往來。日本國內的舊諸侯武士們提倡「征韓」，這種征韓運動，除了高麗與日本往來外，還有三個動機：（一）日本不向海外發展不能圖強。（二）日本不先下手，西洋各國，尤其是俄國，恐怕要下手。（三）征韓能爲一般不得志的武士謀出路。光緒元年（卽日本明治八年）發生高麗砲擊日本船的案子，所謂江華島事件，主張征韓者更有所藉口。

當時日本的政治領袖如岩倉、大久保、伊籐、井上諸人，原反對征韓。他們以爲維新事業未發展到相當程度以前，不應輕舉妄動的貪圖向外發展。但是在江華島事件發生以後，他們覺得無法壓制輿論，不能不有所舉動。於是他們一面派黑田清隆及井上率艦隊到高麗去交涉通商友好條約，一面派森有禮來北京，試探中國的態度並免中國的阻抗。

森有禮與我們的外交當局大起辯論。我方始終堅持高麗是我們的屬國，如日本侵略高麗，那就是對中國的不友誼，中國不能坐視。森有禮則說中國在朝鮮的宗主權是有名無實的，因爲中國在高麗不負任何責任，既不負責任，就沒有權利。

黑田與井上在高麗的交涉成功，他們所訂的條約承認高麗是獨立自主的國家，這就是否認中國的宗主權。中國應該抗議而且設法糾正，但是日本和高麗雖都把條文送給中國，北京沒有向日本提出抗議，也沒有責備高麗不守本份。中國實爲傳統觀念所誘，照中國傳統的觀念，只要高麗承認中國爲宗主，那就够了，第三國的承認與否，是無關宏旨的。在光緒初年，中國在高麗的威信甚高，所以政府很放心，就不注意日、韓條約了。

高麗與日本訂約的問題過了以後，中、日就發生琉球的衝突。琉球自明朝洪武十五年（一三七二年）起隸屬於中國，歷五百餘年，琉球按期進貢，曾未中斷，但在明萬歷三十年（一千六百零二年）琉球又向日本薩摩諸侯稱藩，成了兩屬，，好像一個女子許嫁兩個男人。幸而這兩個男人未曾遇面，所以這種奇怪現像竟安靜無事的存在了二百七十多年。自日本維新，力行廢藩以後，琉球在日人看來，既然是薩摩的藩屬，也在廢藩之列。日本初則阻止琉球入貢中國，終則改琉球爲日本的一縣。中國當然反對，也有人主張强硬對付日本，但日本實在時候選的好，因爲這正是中、俄爭伊犂的時候，中國無法只好把琉球作爲一個懸案。

可是琉球問題暴露了日本的野心，士大夫平素看不起日本的，到這時也知道應該戒備了，日本既能滅琉球，就能滅高麗，琉球或可不爭，高麗則勢在必爭，所以他們專意籌劃如何保存高麗。光緒五六年的時候，中國可以說初次有個高麗政策，李鴻章認定日本對高麗有領土野心，西洋各國對高麗則祇圖通商和傳教。在這種形勢之下，英、美、法各國在高麗的權利愈多，他們就愈要反對日本的侵略。光緒五年，李鴻章寫給高麗要人李裕元的信說得很清楚：

「為今之計，似宜用以毒攻毒以敵制敵之策，乘機次第與泰西各國立約，藉以牽制日本。彼日本恃其詐力，以鯨吞蠶食為謀，廢滅琉球一事，顯露端倪，貴國不可無以備之。然日本之所畏服者，泰西也，以朝鮮之力制日本或虞其不足，以統與泰西通商制日本，則綽乎有餘」。

經過三年的勸勉與運動，高麗才接受這種新政，光緒八年春，由中國介紹，高麗與英、美、法、德訂立通商條約。

高麗不幸忽於此時發生內亂，國王的父親大院君李昰應一面反對新政，一面忌王后閔氏家族當權，他於光緒八年六月，忽然鼓動兵變，圍攻日本使館，誅戮閔族要人。李鴻章的謀士薛福成，建議中國火速派兵進高麗，平定內亂，一則以表示中國的宗主權，一則以防日本。中國派吳長慶率所部淮軍直入高麗京城，吳長慶的部下有兩位青年，張謇和袁世凱，他們膽子很大，高麗的兵也沒有抵抗的能力，於是他們把大院君首先執送天津，然後派兵佔領漢城險要，幾點鐘的功夫，就把李昰應的軍隊打散了。吳長慶這時實際作高麗的主人翁了，後高麗許給日本賠款並許日本使館保留衞隊，這樣，中、日兩國都有軍隊在高麗京都，形成對峙之勢。

八年夏秋之季，中國在漢城的勝利，使許多人輕敵，張謇主張索性滅高麗，張佩綸和鄧承修主張李鴻章在煙臺設大本營，調集海陸軍隊預備向日本宣戰。張佩綸說：

「日本自改法以來，民惡其上，始則欲復封建，繼則欲改民政。薩、長二黨爭權相傾，國債山積，以紙爲幣。雖兵制步武泰西，略得形似，然外無戰將，內無謀臣。問其師船，則以扶桑一艦爲冠，固已鐵蝕木窳，不耐風濤，餘皆小礮小舟而已，去中國定遠鐵船超勇揚威遠甚。問其兵數，則陸軍四五萬人，水軍三四千人，猶且官多缺員，兵多缺額，近始雜募游惰，用充行伍，未經戰陣，大半恇怯，又去中國淮湘各軍遠甚。」鄧承修也是這樣說：

「扶桑片土，不過內地兩行省耳。總核內府現銀不滿五百萬兩。窘迫如此，何以爲國？水師不滿八千，船艦半皆朽敗，陸軍內分六鎭，統計水陸不盈四萬，而又盡非精銳。然彼之敢於悍然不顧者非不知中國之大也，非不知中國之富且強也，所恃者中國之畏事耳，中國之重發難端耳」！這兩位自命爲日本通者未免看事太易，李鴻章看的比較清楚。他說：

「彼自變法以來，壹意媚事西人，無非欲竊其緒餘以爲自雄之術。今年遣參議伊籐博文赴歐洲考察民政，復遣有棲川親王赴俄，又分遣使聘意大利，駐奧、匈帝國，冠蓋聯翩，相望於道，其注意在樹交植黨，西人亦樂其傾心親附，每遇中、日交涉事件，往往意存袒護。該國洋債既多，設有危急，西人爲自保財利起見，或且隱助而護持之。

「夫未有謀人之具而先露謀人之形者，兵家所忌。日本樂趨西法，雖僅得形似，而所有船礮，略足與我相敵。若必跨海數千里與角勝負，制其死命，臣未敢謂確有把握。第東征之事不必有，東征之志不可無，中國添練水師，實不容一日稍緩。昔日戶部指撥南北洋海防經費，每歲共四百萬兩，無如指撥之時，非盡有着之款，統計各省關所解南北洋防費，約僅及原撥四分之一。可否請旨勅下戶部總理衙門，將南北洋每年所收防費，核明實數，務足原撥四百萬兩之數。如此則五年之後，南北洋水師兩枝，當可有成。」

這次大辯論終了之後，越南問題又起來了。張佩綸鄧承修諸人忽然忘記了日本，大事運動與法國開戰。中法戰爭一起，日本的機會就到了，這時高麗的黨政軍正成對壘之陣，一面有開化黨，其領袖卽洪英植、金玉均、朴泳孝諸人，其後盾卽日本公使竹添進一郎。這一派是親日的，想借日本之勢力以圖獨立的。對面有事上黨，領袖卽金允植、閔泳翊、尹泰駿諸人，後盾是袁世凱。這一派是聯華的，想托庇我們的保護之下以免日本及其他各國的壓迫。漢城的軍隊有中國的駐防軍和袁世冠所代練的高麗軍在一面，對面有日本使館的衛隊及日本軍官所練的高麗軍。在中法戰爭未起以前，開化黨不能抬頭，既起以後，竹添就大肆活動起來，說中國自顧不暇，那能顧高麗？於是洪英植諸人乃決計大舉。

光緒十年十月十七夜，洪英植設宴請外交團及高麗要人。各國代表都到，惟獨竹添稱病不至。後忽報火警，在座的人就慌亂了。閔泳翊出門，被預伏的兵士所殺。洪英植跑進王宮，宣稱中國兵變，强迫國王移居，並召竹添帶日兵進宮保衛。竹添這時不但無病，且親率隊伍入宮。國王到了開化黨的手裏以後，下詔召事上黨領袖，他們一進宮就被殺了。於是宣佈獨立，派開化黨的人組閣。

十月十九，袁世凱帶他所練的高麗兵及中國駐防漢城的軍隊進宮，中日兩方就在高麗王宮裏開戰了。竹添見不能抵抗，於是撤退，王宮及國王又到了袁世凱手裏。洪英植，朴詠孝被亂兵所殺，金玉均隨着竹添逃到仁川，後投日本。政權全歸事上黨及袁世凱，開化黨完全打散了。袁世凱這時年尙不滿三十，忽當大事，因電報不通，無法請示，祇好便宜行事。他敢大膽的負起責任，制止對方的陰謀，難怪李鴻章從此看重他，派他作駐高麗的總代表。

竹添是個浪人外交家，他如果沒有違反日本政府的意旨，至少他超過了他政府所定的範圍。事變以後，日本政府以和平交涉對高麗，亦以和平交涉對中國，光緒十一年春，伊籐與李鴻章訂天津協定，雙方皆撤退駐高麗的軍隊，但高麗以後如有內亂，中、日皆得調兵進高麗。

光緒十一年（一八八五年），正是英俄兩國因為阿富汗的問題，幾致開戰，他們的衝突波及遠東，英國為預防俄國海軍從海參崴南下，忽然佔領高麗南邊之巨文島，俄國遂謀佔領高麗東北的永興灣。高麗人見日本不可靠，有與俄國暗通，求俄國保護者。在這種形勢之下，英國感覺危險，日本更怕英、俄在高麗得勢，於是日本、英國都慫恿中國在高麗行積極政策。英國覺得高麗在中國手裏與英國全無損害，倘到俄國手裏，則不利於英國甚大。日本亦覺得高麗在中國手裏她將來還有法子奪取，一旦到了俄國手裏，簡直是日本的致命之傷。所以這種形勢極有利於我們，李鴻章與袁世凱遂大行其積極政策。

從光緒十一年到二十年，中國對高麗的政策，完全是李鴻章和袁世凱的政策。他們第一緊緊的把握高麗的財政。高麗想借外債，他們竭力阻止。高麗財政絕無辦法的時候，他們令招商局出面借款給高麗的海關，是由中國海關派員代為管理，簡直可說是中國海關的支部。高麗的電報局是中國電報局的技術人員用中國的材料代爲設立，代爲管理的。高麗派公使到外國去須先得中國的同意，到了外國以後，高麗的公使必須遵守三種條件：

「一、韓使初至各國，應先赴中國使館具報，請由中國欽差挈同赴外部，以後卽不拘定。一，遇有朝會公讌酬酢交際，韓使應隨中國欽差之後。一，交涉大事關係緊要者，韓使應先密商中國欽差核示。」

這種策雖提高了中國在高麗的地位，但與光緒五年李鴻章最初所定的高麗政策，絕對相反。最初李要高麗多與西洋各國往來，想借西洋的通商和傳教的權利來抵制日本的領土野心。此時李袁所行的政策，是中國獨佔高麗。到了光緒十八九年，日本感覺中國在高麗的權利澎漲過甚，又想與中國對抗。中國既獨佔高麗的權利，到了危急的時候，當然只有中國獨當其衝。

甲午戰爭直接的起因，又是高麗的內亂。光緒二十年（卽甲午，西歷一八九四），高麗南部有所謂東學黨聚衆數千作亂，中、日兩國同時出兵，中國助平內亂，日本藉口保衛僑民及使館。但東學黨造亂的地方距漢城尚遠，該地並無日本僑民，且日本派兵甚多，遠超保僑所需之數。李鴻章知道日本另有野心，所以竭力先平東學黨之亂，使日本無所藉口。但是內亂平定以後，日本仍不撤兵，日本聲言，高麗內亂之根，在內政之不修明，要求中、日兩國共同强迫高麗改革內政。李不答應，因爲這就是中、日共管高麗。

這時日本輿論十分激烈，一意主戰。中國輿論也激烈，要求李鴻章火速出兵，先發制人。士大夫覺得高麗絕不可失，因爲失高麗就無法保東北。他們以爲日本國力甚小：「倭不度德量力，敢與上國抗衡，實以螳臂當車，以中國臨之，直如摧枯拉朽」。李鴻章則覺得一調大兵，則雙方勢成騎虎，終致欲罷不能。但他對於外交又不讓步。他這種軍事消極，外交積極的辦法是很奇怪的。他有他的理由：俄國公使客西尼答應了他，俄國必勸日本撤兵，如日本不聽，俄國必用壓服的方法。李覺得既有俄國的援助，不必對日讓步。殊不知客西尼雖願意給我援助，俄國政府不願意。原來和戰的大問題不是一個公使所能負責決定。等到李鴻章發現客西尼的話不能兌現，中日的外交路線已經斷了，戰爭已經起始了。

中、日兩國同於七月初一宣戰。八月十八（陽曆九月十七）兩國海軍在高麗西北鴨綠江口相遇。那一次的海軍戰爭，是我民族在這次全面抗戰以前最緊要的一個戰爭。如勝了，高麗可保，東北不至發生問題，而在遠東，中國要居上，日本居下了。所以甲午八月十八的海軍之戰，是個劃時代的戰爭，值得我們研究。那時我國海軍比日本海軍强大，我們的佔世界海軍第八位，日本的佔第十一位。我們的兩個主力艦定遠和鎮遠各七千噸；日本頂大的戰艦不過四千噸。但日本的海軍也有優點：日本的船比我們的快，船上的砲比我們的多，而且放的快。我們的船太參差不齊，日本的配合比較合用。所以從物質上說來，兩國海軍實相差不遠。那一次我們失敗的原故很多。第一、戰略不如人。我方原定艦隊排「人」字陣式。由定遠、鎮遠兩鐵甲船居先，充戰鬪主力。海軍提督丁汝昌以定遠爲坐艦，艦長是劉步蟾。丁本是騎兵的軍官，不懂海軍，他爲人忠厚，頗有氣節，李鴻章靠他不過作精神上的領導而已。劉步蟾是英國海軍學校的畢業生，學科的成績確是上等的，而且頗識莎士比亞的戲劇，有所謂儒將的風度。丁自認不如劉，所以實際是由劉作總指揮。等到兩軍相望的時候，劉忽下令把「人」字陣完全倒置，遠定、鎮遠兩鐵甲船居後，兩翼的弱小船隻反居先。劉實膽怯，倒置的原故想圖自全。這樣一來，陣線亂了，小船的人員都心慌了，而且日本得乘機先攻我們的弱點了。

其次，我們的戰術也不及人。當時在定遠船上的總砲手英人泰樂爾看見劉步蟾變更陣勢，知道形勢不好，他先吩咐砲手不要太遠就放砲，不要亂放砲，因爲船上砲彈不多，必命中而後放。吩咐好了以後，他上望臺，站在丁提督旁邊，預備幫提督指揮。但丁不懂英文，泰樂爾不懂中文，兩人祇好比手勢交談。不久砲手即開火，而第一砲，就誤中自己的望臺，丁受重傷，不能指揮，泰樂爾亦受輕傷。日本砲彈的準確遠在我們的之上。結果，我海軍損失過重，不敢再在海上與日人交鋒。日人把握海權，陸軍輸送得行動自由，我方反必須繞道山海關。其實海軍失敗以後，大事就去了。陸軍之敗更甚於海軍，失敗的原故大致相同。

次年三月，李鴻章與伊籐訂馬關和約。中國承認高麗獨立，割臺灣及遼東半島，賠款二萬萬兩。近代的戰爭固不是兒戲，不戰而求和當然要吃虧；這一次要吃虧的是高麗的共管。但戰敗以後而求和，吃虧之大遠於不戰而和。同治、光緒年間的政治領袖如曾、左、李、及恭親王、文祥諸人，原想一面避戰，一面竭力以圖自强。不幸，時人不許他們，對自强事業則多方掣肘，對邦交則好輕舉妄動，結果就是誤國。

第四章　瓜分及民族之復興

第一節　李鴻章引狼入室

甲午戰爭未起以前及既起以後，李鴻章用各種外交方法，想得西洋各國的援助，但都失敗了。國際的關係，不比私人間的關係，是不講理，不論情的。國家都是自私自利的，利害相同就結合為友，為聯盟；利害衝突就成為對敵。各國的外交家都是精於打算盤的，西洋各國原想在遠東大大的發展，但在甲午以前，沒有積極推動，一則因為他們忙於瓜分非洲；二則因為他們互相牽制，各不相下；三則因為在遠東尚有中國與日本兩個獨立國家，具有相當的抵抗能力，在中日戰爭進行的時候，李鴻章雖千方百計的請求他們的援助，他們總是抱隔岸觀火的態度，嚴守中立，他們覺得中國愈敗，愈需要他們的援助，而且愈願意出代價；同時他們又覺得日本雖打勝仗，戰爭總要削減日本的力量；在西洋人的眼光裏，中日戰爭，無論誰勝誰敗，實是兩敗俱傷的，他們反坐收漁人之利。所以他們不援助我們於未敗之前。

等到馬關條約一簽字，俄德法三國就連合起來，强迫日本退還遼東半島，包括大連旅順在內。主動是俄國，德法不過附和。當時俄國的財政部長威特正趕修西比利亞鐵路，他發現東邊的一段如繞黑龍江的北岸，路線太長，工程太困難，如橫過我們的東三省，路線可縮短，工程也容易的多。同時海參威太偏北，冬季結冰，不便航行。如果俄國能得大連旅順，俄國在遠東就能有完善的軍港和商港。完成西比利亞鐵路及得一個不凍冰的海口，這是威特想要趁機而達到的目的。法國當時聯俄以對德，俄要法幫忙，法不敢拒絕，何況法國也有野心家想趁機向遠東發展呢？德國的算盤打的更精，他想附和俄國，一則可以使俄國知道德國是俄國的朋友，俄國不必聯絡法國；二則俄國如向遠東發展，在歐洲不會多事，德國正好順風推舟；三則德國也可以向我們索取援助的代價。這是三國干涉馬關條約實在的動機。

俄德法三國的作法是十分冠冕堂皇的，馬關條約發表以後，他們就向我們表示同情，說條約太無理，他們願助中國挽回失地的一部份。在我們那時痛恨日本的情緒之下，這種友誼的表示是求之不得的。我們希望三國能把臺灣及遼東都替我們收回來。同時三國對日本給與所謂友誼的勸告，說日本之佔領半島，不利遠東和平。戰後的日本，固不敢不依從三國的勸告，於是退還遼東，但加賠款三千萬兩。中國覺得遼東半島不止值三千萬兩，所以覺得我們應該感激三國的援助。

馬關條約原定賠款二萬萬兩，現在又加三千萬兩。中國當然不能擔負。威特一口答應幫我從法俄銀行借一萬萬兩，年息四厘。數目之大，利率之低，誠使我們受寵若驚，俄國眞可算是我們的好朋友！

光緒二十二年，一八九六年，俄皇尼古拉二世行加冕典禮，帝俄政府向我表示，當中俄兩國特別要好的時候，中國應派頭等大員去作代表，才算是給朋友面子。中國乃派李鴻章爲慶賀加冕大使，這位東方的畢士麥克於是到歐洲去了。威特深知中國的心理，所以他與李鴻章交涉的時候，首言日本之可惡可怕。這是李鴻章願意聽的話，也是全國人士願意聽的話。這種心理的進攻既然順利，威特乃進一步陳言俄國對我之援助如何是心有餘而力不足。他說當中日戰爭之際，俄國本想參戰，但因交通不便，俄軍未到而中日戰爭就完了。以後中國如要俄國給與有力的援助，中國必須許俄國修條鐵路橫貫東三省。李鴻章並未駁辯威特的理論，但主張在中國境內之鐵路段，應由中國自修。威特告以中國人力財力不足，倘自修，則十年尚不能成，將緩不濟急。威特最後說，如中國堅拒俄國的好意，俄國就不能再助中國了。這一句話把李鴻章嚇服了。於是他與威特簽訂秘約，俄許援助中國抵抗日本，中許俄國建築中東鐵路。

光緒二十二年的中俄秘約，是李鴻章終身的大錯。甲午戰爭以後，日本並無於短期內再進攻中國的企圖，是時日本政府反轉過來想聯絡中國，因爲西洋倘在中國勢力太大，是與日本不利的。威特的本意不是要援助中國，是要利用中東鐵路來侵略中國的。以後瓜分之禍，及日俄戰爭，二十一條，九一八這些國難，都是那個秘約引出來的！

李鴻章離開俄國以後，路過德法比英美諸國。他在柏林的時候，德國政府試探向他要代索遼東的報酬，他沒有答應。德國公使以後又在北京試探，北京也沒有答應。光緒二十三年秋，山東曹州殺了兩個傳教士，德國趁機一面派兵佔領青島，一面要求租借膠州灣及青島及在山東修鐵路和開鑛的權。中國於二十四年春答應了。山東就算是德國的利益範圍。

俄國看見德國佔了便宜，於是調兵船佔旅順大連。俄國說爲維持華北的勢力均衡，並爲助我的方便，他不能不有旅順大連，並且還要修南滿鐵路。中國也祇好答應。我們費三千萬贖回來的遼東半島，這時俄國又奪去了。俄國還說，她是中國唯一的朋友！俄國的外交最陰險，她以助我之名行侵我之實。以後她在東北既有了中東鐵路、南滿鐵路及大連旅順，東三省就成了俄國的勢力範圍！

於是英國要求租借威海衞和九龍及長江流域的優越權利。法國要求租廣州灣及廣東廣西雲南的優越權利。日本要求福建的優越權利。義大利要求租浙江的三門灣。除意大利的要求以外，中國都答應了，這就是所謂瓜分。惟獨美國沒有提出要求，但牠運用外交，使各國不完全割據各國所劃定的範圍，使各國承認各國在中國境內都有平等的通商權利，這就是歷史上有名的「門戶開放主義」。

這種瓜分運動，就是甲午的敗仗引起來的，在近代的世界，敗仗是千萬不能打的。

第二節　康有爲輔助光緒變法

假使我們是甲午到戊戌那個時代的人，眼見我們的國家被小小的日本打敗了，打敗了以後又要割地又要賠款，我們還不激昂慷慨想要救國嗎？又假使我們就是那個時代的人，新知識新技術都沒有，所能作的僅八股文章，所讀過的書僅中國的經史，我們的救國方案還不是離不開我們的經典，免不了作些空泛而動聽的文章？，假使正在這個時候，我們中間出了一個人，提出一個偉大的方案，既合乎古訓，又適宜時局，其文章是我們所佩服的，其論調正合乎我們的胃口，那我們還不擁護他嗎？康有爲就是這種時代中的這樣的人。

康有爲是廣東南海縣人，生在咸豐五年，一八五五年，比孫中山先生大十一歲。他家好幾代都是讀書人。他的家教和他的先生朱九江給他的教訓，除預備他能應考試，取科名以外，特別注重中國政治制度的沿革及一般所謂經世致用之學。他不懂任何外國文字，在戊戌以前，也沒有到外國去過。但他到過香港上海，看見西洋人地方行政的整齊，受了很大的刺激。他覺得這種優美的行政必有文化和思想的背景和淵源。可惜那個時候國內還沒有討論西洋政治經濟的書籍，康有爲所能得到的僅江南製造局及教會所譯的初級天文、地理、格致、兵法、醫藥及耶穌教經典一類的書籍。但他是個絕頂聰明的人，「能舉一反三，因小以知大，自是於其學力中別開一境界」。

我們已經說過，同光時代李鴻章所領導的自強運動限於物質方面，是很不澈底的。後來梁啓超批評他說：

「知有兵事而不知有民政，知有外交而不知有內治，知有朝廷而不知有國民，知有洋務而不知有國務。以爲吾中國之政教風俗，無一不優於他國，所不及者惟鎗耳、砲耳、船耳、機器耳。但吾學者，而洋務之能事畢矣」。

這種批評是很對。可是李鴻章的物質改革已遭時人的反對，倘再進一步的改革政治制度，時人一定不容許他。甲午以後，康有爲覺得時機到了，李鴻章所不敢提倡的政治改革，康有爲要提倡，這就是所謂變法運動。

我國自秦漢以來，兩千多年，祇有兩個人曾主張變法，一個是王莽，一個是王安石，兩個都失敗了，王莽尤其成爲千古的罪人，所以沒有人敢談變法。士大夫階級都以爲法制是祖宗的法制，先聖先賢的法制，歷代相傳，絕不可變更的。康有爲知道非先打破這個思想的難關，變法就無從下手。所以在甲午以前，他寫了一篇孔子改制考，他說孔子根本是個改革家，孔子作春秋的目的，就是要改革法制。春秋的眞義在公羊傳裏可以看出來。公羊傳講「通三統」，那就是說，夏商周三代的法制並不沿襲，各代都因時制宜，造出各代的法制。公羊傳又講「張三世」，那就是說，以專制政體對亂世，立憲政治對升平之世，共和政治對太平之世。康有爲這本書的作用，無非是抓住孔子作他思想的傀儡，以便鎭壓反對變法的士大夫。

康有爲在甲午年中了舉人，乙未年成了進士，他是那個國難時期的新貴，他就趁機會組織學會，發行報紙宣傳。一時附和的人很不少，大多數並不了解他的學說，也不知道他的改革具體方案，祇有極少數，可以說是他的忠實同志。但是他的運動盛極一時，好像全國輿論是擁護他的。

孔子是舊中國的思想中心，抓住了孔子，思想之戰就成功了。皇帝是舊中國的政治中心，所以康有爲的實際政治工作是從抓住皇帝下手。他在嚴重的國難時期之中，一再上書給光緒皇帝，大講救國之道。光緒也受了時局的刺激，很想努力救國，他先研究康有爲的著作，後召見康有爲，他雖很賞識他，因爲種種的困難，祇敎他在總理衙門行走。戊戌春季的瓜分，更刺激了變法派和光緒帝，於是他又派康有爲的四位同志，楊銳、劉光第、林旭、譚嗣同在軍機處辦事。從戊戌四月二十三日到八月初，康有爲輔助光緒行了百日的維新。

在這百天之內，康有爲及其同志推行了不少的新政，其中最要緊的有二件事：第一、以後政府的考試不用八股文，都用政治經濟的策論。換句話說，以後讀書人要做官不能靠虛文，必須靠實學。第二、調整行政機構。康有爲裁汰了許多無用的衙門和官職，如詹事府、通政司、光祿寺、鴻臚寺、太僕寺、大理寺、以及總督同城的巡撫，不治河的河督，不運糧的糧道，不管鹽務的鹽道。同時他添了一個農工商總局，好像我們現在的經濟部，想要推行經濟建設。這兩件大新政，在我們今日看起來，都是應該早辦的，但在戊戌年間，雖然國難那樣嚴重，反對的人仍居大多數。爲什麼呢？一句話，打破了他們的飯碗。人人都知道應該廢八股，提倡實學；但數百翰林，數千進士，數萬舉人，數十萬秀才，數百萬童生，全國的讀書人都覺得前功盡棄。他們費了多少的心血，想從之乎也者裏面，陞官發財，一旦廢八股，他們絕望了，難怪他們要罵康有爲是洋奴漢奸。至於被裁的官員，更不要說，無不切齒痛恨。

康有爲既然抓住皇帝來行新政，反對新政的人就包圍西太后，求「太后保全，收回成命」。這時光緒雖作皇帝，實權仍在西太后手裏，他們兩人之間久不和睦。西太后此時想索性廢光緒帝，新派的人於是求在天津練兵的袁世凱給他們武力的援助，袁世凱嫌他們孟浪，不肯合作，而且洩露他們的機密。西太后先發制人，把光緒囚禁起來，說皇帝有病，不能理事，復由太后臨朝訓政。康有爲逃了，別人也有逃的，也有被西太后處死的。他們的新政完全打消了。

第三節　頑固勢力總動員

在戊戌年的變法運動之中，外國人頗偏袒光緒帝及維新派，反對西太后及頑固黨，因此一個內政的問題就發生國際關係了。後康有爲梁啓超逃難海外，又得着外國人的保護，他們在逃難之中發起保皇會，鼓動外國人和華僑擁護光緒，這樣，西太后和頑固黨就恨起洋人來了。西太后要廢光緒，立端王載漪的兒子作皇帝。剛毅、崇綺、徐桐、啓秀諸頑固份子想在新主之下操權，於是慫恿廢立。但各國駐京公使表示不滿意，他們的仇外的心理更進了一層。

頑固黨僅靠廢立問題還不能號召天下，他們領導的運動所以能擴大，還是因爲他們也是愛國份子。自鴉片戰爭到庚子年，這六十年中所受的壓迫，所堆積的憤恨，足够使全國人士切齒痛心。甲午以後，列强的瓜分中國，更使時人憤慨。他們覺得中國應該火速抗戰，不然國家就要亡了。我們不要以爲頑固份子不愛國，從鴉片戰爭起，他們是一貫的反對屈服，堅强的主張抗戰。在戊戌年，西太后復政以後，她硬不割讓三門灣給意大利，她令浙江守土的官吏準備抵抗。後意大利居然放棄了她的要求，頑固黨更加覺得强硬對付洋人是對的。

外人在中國不但通商佔地，還傳教，這一層尤其招頑固份子的憤恨。他們覺得孔孟的遺教是聖教，洋人的宗教是異端，是邪教。中國最無知的愚民都知道孝敬父母，尊順君師。洋人是無君的，幾千年來，都是外夷學中國，沒有中國學外夷的道理。這種看法在當時是很普遍的，譬如大學士徐桐是大理學家倭仁的門弟子，自己也是個有名的理學家，在當時的人物中，算是一個正派君子。他和他的同志是要保禦中國文化而與外人戰。他們覺得剷草要除根，排斥異端非盡驅逐洋人不可。

但是中國與日本戰尚且打敗了，怎能一時與全世界開戰呢?頑固份子以爲可以靠民衆。利用民衆或「民心」或「民氣」去對外，是林則徐、徐廣縉、葉名琛一直到西太后、載漪、剛毅、徐桐傳統的法寶。凡是主張剿夷的，莫不覺得四萬萬同胞是有勝無敗的。甲午以後，山東正有民間的義和團出現，頑固份子覺得這個義和團正是他們所需要的武力。

義和團（又名義和拳）最初是大刀會，其本質與中國流行民間的各種會匪並無區別。這時的大刀會，專以洋人尤其是傳教士爲對象。民衆對洋人也有多年的積憤，外國傳教士免不了偏袒教徒，而教徒有的時候免不了仗洋人的勢力欺侮平民。民間許多帶宗教性質的廟會、敬神，信基督教的人不願意合作，這也引起教徒與非教徒的衝突。民間尙有種種謠言，說教士來中國的目的，不外挖取中國人的心眼以煉丹藥，又一說教士竊取嬰兒腦髓，室女紅丸。民間生活是很困苦的，於是把一切罪惡都歸到洋人身上。洋人，附和洋人的中國人，以及與洋人有關的事業，如教堂、鐵路、電線等，皆在被打倒之列。義和團的人自信有鬼神保佑，洋人的槍砲打不死他們。山東巡撫李秉衡及毓賢，前後鼓勵他們，因此他們就以「扶清滅洋」的口號在山東擾亂起來。

己亥年（光緒二十五年，一八九九年），袁世凱作山東巡撫，他就不客氣把義和團當作亂民，派兵痛剿。團民在山東站不住，於己亥冬庚子春逃入河北。河北省當局反表示歡迎，所以義和團就在河北得勢了。毓賢向載漪、剛毅等大替義和團宣傳，說他們如何勇敢可靠，載漪和剛毅又介紹義和團給西太后，於是義和團在北京得勢了。西太后及想實行廢立的親貴，頑固的士大夫及頑固的愛國志士都與義和團打成一片，精誠團結去滅洋，以爲滅了洋人，他們各派的公私目的都能達到。庚子年拳匪之亂，是我國頑固勢力的總動員。

給過四次的御前會議，西太后乃於五月二十五日向各國同時宣戰。到七月二十日，董福祥的軍隊連同幾萬拳匪，拿着他們的引魂旛、混天大旗、雷火扇、陰陽瓶、九連環、如意鈎、火牌、飛劍、及其他法寶，僅殺了一個德國公使，連東交民巷的公使館都攻不破。同時八國聯軍由大沽口進攻，佔天津，慢慢的逼近北京。於是西太后同光緒帝逃到西安，李鴻章又出來收拾時局。

拳匪之亂的結束是辛丑條約。除懲辦禍首及道歉外，辛丑條約有三個嚴重的條款：第一、賠款四萬萬五千萬兩，分三十九年還清，在未還清以前，按每年四厘加利。總計實九萬萬八千餘萬兩。俄國的部份最多（那時中俄尚是聯盟國，佔百分之二十九，德國次之，佔百分之二十，法國佔百分之十六弱，英國佔百分之十一强，日本與美國各佔百分之七强。第二、各國得自北京到山海關沿鐵路線駐兵。近年日本增兵平津，就藉口辛丑條約。第三、劃定並擴大北京的使館區，且由各國留兵北京以保禦使館。

這種條款够嚴重了。但我們所受的損失最大的還不是辛丑條約的各款，此外還有東三省的問題。庚子年，俄國趁拳亂派兵佔領全東北三省，辛丑條約定了以後，俄兵不肯退出，反向我要求各種特殊權利。假使中國接受了俄國的要求，東北三省在那個時候就要名存實亡了。張之洞袁世凱竭力反對接受俄國的條款，日本、英國、美國從旁贊助他們。李鴻章主張接受俄國的要求，但是幸而他在辛丑的多天死了，不然，東北三省就要在他手裏送給俄國了。日本英國看見形勢不好，於壬寅（光緒二十八年）年初，締結同盟條約來對付俄國。美國雖未加入，但表示好感。中國當時的輿論亦贊助英日同盟。京師大學堂（以後的北京大學）的教授上書政府，建議中國加入同盟，變爲中、日、英三國的集團來對付俄國。俄國看見國際形勢不利於他，乃與中國訂約，分三期撤退俄國在東三省的軍隊。條約雖簽字了，俄國以後又中途變計，日本乃出來與俄國交涉，光緒三十年（一千九百零四年）兩國交涉失敗，就在我們的國土上打起仗來了。

那一次的日俄戰爭，倘若是俄國全勝了，不但我們的東三省，連高麗都要變爲俄國的勢力範圍；倘若日本澈底的打勝了俄國，那高麗和東北就變成日本的範圍，中國左右是得不了便宜的。幸而事實上日本祇局部的打勝了，結果兩國講和的條約，仍承認中國在東北的主權，不過劃北滿爲俄國鐵路及其他經濟事業的範圍；南滿，包括大連旅順在內，爲日本的範圍。這樣，日俄形成對峙之勢，中國得收些許漁人之利。

第四節　孫總理提民族復興方案

在未述孫中山先生的事業以前，我們試回溯我國近代史的過程。我們說過，我國到了十九世紀，遇着空前未有的變局。在十九世紀以前，與我民族競爭的，都是文化不及我，基本勢力不及我的外族。到了十九世紀，與我抗衡的是幾個以科學、機械及民族主義立國的列强。我們在道光年間雖受了重大的打擊，我們仍舊不覺悟，不承認國家及民族的危險，因此不圖改革，浪費了民族二十年的光陰。直到受了英法聯軍及太平天國的痛苦，然後有同治初年由弈訢、文祥、曾國藩、李鴻章、左宗棠領導的自强運動。這個運動就是我國近代史上第一個應付大變局的救國救民族的方案，簡單的說，這個方案是要學習運用及製造西洋的軍器來對付西洋人。這是一個不澈底的方案，後來又是不澈底的實行。爲什麼不澈底呢？一則因爲提案者對於西洋文化的認識根本有限，二則因爲同治光緒年間的政治制度及時代精神不容許自强運動的領袖們前進。同時代的日本採取了同一路線，但是日本的方案比我們的更澈底。日本不但接受了西洋的科學和機械，而且接受了西洋的民族精神及政治制度之一部份。甲午之戰是高度西洋化、近代化的日本戰勝了低度西洋化、近代化的中國。

甲午以後，康有爲所領導的變法運動，是我國近代史上救國救民族的第二個方案。這個方案的主旨是要變更政治制度，其最後目的是要改君主專制爲君主立憲，以期民族精神及維新事業得在立憲政體之下充分發揮和推進。變法運動無疑的是比自强運動更加西洋化、近代化。康有爲雖託孔子之名及皇帝的威嚴去變法，他依舊失敗，因爲西太后甘心作頑固勢力的中心，滿清皇室及士大夫階級和民間的頑固勢力本極雄厚，加上西太后的支助，遂成了一種不可抑遏的反潮。嚴格說來，拳匪運動可說是我國近代史上第三個救國救民族的方案，不過這個是反對西洋化，近代化的，與第一第二兩個是方案背道而馳的。拳匪的慘敗是極自然的慘敗，代價之大，足證我民族要圖生存絕不可以開倒車。

等到自強、變法、反動都失敗了，國人然後注意孫中山先生所提出的救國救民族的方案。這個方案的偉大，與孫中山先生的少年環境是極有關係的。

中山先生是廣東香山縣人，生於前清同治五年，西曆一千八百六十六年。他的家庭是我國鄉下貧苦農夫的家庭，他小的時候就在田莊上幫助父兄耕種。十三歲他隨長兄德彰先生到檀香山，他在那裏進了教會學校。十六歲的時候，他回到廣州，入博濟學校。次年，他轉入香港英國人所設立的醫學專科。他在這裏讀書共十年，於光緒十八年畢業，成醫學博士。中法戰爭的時候，他正十九歲，所受刺激很大。他在學校所結納的朋友，如鄭士良、陳少白、陸皓東等，多與秘密反對滿清的會黨有關。所以在這個時候，他已有了革命的思想。

中山先生的青年生活有幾點值得特別注意。第一、他與外人接觸最早，十三歲就出國了。他所入的學校全是外國人所設立的學校，他對西洋情形及近代文化的認識遠在李鴻章、康有爲諸人之上。這是我民族一件大幸事，因爲我們既祇能從近代化找出路，我們的領袖人物應對近代文化有正確深刻的認識。第二、中山先生所受的教育是科學的教育，而且是長期的。科學思想方法是近代文化的至寶，但是這種方法不是一兩個月的訓練班或速成學校所能培養的。我們倘不了解這一點，我們就不能了解爲什麼中山先生所擬的救國方案能超越別人所提的方案。中山先生的一切方案是具體的、精密的、有步驟的、方方面面都顧到的，因爲他的思想是受過長期科學訓練的。

光緒十年的中法戰爭，給了中山先生很大的刺激。光緒二十年的中日之戰所給的刺激更大。此後他完全放棄學醫，專門從事政治。次年，他想襲取廣州，以爲革命的根據地。不幸事洩失敗，他逃到國外。在檀香山的時候，他組織了興中會。當時風氣未開，淸廷監視很嚴，所以興中會的宣言不提革命，祇說政府腐敗，國家危急，愛國志士應該聯合起來以圖國家的富强。宣言雖是這樣的和平，海外僑胞加入興中會的還是很少。中山先生從檀香山到美國英國，一面鼓吹革命，一面考察英美的政治。在英國的時候，使館職員誘他入館，秘密的把他拘禁起來，想運解回國，幸而得着他的學校敎師的援助，終得出險，後又赴法。這是中山先生初次在海外逃難的時期，也是他的革命的三民主義初熟的時期。

庚子拳匪作亂的時候，鄭士良及史堅如兩同志奉中山先生的命令想在廣東起事，不幸都失敗了。但是庚子年的大悲劇動搖了許多人對滿淸的信念，留學生到日本去的也大大的加增。從此中山先生的宣傳容易的多，信徒加增也很快。日本朋友也有贊助的。到了甲辰年（光緒三十年，西曆一千九百零五年），他在日本組織同盟會，並創辦民報，這是我民族初次有一個公開的革命團體。同盟會宣言及民報發刊詞是中山先生初次公開的、正式的、以革命領袖的資格，向全世界發表他的救國救民的方案。甲辰以後，中山先生尙有二十年的革命工作，對他所擬的方案尙有不少的補充，但他終身所信奉的主義及方略的大綱，已在同盟會宣言和民報發刊詞裏面立定基礎了。

民報發刊詞說明了三民主義的歷史必然性。歐洲羅馬帝國滅亡以後，各民族割據其地，慢慢的各養成其各別的語言、文字、風俗、法制，到了近代，各民族遂成了民族國家。但在各國之內，王室專制，平民沒有參政之權，以致民衆仍有受壓迫的痛苦。十八世紀末年，十九世紀初年，歐人乃舉行民權的革命。在十九世紀，西洋人雖已實行民族主義和民權主義，但社會仍不安，這是因爲歐美在十九世紀科學發達，工業進步，社會反而因此貧富不均。中國應在工業初起的時候，防患未然，利用科學和工業爲全民謀幸福，這就是民生主義。中山先生很激昂的說：

「夫歐美社會之禍，伏之數十年，及今而後發現之，又不能使之遽去。吾國治民生主義者，發達最先，杜其禍害於未萌，誠可舉政治革命、社會革命，畢其功於一役，還視歐美，彼且瞠乎其後也」。

這是中山先生的愛國熱忱和科學訓練所創作的救國方案，其思想的偉大是古今中外無比的。

但是民族主義和民權主義在西洋是經過幾百年的奮鬪而後實現，民生主義在西洋尙且未實現。以落伍的中國，外受强鄰的壓迫，內部又滿佈封建的思想，何能同時推行三民主義呢？這豈不是偏於理想嗎？有許多人直到現在還這樣的批評中山先生。三十三年以前，當同盟會初組織的時候，就是加盟者也大部份陽奉陰違，口信心不信。反對同盟會的人更不必說了。他們並不否認三民主義的偉大，他們所猶疑的是三民主義實行的困難。其實中山先生充分的顧到了這層困難，他的革命方略就是他實行三民主義的步驟。同盟會的宣言的下半，說明革命應分軍法、約法、憲法三時期，就是以後所謂軍政、訓政、憲政三階段。一般淺識的人承認軍政憲政之自然，但不瞭解訓政階段是必要的，萬不能免的。中山先生說過：

「由軍政時期一蹴而至憲政時期，絕不予革命政府以訓練人民之時間，又絕不予人民以養成自治能力之時間，於是第一流弊在舊污未由蕩滌，新治末由進行。第二流弊在粉飾舊污以爲新治。第三流弊由發揚舊污壓抑新治。更端言之，卽第一民治不能實現，第二爲假民治之名行專制之實、第三則並民治之名而去之矣。此所謂事有必至理有固然者。」

當時在日本與同盟會的民報抗爭者，是君主立憲派的梁啓超所主持的新民叢報。梁啓超是康有爲的門徒，愛國而博學，他反對打倒滿清，反對共和政體。他要維持清室而行君主立憲。所以他在新民叢報裏再三發表文章，攻擊中山先生的民族主義和民權主義。他說中國人民程度不够，不能行共和制。如行共和制，必引起多年的內亂和軍閥的割據。他常引中國歷史爲證，中國每換一次朝代，必有長期的內亂。梁啓超說，在閉關自治時代，長期的內亂尚不一定要亡國，現在列強虎視，一不小心，我們就可以召亡國之禍。民國以來的事實，似乎證明了梁啓超的學說是對的。其實民國以來的困難，都是由於國人不明瞭，因而不肯接受訓政。

孫中山先生的三民主義和革命方略，無疑的是我民族惟一復興的路徑，我們不可一誤再誤了。

第五節　民族掃除復興的障礙

庚子拳匪之亂以後，全體人民感覺滿清是我民族復興的一種障礙，這種觀察是很有根據的。甲午以前，因爲西太后要重修頤和園，我國海軍有八年之久不能添造新的軍艦。甲午以後，一則因爲西太后與光緒爭權，二則因爲滿清的親貴以爲維新就是漢人得勢滿人失權，西太后和親貴就煽動全國一切的反動勢力來打倒新政。我們固不能說，滿人都是守舊的，漢人都是維新的，因爲漢人之中，思想腐舊的也大有人在。事實上，滿人居領袖地位，他們一言一動的影響大，而他們中間守舊的成份實在居大多數。並且他們反對維新就是藉以排漢，所以庚子以後，滿清雖逐漸推行新政，漢人始終不心服他們，不認他們是有誠意的。

庚子年的多天，西太后在西安的時候，她就下詔變法。以後在辛丑到甲辰那四年內，她裁汰了好幾個無用的衙門，廢科舉、設學校、練新兵、派學生出洋、許滿漢通婚。戊戌年康有爲要輔助光緒帝行的新政，這時西太后都行了，而且超過了。日本勝了俄國以後，時人都覺得是君主立憲戰勝了君主專制，於是在乙巳年（一九零五年）的夏天，西太后派載澤等五大臣出洋考察各國憲法，表示要預備立憲。丙午、丁未、戊申三年，成了官制及法制的大調整時期。

丙午（一九零六年）九月，釐定中央官制。前清中央主要的機關有內閣、軍機處、六部、九卿。所謂九卿，多半是無用的衙門。六部採用委員制，每部有滿漢尙書各一，滿漢侍郎各二，共六人主政，責任不專，遇事推諉。並且道咸以後，各省督撫權大，六部成了審核機關，本身幾全不舉辦事務。軍機處是前清中央政府最得力的機關，原是內閣分出來的一個委員會，實際輔佐皇帝處理大政的。自軍機處在雍正年間成立以後，內閣變成一種裝飾品。丙午年的改革，保存了軍機處，此外設立十一部，每部以一個尙書爲最高長官。這種改革雖不圓滿，比舊制實在是好多了。但十一名尙書發表以後，漢人祇佔五人，比以前六部漢滿各一的比例還差了。所以這種改革不但未和緩漢人的不平，反加增了革命運動的力量。

丁未年（一九零七年）滿清決定設資政院於北京，作爲中央的民意機關；設諮議局於各省，作爲地方的民意機關。伐申年，滿清頒佈憲法大綱，並規定九年爲預備立憲時期。如果眞要立憲，九年的預備實在還不够，但是因爲當時國人對滿清全不信任，故反對九年的預備，說滿淸不過藉預備之名以擱置立憲。

滿清在這幾年之內，不但借改革以收漢人的政權，並且鐵良和良弼想盡了法子把袁世凱的北洋兵權也奪了。等到戊申的秋天，宣統繼位，其父載灃作攝政王的時候，第一條命令是罷免袁世凱。此漢人之中尙忠於淸廷而又有政治手腕者，袁世凱要算是第一，載灃還要得罪他，這不是滿淸自取滅亡嗎？

同盟會和其他革命志士看淸了滿人的把戲，積極的圖以武力推倒滿淸的政權。丙午年，同盟會的會員蔡紹南、劉道一聯合湖南和江西交界的秘密會黨在瀏陽和萍鄉起事。他們的宣言說明他們的目的是要打倒滿淸，建設民國，平均地權。這是同盟會成立以後第一次的革命，也是三民主義初次充當革命的目標，不失敗幸了。同時還有許多革命黨員秘密的在武昌及南京的新軍之中運動革命，淸廷簡直是防不勝防。

這時日本政府應滿淸的請求强迫孫中山先生離開日本，中山先生乃領導胡漢民、汪精衞等到安南，在河內成立革命中心。他們在丁未年好幾次在潮州、惠州、欽州、廉州、及鎮南關各處起事，戊中年又在河口起事，均歸失敗。同時江浙人士組織的光復會也極活動，丁未年五月，光復會首領徐錫麟殺安徽巡撫恩酩，此事牽連了他的同志秋瑾，兩人終皆遇害。戊申年十月，熊成基帶安徽新軍的一部份突攻安慶，他雖失敗了，但他的行動，表示長江一帶的新軍，已受了革命思想的影響。

丁未、戊申兩年既受了這多挫折，同盟會的多數領袖主張革命策略應該變更。胡漢民當時說過：「此後非特暗殺之事不可行，卽零星散碎不足制彼虜死命之革命軍，亦斷不可起」。汪精衞反對此說，他相信革命志士固應有恆德「擔負重任，集勞怨於一躬，百折不撓，以行其志」；但是有些應該有烈德，「猛向前進，一往不返，流血以溉同種」。他和黃復生秘密的進北京，謀刺攝政王載澧，後事不成，被捕下獄，這是庚戌宣統二年的事情。

汪精衞獨行其烈德的時候，中山先生和胡漢民、黃興、趙聲正在南洋向華僑募捐，想大規模的、有計劃向滿清進攻。這是汪精衞所謂恆德。他們於庚戌年十一月在檳榔嶼定計劃，先佔廣州，然後北伐，「以黃興統一軍出湖南趨湖北，趙聲統一軍出江西趨南京」。定了計劃以後，他們分途歸國。次年辛亥，宣統三年，三月二十九日的黃花岡七十二烈士之役，是他們的計劃的實現。軍事上雖失敗了，心理上則大成功，因爲革命精神從此深入國民的腦際。

正在這個時候，清廷宣佈鐵路國有的計劃，給了革命黨人一個很好的宣傳的機會。那時待修的鐵路以粵漢、川漢兩路最爲急迫，困難在資本的缺乏。四川、湖北、湖南諸省的人民，組織民營鐵路公司，想集民股築路。其實民間的資本不够，公司的領袖人物也有假公濟私的，所以成績不好，進行很慢。郵傳部大臣盛宣懷乃奏請借外債修路，把粵漢、川漢兩線都收歸國有。借外債來建設，本是一種開明的政策，鐵路國有也是不可非議的。不過盛宣懷的官聲不好，滿清已喪失人心，就是行好政策，人民都不信任。何況民營公司的股東又要損失大利源呢？因以上各種原故，鐵路國有的問題就引起多數人的反對，革命黨又從中煽動，竟成了大革命的導火線。

同盟會的革命策略，本注重廣東，但自黃花岡失敗以後，陳其美、宋教仁、譚人鳳等，就想利用長江流域為革命策源地。他們在上海設立同盟會中部總會。譚人鳳特別注重長江中游之兩湖。那時湖北新軍中的蔣翊武組織文學社於武昌，藉以推動革命。在湖南活動的焦達豐及在湖北活動的孫武和居正，另外組織共進會。這兩個團體，雖有同盟會的會員參加，並不是同盟會的支部，而且最初彼此間頗有磨擦，經譚人鳳調和以後，共進會和文學社始合作。

同盟會的首領原來想在長江一帶應該有好幾年的預備工作，然後可以起事。但四川、湖北、湖南、爭路的風潮擴大以後，他們就決定辛亥年（宣統三年，一九一一年）秋天起事。發難的日期原定舊曆八月十五日，後因預備不足，改遲十天。却在八月十八日，革命黨的機關被巡捕破獲，黨人名冊也被搜去，於是倉卒之間定八月十九日，即陽曆十月十日起事。

辛亥武昌起義的領袖是新軍的下級軍官熊秉坤，他率隊直入武昌，進攻總督衙門。總督瑞澂當即不抵抗出逃，新軍統帥張彪也跟他逃，於是武昌文武官吏均棄城逃走，武昌便為革命軍所據。革命份子臨時強迫官階較高、聲望較好的黎元洪作革命軍的都督。

武昌起義以後，一月之內，湖南、陝西、江西、雲南、安徽、江蘇、貴州、浙江、廣西、福建、廣東、山東十三省相繼宣佈獨立，並且沒有一個地方發生劇烈的戰爭。滿清的滅亡不是革命軍力打倒的，是清朝自己瓦解的。各獨立省派代表，製定臨時約法，並公舉孫中山先生爲中華民國的臨時總統，我們這個古老的帝國，忽然變爲民國了。

滿清到了山窮盡水的時候，請袁世凱出來挽回大局，這種臨時抱佛脚的辦法是不能生效的。袁世凱替清室謀得的不過是退位以後的優待條件，爲自己却謀得了中華民國第一任正式總統的地位。

辛亥革命打倒了滿清，這是革命惟一的成績。滿清打倒了以後，我們固然掃除了一種民族的障礙，但是等到我們要建設新國家的時候，我們又與民族內在的的種障礙面對面了。

評清史稿邦交志

評清史稿邦交志

中國舊有之正史，皆無邦交志一門，有之自清史稿始，此亦時代變遷使然也。有清以前，中國惟有藩屬之控制馭夷懷遠諸政，無所謂邦交。春秋戰國之合從連橫，不過等於西洋封建時代諸侯之爭鬪；雖遠交近攻，聘使立盟，有似近代之國際交涉；然時代之局勢與精神，實與十九世紀中外之關係逈然不同。李氏鴻章在同治初年，常以江寧及天津條約爲古今之大變局一語，激時人之圖自强。此可謂知時之言也。故清史尙無邦交志，則清史無從理解，即今日中國之時局，亦無從探研。主持清史稿諸公，能不爲成法所束，而創邦交志一門，足證諸公之能審時察勢，亦足證今日中國思想之進步也。

清史稿邦交志，雖爲新創；然邦交志之書法及其根本史學觀念，則純爲襲舊。批評者倘以「邦交志非史也」一語加之，亦不爲過當。近百年來中外關係之大變遷何在？其變遷之根本理由又何在？邦交志非特無所貢獻，且直不知此二問題爲撰邦交志者之主要問題也。至於近百年來中外交涉之重要案件，如鴉片戰爭、英法聯軍、同治條約、馬加理案、伊犂案、中法戰爭、中日戰爭、瓜分與排外、東三省之國際問題等，皆邦交志所不理解者也。邦交志既不說明各案之所以成問題，又不指定各案結束之得失，其史學上之價值，可想而知。

或謂邦交志，既循舊史體裁，不可以新史學之眼光評論之。所謂時代之背景及時代之變遷，皆舊史家所不注意者，不可專以責難邦交志也。雖然舊史界對於史事眞確的審定，及事與事之輕重權衡，自有其嚴密之紀律在焉。邦交志述事之失實，在在皆是，後當列擧。至於史事輕重之缺評斷，請就英吉利部論之。

邦交志共分八卷，俄英法美德日六國爲一卷，瑞典那威丹麥和蘭日斯巴尼亞比利時義大利合爲一卷，奧斯馬加秘魯巴西葡萄牙墨西哥剛果又合爲一卷。其中以英吉利部爲最多，共二十八頁，頁二十六行，行三十字。邦交志對於中英關係之輕重評斷，可從下表知其梗概：

論中英西藏交涉者，共一百四十行。
論鴉片戰爭者，百零五行。
論馬加理案及煙臺條約者，五十二行。
論中英緬甸交涉者，前後共四十六行。
論鴉片稅則者，四十四行。
論道光十六年以前中英關係者，四十行。
論咸豐七年至十年之戰爭者（內包括廣州之役、大沽之役、天津條約、通州之役、外兵入京、圓明園之被焚及北京條約）共三十六行。
論馬凱條約者，三十二行。
論滬寧鐵路，二十三行。
論同治時代中英交涉者，十二行。

論庚子拳匪者，九行。

論威海衞之租借者，七行。

論德宗大婚英贈自鳴鐘者，三行。

論九龍租地之擴充者，半行。

天津條約、北京條約、兩廣總督葉名琛之被捕、文宗之退避熱河、英人之焚圓明園諸事，共佔篇幅僅西藏交涉之四分之一。英人之贈自鳴鐘顯非軍國大事，鐘上所刻之祝辭（日月同明。報十二時。吉祥如意。天地合德。慶億萬年。富貴壽康。見邦交志二第十七頁），非字字載諸史乘不可；而於九龍之展界，則以半行了之；輕重顛倒，史家之判斷何在？邦交志於記事，既無輕重的權衡，於史事貞確之審定，想必愼之又愼；然細加考察。則又知其不然。玆特列舉數端，以供讀者參考：

甲、俄羅斯部：

（1）俄羅斯地跨亞細亞歐羅巴兩洲北境（第一頁第二行）。

按歐洲北境不屬俄者，尚有瑞典那威不列顛諸國。如其說俄有歐之北境，不若說俄有歐之東半。蓋東半僅博耳幹半島，不屬俄也。

（2）十二年及十七年俄察罕汗兩附貿易人至京奏書（第一頁第七八行）。

會荷蘭貢使至（第一頁第十行）。

三十三年遣使入貢（第一頁第二十行）。

按道光以前西洋各國。派使來華以通和好者，凡十數次。每次均携有本國元首致中國皇帝或宰相文書及禮物，朝臣或不知此中實情，或知之而故意粉飾以欺上，概稱外邦之公使爲貢使，公文爲奏摺，禮物爲貢物；甚至翻譯官曲解捏造，改平等之文書爲奏稟，史家似不應不加以修正。邦交志之謬誤類此者，不勝枚舉，下不復贅。

（3）俄國界近大西洋者，崇天主教（第二頁第一行）。

按俄國無近大西洋之邊界。

（4）後遂有四國聯盟合從稱兵之事（第二頁第二十二行）。

按咸豐八年九年十年，有英法二國聯盟稱兵之事，無四國聯盟稱兵之事。英法屢求美國加入盟約，美允合作交涉，不允聯盟稱兵。俄國事先向英法聲明，中國既未違犯中俄條約，俄無宣戰之理，且向中國自稱爲中國惟一之友。

（5）俄帝遂遣海軍中將尼伯爾斯克爲貝加爾號艦長，使視察堪察加鄂霍次克海兼黑龍江探險之任，與木喇福岳福偕乘船入黑龍江（第三頁第二至第三行）。

按尼伯爾斯克（Nevelsgy）與木喇福岳福（Muraviev）並非同時同路入黑龍江。尼氏之任專任探險。由堪察加南駛，路過庫頁島，發現庫頁實係一島非半島。後由黑龍江口溯流而上，事在道光二十九年，即西曆一千八百四十九年。木氏率艦隊由石勒克河（Shelka）入黑龍江順流而下，事在咸豐四年，即西歷一千八百五十四年。路對東西，時距五年，何能「偕乘船入黑龍江」乎？

（6）十年秋中國與英法再開戰，聯軍陷北京，帝狩熱河，命恭親王議和，伊格那提業福出任調停。恭親王乃與英法訂北京和約。伊格那提業福要中政府將兩國共管之烏蘇里河以東至海之地讓與俄以爲報。十月與定北京續約（第三頁第二十一至二十四頁）。

按是役伊格提業福之外交，非出任調停讓與俄以爲報二語，足以傳其實。伊氏告英法公使曰：「中廷態度頑固，惟武力能屈服之。吾與中國之執政者頗相識，願竭力勸其就範。」同時又告恭親王曰：「英懷叵測，吾願調度以減其鋒」。迄中英北京條約既定，英兵有不卽撤之勢。伊氏又言於恭親王曰：「英之野心於此可見，吾往說之，或可挽回。」後數日，英兵果退，而伊氏居其功。實則額爾金爵士（Lord Elgin）全無違約不退兵之意，其不卽撤者，一時交通之困難也。伊氏有何功可言，反挾此要索，而恭親王不察遂割吉林省之海岸以報之，此事久已成中外之笑柄，豈撰邦交志者，至今未省耶？何不揭伊氏之姦詐以告國人。（參看 Cordier, L'Expedition de Chine de1860, Paris, 1906, p.p. 121, 187, 209, 241.

Michie, The Englishman in China, 2Vols. Lodndon, 1900 Vol, 1, pp. 159-359)

（7）崇厚將赴黑海畫押同國，而恭親王奕訢等，以崇厚所定條款，損失甚大，請飭下李鴻章左宗棠沈葆楨金順錫齡等，將各條分別酌核密陳。於是李鴻章及一時言事之臣交章彈劾，而洗馬張之洞抗爭尤力（第九頁第三至五行）。按當時言事之臣，誠如邦交志所云交章彈劾。張之洞至欲治崇厚以極刑。然李鴻章之議論，則反是。其覆議伊犁條約奏摺，雖明陳通商與分界之弊，然謂通商一項。可在用人行政上補救，分界一項則勢難爭，卽爭得伊犁西南境，亦且難守。李之主旨，在承認崇厚之條約也。其致總署及朋僚書，更明言崇厚交涉之失敗，在勢不在人。李氏對伊犁之態度，始終一貫。當同治末年光緒元年政府議海防塞防孰緩孰急之際，李氏卽主暫棄新疆以重海防。新疆尚可棄，何況伊犁之一隅？無怪以後于崇厚之約，李氏與言事之臣，大相徑庭也。（參看李文忠公全集奏稿卷二十四頁十八至十九，又卷三十五頁十五至十九，朋僚函稿卷十五頁十。又卷十六頁五頁七頁十二頁十七，又卷十七頁十八，譯署函稿卷十頁十七。當時言論不止分主和與主戰兩派，可參看劉忠誠公文牘卷八頁二十八至二十九。）

（8）（光緒）二十三年十一月俄以德佔膠州灣爲口實，命西比利亞艦隊入旅順口，要求租借旅順大連二港，且求築造自哈爾濱至旅順之鐵道權（中略）。俄皇謂許景澄曰：俄船借泊，一爲膠事，二爲度多，三爲助華防護他國佔據（中略）。限三月初六日訂約。（光緒二十四年中略）既而俄提督率兵登岸。張接管旅大示限中國官吏交金州城，中國再與交涉，俄始允兵屯城外，遂定約，將旅順口及大連灣暨附近水面，租與俄。（第十七頁第一至十一行）。

按中國之租旅大與俄，大半固由於俄人兵力之壓迫，即邦交志所謂艦隊入旅順口率兵登岸，兵屯城外諸行動是也。然不盡然。近蘇俄政府所發表帝俄時代外交公文中有二電稿，頗能補吾人知識之不足。是年俄人在北京主持交涉者，係署理公使巴布羅福（Pavloff）及戶部大臣威特（Witte）之代表博可笛洛夫（Pokotiloff）二月十六日（西曆三月九號）博氏致威特電云：「今日吾偕署使，與李鴻章張蔭桓密談，吾告以倘旅大之事，能於限期之內，俄國未施極端手段之前簽訂條約，願各酬銀五十萬兩，彼二人均訴其地位之艱難，云近日中國官吏大爲旅大事所激動，中國皇帝接收無數奏摺，力主勿許俄之要求，中國駐英公使電告總理衙門：英廷反對俄之條款。」二月二十三日（西曆三月十六號）博氏又密電威特云：「吾今日面交銀五十萬兩與李鴻章，李甚歡悅。並囑吾代爲致謝閣下。吾同時發電與洛第斯坦恩（Rothstein）（銀行家），吾尙無機會交銀與張蔭桓，張氏之行動甚謹愼。」或者李氏之意，以旅大之租借勢不能免，五十萬之巨款何妨收之。然李氏既與俄國訂同盟秘約（此事邦交志不提，然其爲事實則無可疑，中國政府已在華府發表其條款），而俄國又以助華防護爲口實，則俄國礙難先以武力施之於其所防護者，俄人之以定約在限期未滿之先爲納賄之條件者，其故即在渡過此外交之難關。旅大之喪失史，固不如邦交志所傳之簡單也。

博氏之二密電見於 Steiger: China and the Occident, 1927. p. 71.

（9）前清末年東三省之外交（第二十至二十一頁）。

按東三省之外交，尙有一重大變遷，爲邦交志所未提及者。日俄戰爭以後，美國資本家極望投資於東省鐵路。初議由美收買南滿鐵路事將成，而日政府忽翻案。後美國又擬借款與中國，以築錦瑷鐵路。日俄見於美國資本之野心，乃立一九〇八年之協約，劃內蒙古之東部及南滿爲日本勢力範圍，餘爲俄國之勢力範圍，互相協助，以防第三者之侵入。此條約卽日本以後二十一條之雛形也。邦交志於日俄美三部，均不提及此事，何疏略一至於此？

乙、英吉利部

（1）而貢使羅爾美都……（第二頁第二行）。

英國乃遣領事律勞卑來粵（同頁第十四行）。

按嘉慶二十一年，英國派遣來華之公使原名 Lord Amhersto，中文譯爲羅爾美都。蓋以羅譯 Lord，而以爾美都譯 Amhersto 也。道光十四年英國派遣來粵之領事原名 Lord Napier 中文譯爲律勞卑。蓋以律譯 Lord 而以勞卑譯 Napier 也。譯法載於前清檔案，固非邦交志所獨創，不加以解釋，學者實無從領會也。

（2）及事亟，斷水路餉道，義律乃使各商繳所存煙土凡二萬二百八十三箱，則徐命悉焚之。而每箱償以茶葉五斤。復令各商具永不賣煙土結。於是煙商失利。遂皆觖望。義律恥見挫辱，乃鼓動國人，冀國王出干預。（中略）義律遂以爲鴉片興衰，實關民生國計。（第二頁第二至七行）

按鴉片戰爭爲中外關係史上最要之一章。邦交志論戰爭發生之原因，僅此數行。細審之，不外義律恥見挫辱及義律遂以爲鴉片興衰有關民生國計二語。實則鴉片戰爭之遠因近因，十分複雜，英人至今不認爲鴉片戰爭也，英人雖不免偏持己見，然非全無理由。試讀義律致林則徐之抗議書，及巴馬斯登（Palmerston）致中國宰相書，卽知其埋由何在。英人承認禁煙乃中國之內政問題，然謂禁煙須有其法。中國不能因禁煙而封鎖一切外商於洋行，撤其僕役，絕其糧食，卽領事亦不稍示優待。且中國之煙禁忽嚴忽弛。在嚴禁之時，中國官吏又與中外商人朋比爲奸，視國法如同虛設。林則徐一至廣東，卽用超然強硬之手段。使欲悔改者，亦無從悔改。文明國之政治措置宜如是乎？英國更進而辯曰：戰禍實起於中國之攘外政策，中國始終關閉自守，不與外人互約通使。致兩國間情息不通，交涉莫由。且中國限外商於廣州一埠貿易，而關稅無定章。於廣州又有公行之設，使外商必須與行商交易。無所謂貿易自由。是以中國對外政策，非根本改革不可，故英人決然稱兵而不顧焉。平心論之：煙禁之妨害英國之國計民生，及義律之恥見挫辱，與夫林氏煙禁之嚴厲，皆鴉片戰爭之近因。英國之開闢商場政策，雖在中外歷史上有先例可援，然至十九世紀之中葉，仍株守之，何不審勢之甚耶？

（3）冬十月天培擊敗英人（第三頁第十五行）。按道光十九年十月十六日林則徐會奏報提督關天培在穿鼻尖沙嘴屢次轟夷船。但英國將校之報告，及兵士之記載，均謂英勝華敗。

（4）夏五月林則徐復遣兵逐英於磨刀洋，義律先回國，請益兵（第三頁第二十至二十一行）。按義律（Captain Elliot）充駐粵英領，起自道光十六年冬，直至二十一年秋，先後共五年。五年內並無回國之行。請兵者，以書牘請也。後偕英國艦隊來華之交涉員，雖與義律同名，實其從兄，非一人也。吾國檔案名此交涉員爲懿律以別之。

（5）英人見粵防嚴，謀擾閩（第三頁第二十二行）。

按道光二十年夏以前，林則徐屢與英艦戰，雖未大勝，亦未大敗。是夏英派新艦隊來華，不直攻廣州，僅封鎖之，遂北犯厦門定海。似則徐必有一制英人者。迨則徐罷職，琦善主政，盡撤海防，於是英人得逞其志，而大事去矣。此中國八十年來論鴉片戰爭者之公論，亦邦交志之所雷同者也。林文忠公在中國近史上，固有其地位，然其所以爲偉人者，不在此。道光二十年夏以前，英國大兵未至，在中國洋面者僅二三軍艦。所謂九龍及穿鼻之役，英人不認爲戰爭，只認爲報復（Reprisal），勝之不武，況並未大勝乎？英艦隊抵華後，又不攻廣州者，英廷之訓令也。英政府之意，以爲未宣戰以前，倘派艦隊至華北耀武揚威，據地爲質，或者中國即將屈服，而交涉可在天津進行。且廣州遠離京都，中國雖敗，朝廷必以爲邊陲小失利，無關大局。必也侵中國之腹地，而後中國得就英之範圍。故英人始終以攻入長江爲其作戰根本策略，彼固不料林氏竟因此而得盛名也。（英廷駐華代表之訓令見 Morse: In ternationalRelations of the Chinese Empire, Shanghai, 1910. Vol. I, Appendix B.）

（6）八月義律來天津要撫，時大學士琦善任直隸總督，義律以其國巴里滿衙門照會中國宰相書，遣人詣大沽口上（第三頁第二十六行）。按所謂巴里滿衙門，當即英國之國會。義律所遞之照會，乃英國外交部大臣巴馬斯登爵士（Lord Palmerston）致中國宰相之書，與巴里滿毫無關係。義律之旨在交涉。在送哀的美敦書，非要撫也。

（7）陷鎮江，殺副都統海齡。

按東華續錄記鎮江事云：「京口陷時，副都統海齡並其妻及次孫殉節。」清史稿列傳一百五十九卷亦云：「海齡及全家殉焉。」英人之紀載更詳云：「海齡係自焚，搜其屍僅得數骨。英軍官有歎者曰：若海齡之節操，多見於疆場，中國何至戰敗。」是則海齡確係自盡，非為英人所殺，明矣。（參看 Lieutenant John Ouchterlony, The Chinese War, London, 1844, p. 282.）

（8）初英粵東互市章程，各國皆就彼掛號，始輸稅。法人美人皆言我非英屬，不肯從，遂許法美二國互市，皆如英例（第六頁第十七行）。按鴉片戰爭之前，法商美商並無就英人掛號始輸稅之事。戰後中英立通商條約，法美於是要求利益均霑，及最惠待遇。耆英伊里布諸人以為不許法美之請，其商人必附英商而合從，以謀我，許之則惠自我取，法美反可成為我用，故與定商約如英例。（參看外交部出版之道光條約卷四頁二至四，又卷五頁二至三）

（9）（咸豐）六年秋九月，英人巴夏里致書葉名琛，請循江寧舊約入城，不許，英人攻粵城，不克逞，復請釋甲入見，亦不許。冬十月犯虎門橫檔各砲臺，又為廣州義勇所却，乃馳告其國（第七頁第五至八行）。

按咸豐六年九月初九日兩廣總督葉名琛派兵上亞魯號船捕海盜。亞魯船屬華人，是時泊廣州，且所捕者亦係華人，故名琛未先照會英人逕派兵上船捕獲。英領事巴夏里則謂亞魯船係在香港註册，懸英國旗，非得英領事之事先許可，華兵不得上船捕人。巴夏里要求名琛，即送還被捕者至領事館審查，且須正式道歉限期答覆，名琛不允。英人遂於九月二十四日砲轟廣州，此咸豐末年英法聯軍導火線之一也。是年正月法國教士閃蒲德林（Pere Auguste Chapdelaine）在廣西西林遇害。法人稱係西林官吏主謀，屬與名琛交涉，不得要領，遂決與英聯軍，此戰事導火線之二也。此二者即咸豐末年戰爭之近因。其遠因則以加增通商口岸及傳教機會為最要，許外人入廣州城次之。邦交志僅述其次要者，於其他則一字不提，未免失實過甚。

（10）英有里國太者，嘉應州人也。世仰食外洋，隨英公使額爾金為行營參贊（第七頁第十五行）。

按咸豐末年同治初年之際，中國外交公文上，常見里國太或里國泰之名。此人原任職上海英領事館，善華語。咸豐四年，上海道與外國領事訂海關行政協定，許外人充稅務司。英領初薦威妥瑪，威任一年卽辭，繼之者卽里國太。八年，里以中國稅務司資格，兼任額爾金之翻譯，天津條約大半出自其手。桂良花沙納及耆英，恨之刺骨。後陞總稅務司，因代中國創海軍與總理衙門意見不合，遂革職。里國泰原名 Horatio Nelson Lay，邦交志謂其爲嘉應州人，世仰食外洋，不知有何根據。（參看 Morse, Op. Cit, Vol. II. Chap. II）

(11) 時英人以條約許增設長江海口及商埠，欲先察看沿江形勢。定約後，卽遣水師領事以輪船入江溯流至漢口（第七頁第十九至二十行）。按此次察看沿江形勢者，卽全權公使額爾金，非領事也。

(12) 巴夏里入城議約（中略），宴於東嶽廟。巴夏里起曰：今日之約須面見大皇帝，以昭誠信。又曰：遠方慕義，欲觀光上國久矣，請以軍容入。王憤其語不遜，密商僧格林沁擒送京師，兵端復作（第八頁第五至八行）。

按咸豐十年七月，桂良花沙納以全權大臣名義，赴天津與英法公使定條約八款，約甫定。英法忽探知中國交涉員，實無全權，憤受歌，遂停止交涉，調兵由楊村河西塢，迫通州。於是朝廷改派怡親王載垣，軍機大臣兵部尚書穆蔭出與議和。載垣於七月二十七日致書與英法公使，告以中國完全承認天津八條，望卽退兵，英法答以兵須前進，議和須在通州，屢經交涉，乃定議外兵進至張家灣南五條爲止。八月四號，英法各派翻譯官及侍從至通州，與載垣穆蔭面議進京換約，乃覲見呈國書諸事。英翻譯官巴夏里堅持公使入京，須携衞隊千人，且云中國前已允諾，不可失信。後巴夏里又力助法翻譯官與載垣辯論，且措詞失禮。載垣於是陽許之，而陰謀害之。次晨英法譯者歸營，報告途遇僧格林沁之馬隊，英人被捕者二十六，法人十三，經二十日之監禁虐待，英人得生歸者半，法人僅五名。後英人之焚圓明園者，卽以報復也。撰邦交志者，何必隱諱其詞若此。（參看 Cordier, Op. Cit, Chap XXI）

——錄自北平北海圖書館月刊第二卷第六號。民國十八年六月出版

近代中國外交史資料輯要上卷

近代中國外交史資料輯要上卷自序

外交史，雖然是外交史，仍是歷史。研究外交史，不是做宣傳，也不是辦外交，是研究歷史。歷史學自有其紀律。這紀律的初步就是注重歷史的資料。資料分兩種：一種是原料（primary source）一種是次料（secondary source）。簡略說，原料是在事的人關於所在的事所寫的文書的紀錄；次料是事外的人的撰著。原料不盡可信；次料非盡不可信。比較說，原料可信的程度在次料之上。所以研究歷史者必須從原料下手。

外交史的特別在於牠的國際性質。一切外交問題，少則牽連兩國，多則牽連十數國。研究外交史者必須搜集凡有關係的各方面的材料。根據一國政府的公文來論外交等於專聽一面之詞來判訟。關於中國外交的著作，不分中外，大部分就犯了這個毛病。西人姑置不論中國學者所寫的中國外交史有幾部不是以英國藍皮書爲主要資料呢？這種現象也有緣由。著書若在外國，就近中國書籍不多；若在中國，圖書館的設備又不完善。且中國外交部從來無公文的系體發刊。私人文書已出版的雖已不少，但多半零散，不易披閱。至於未出版的公文，一則因爲政府不許學者研究，二則因爲編目不得法，學者多半畏難而止。

就中國外交史現在的學術狀況而言，前途的努力當從兩方面下手。甲午以前，我們當特別注重中國方面的資料。因爲中日戰爭以前，外國方面的史料已經過相當的研究；又因爲彼時中國的外交尚保存相當的自主：我們若切實在中國方面的資料上用一番功夫，定能對學術有所貢獻。甲午以後，中國外交完全喪失了自主權。北京的態度如何往往不關緊要。關緊要的是聖彼得堡、柏林、巴黎、華盛頓及東京間如何妥協或如何牽制。加之近數年來西洋各國政府及政界要人對於歐戰前二十餘年之外交，多有新材料的貢獻。內中有關中國而未經過學者的研究的頗不少。這種工作正待余人的努力。

因以上各種原故，我編了這部書。上中二卷，專論中、日之戰以前的歷史；材料專採自中國方面。下卷論下關條約以後的歷史；材料則中外兼收。

本書選擇材料的準標有三。（一）擇其信。比較可信的卽上文所謂原料。外交史的原料不外乎（1）中外交涉的公文如照會，備忘錄，通牒，公函，（2）朝廷或中央政府給外交官的訓令，（3）外交官對朝廷或中央政府的報告和建議及（4）外交官的朋僚函稿與日記。但讀者應該記得，原料亦非盡可信。用文字來粉飾事實是中國人的特長，尤其是官吏的特長。關於這點，本書各節的引論略有說明。（二）擇其要。近百年來中國外交案件極多，有些關緊要的，有些不關緊要的。同辦一案的人，有些實知內情，有些是不知道的。本書專收要案中知內情的文書及紀錄。（三）擇其新。許多外交文案久爲人所共知，且其要旨已經編入通常書籍，如南京條約，天津條約，下關條約等。此類材料無須重刊。本書偏重原料之有新知識的貢獻者。

我編這書的動機不在說明外國如何欺壓中國，不平等條約如何應該廢除。我的動機全在要歷史化中國外交史，學術化中國外交史。我更希望讀者得此書後能對中國外交史作一進步的研究。

此書的責任雖由編者一人負擔，但其完成實多賴朋友的幫助。編者前在南開大學任教職時，學校經費雖感困難，校長張伯苓先生仍肯撥款購置已出版的史料。此書初步的工作因得以完成。北平圖書館副館長袁守和先生曾多方幫助編者搜集未出版的史料。北平故宮博物院當局慨然允許了編者研究該院所藏之軍機處檔案。清華大學圖書館主任洪範五先生及其同事簡直是有求必應。國立中央研究院社會科學研究所特委編者研究中國外交史，俾編者得集中心力於這方面。這種個人和團體的幫助是編者所感謝不盡，不過藉序中數語以表一二而已。

蔣廷黻序於國立清華大學（民國十九年十二月十日）

——選自「近代中國外交史資料輯要」上卷自序（十九年十二月十日）。

近代中國外交史資料輯要上卷各章節引論

第一章　鴉片戰爭

第一節　戰前中外通商及邦交之衝突

引論

按鴉片戰爭實在是近代中國外交史的開始。所以對於戰爭發生的原因，我們應該特別注意。要知道任何戰爭發生的原因，最好研究戰前雙方的交涉與衝突。第一次英人來華是在明崇禎十年，西曆一千六百三十七年，離鴉片戰爭已二百多年。第一次的中英見面禮就是不甚客氣的。中國拒絕通商，英人便用武力。結果中國許了通商，但英人答應不再來華。那時候正是西洋列強講求海外發展的時候。「不再來」三個字是反歷史趨勢的，根本作不到的。歷十七世紀的後半期及十八世紀的前半期，英人在中國想盡了法子：勾通鄭成功哪，行賄哪，北走寧波、福州、廈門，南走廣州澳門哪。有了這種前進的精神，用了這種雜七雜八的試驗的法子，英國在華的商業步步的超過了其他各國的商業的總和。在十八世紀的後半期漸漸養成了一種通商制度。因為此時英國是海上霸主。又因為她在華的貿易居他國之上，所以英國對於這個通商制度特別注意，急切圖求改良。乾隆末年，英國遂派公使到北京來交涉；嘉慶年間，又派了一個公使。二次的交涉，均歸失敗。中國把那種通商制度看作天經地義，絲毫不可更改。這是鴉片戰爭主要原因之一。

本節所錄的上諭和奏摺有兩種意旨：一、說明那種通商制度是什麼；二、說明在道光初年，（戰爭前的二十年），在這種制度之下，中英曾發生什麼衝突。此中有一點須注意的：中國官吏既然總說「官話」，而此節的史料都是公文，當然有不實不盡之處。譬如：道光十四年盧坤、祁墳、彭年的奏摺。（11）說：「查粵海關徵收夷稅，向有船鈔貨稅兩項。船鈔則按船隻之大小，貨物則分貨物之精粗。各項銀數，均列入則例，頒發遵行，由來已久」。不錯，稅則是有的，並且還是很低的，比同時英國所行的稅則低得多。但是稅則是外人所不能得而知的，事實上外人所納的稅三四倍於朝廷所頒發的稅則。作弊的就是官吏。

從十七世紀到道光十三年，英國政府把遠東通商權給與東印度公司。公司有股東，股東只求利。故非不得已時，東印度公司不願與中國決裂。道光十四年。英政府取消了東印度公司在中國的專利，於是英政府與中國直接發生關係了。因此戰禍更容易起來了。中國向以天朝自居。乾隆給英國國王的信稱為諭旨。律勞卑（Lord Napier）寫給盧坤的信，「封面係平行款示」（7）盧坤以為「事關國體，未便稍涉遷就」。這是十九世紀的大英帝國所能甘心的嗎？

第二節　煙禁之加厲

引論

按道光（宣宗成皇帝）自卽位以後，對於禁煙就特別注意。無奈因爲鴉片商業利錢的重，及官吏丁役作弊的深，法律不過等於具文。朝廷不是不知道，十一年的上諭（3）形容作弊的方法極其詳盡；地方禁煙的法規也極周密，盧坤的奏摺（5）是當時全國的督撫都曾按期拜發過的。但禁自禁，吸者照舊吸，販賣者照舊販賣。許乃濟因此提議開禁；（7）鄧廷楨等亦表贊同；（8）但是朱罇許球袁玉麟等俱反對，禁令就維持了。經過十八年的大辯論，全國空氣大變了。上自王公，下至庶民，因吸煙而得罪者處處皆有。本節末後二文（15）（16）不過代表各省禁煙的情形。此類的奏摺多極了。倘若沒有中英的衝突，鴉片大概從道光十九年起不得流毒於我民族了。

第三節　林則徐時期之鴉片戰爭

引論

按林文忠以欽差大臣的資格，於道光十九年正月二十五日行抵廣州。次日他就在轅門上懸了一個佈告，（1）此文雖與外交無關，但足以表示他的人格的一方面。二月四日，他就「諭」英人呈繳烟土。（2）他的方法是恩威並用的。「本大臣家居閩海，於外夷一切伎倆，早皆深悉其詳」。——此語是實是虛，讀者於此節中定能得一個答覆。但是他對於廣東的鴉片販賣情形，一定是知道很清楚的。一則因爲鴉片偷賣的方法已無秘密可言，第二節的文案想已說明。二則林文忠是從武昌先到北京請訓，而後再赴廣東。他在北京又得了一些消息。信及錄上尚有別的公文，敎鄧廷楨火速捕捉烟商。此輩的姓名住址甚至顏面，他都很具體的一一告訴鄧廷楨。外商不遵他的示諭，因爲鴉片價值過大，且不深信林文忠不是與別的官僚一樣，終竟是可通融敷衍的。於是林文忠就强辦起來。（3）英國領事義律的反抗徒使他更加鄙視。（4）義律只得負責收繳煙土。（5）共二萬多箱。林文忠的捷報。（6）表示他的得意。道光帝的硃批。（7）形容此君臣如何相得。但林文忠有徹底的精神，所以又直接行文與英國國主。（8）且要英人都具「甘結」，英國船隻不得逗遛附近洋面。（9）適是時發生林維喜案：鴉片問題上又加中外司法的衝突。妥協於是更加困難。但林文忠自信及信中國的心很大。（10）他以爲英國絕對不能與中國抗。九龍之戰，（11）由此發生。照英國方面的記載，此戰是中國失敗的。彼時中、英交通不便；往來文件動須半年。英商載了貨物來華亦不能坐受虧損。且中、英衝突的時候，正是別國商人收漁利的時候。義律不得不求一臨時辦法；中、英問題的正式解決，他可等候政府的訓令。在林則徐方面，他知道英人倘有正經買賣可做，或者可放棄鴉片商業。雙方於是成立妥協。（12）此妥協的破裂，中、英各執一說。林的報告，（13）較義律的報告，似乎更近情理。此後義律惟有靜待英政府的處置。林文忠則一面嚴脩戰備，並思以夷治夷。（14）一面嚴拏吸食及興販鴉片的人。英政府派了新代表及軍隊來華，但不與林戰，反先佔定海。（15）中國全國因定海的失守就驚動了，道光帝對於林文忠的信任也就喪失了（16）所以定海的失守就是林文忠終身大事業的致命傷。

第四節　琦善時期之鴉片戰爭

引論

英國佔定海的用意不過作爲交涉的脅迫利器；其主旨仍在交涉。所以全權代表懿律（Admiral George Elliot）及義律（Captain Charles Elliot）率艦隊至大沽口以便就近與北京所派的全權大臣進行交涉。道光帝一面下旨敎沿海七省火速設防，一方令直隸總督琦善負責與「夷目」交涉。琦善的立脚點根本與林文忠不同。琦善對於英人的軍備切實調查了一番，覺得他們的「船堅礮利」實在可怕，這是琦善的「知彼」工夫（1）（5）。中國方面的設備，他覺得可笑極了。山海關的砲尙是「前明之物」（4）所謂大海及長江的天險已爲外人所據。任軍事者「率皆文臣，筆下雖佳，武備未諳」（11）。這是他的「知己」工夫。林文忠對於中外强弱的意見完全與琦善相反：誰是誰非，現代的人應該不難決定了。同時琦善與英人的交涉幾乎全不提及鴉片，而林文忠至終覺得煙禁應該堅持（7）。「……鴉片之有害甚於洪水猛獸。卽堯舜在今日亦不得不爲驅除」。嚴格說，中、英的戰爭，在琦善主政時代，已經不是「鴉片戰爭」了。

巴麥尊致中國宰相書，（2）是英政府的自辯詞，也是英國致中國的哀的美敦書。在鴉片戰爭的史料中，這書有絕等的價值。原文見於（Morse: International Relations of the Chinese Empire)

第一卷第六二一頁至六二六頁。當時國人所讀者卽此譯文。英國對中國的要求既皆以林文忠的「强行殘害」爲前提；道光帝此時又厭棄林則徐，而琦善對於煙禁亦甚冷淡：那末，重治林的罪豈不是爲英國「代伸寃抑」了？豈不是就了案了？這是琦善的外交的出發點(3)。除此以外，琦善在大沽並未承認英國任何要求，不過賠償煙價一項，他答應「總必使該夷有以登覆該國王」(4)懿律等竟率艦隊南回，並伸明沿途不有軍事行動，駐定海的英兵亦可先撤一半。琦善三寸之舌豈不勝於十萬之師？道光帝高興極了，一面敎沿海各省裁兵「以節糜費」，一面革林則徐的職，敎琦善去替代他(6)。

琦善到了廣東以後就知道天下事不是這樣容易的。懿律並未放棄英國的要求，不過因季節已到秋初(陽曆九月中)在北方不便用武，不如移到廣東去交涉。一到了廣東，「總言前請各款，欲求照會辦理，並不多言」(9)。煙價的賠償雙方尙可商議。割地則琦善大大反對，以爲不如多開通商口岸(10)。琦善一面怕皇帝不答應，一面又好「磨難」——小商店講價式的外交；英人不耐煩，就打起來了(11)。敗了以後，琦善衹得許賠煙，許割香港，許開市(12)。道光大不以爲然，一面敎琦善設法羈縻，一面敎奕山、隆文、楊芳率湖南、四川、貴州各省的兵「赴粵勦辦」(13)。琦善覺得惟有講和(14)。道光駡他「迷而不返」並「革職鎖拏」家產「查抄入官」(15)。琦善的條約(16)與英國所發表的不同，恐怕是有心欺君。末後琦善知道了條約是絕不能得朝廷承認的，於是又密備戰守(17)。琦善交涉失敗以後，道光一意主戰，英人也一意主戰。一年半之內，外交無從談起了。

第五節　南京城下之盟

引論

按從道光二十一年二月琦善被革職鎖拏至二十二年七月英軍抵南京的時候，中英雙方皆一意主戰，彼此絕不交涉。英國的態度很簡單：中國不承認她的要求，她就不停戰。道光也是很倔強的：一軍敗了再調一軍。中國兵士有未出戰而先逃者，也有戰敗而寧死不降不逃者；將帥有戰前妄自誇大而臨戰則卽後退者，也有「鞠躬盡瘁死而後已」，如關天培、裕謙、海齡者。軍器不如人，自不待說；紀律不如人，精神不如人，則亦不可諱言。

南京條約並未經過什麼交涉。條款概由英國擬定，耆英等不過承認而已。當時上下都知道和是「下策」，但是除和以外，別無法子了。

要知道琦善外交的優劣可以拿南京條約與他在二十一年春所定的條約比較一下。

第二章　伊里布耆英之撫緩政策

第一節　中英商約

引論

按南京條約關於中英通商的事情僅說明五口通商（第二款）廢十三行制（第五款）及「公允的」海關稅則（第十款），至於詳細商約，因為事情複雜，文案不在南京，並因為中國急於要英軍退出長江，所以雙方約定改在廣州交涉。中國派伊里布為欽差大臣主持此事。在道光二十年的冬季及二十一年的春季，伊里布是在浙江督辦軍務。他的政策是完全與琦善的政策相同。他們主和，主「撫夷」。以後琦善倒了，伊里布也倒了。但是伊里布在浙江的事業不若琦善在廣東的那樣重要。所以他得的罪也沒有琦善的那樣重。因此在南京議和的時候，朝廷又起用了。在那時，他可以說是個「撫夷」專家，即同光時代所謂洋務專家，現在所謂外交家。他在廣東與英人交涉商約尚未完成，就於道光二十三年二月初五死了。繼其位，受其衣缽者就是耆英。琦善、伊里布，耆英在中國外交史上，自成一個系統。

讀者在此節中應注意的有幾點。第一、新海關稅則並不低於舊稅則；在中英虎門商約之下，中國中央政府從海關所得的收入並不較前減少。吃虧的人還是收稅的官吏，因為條約對於官吏的勒索防之又防了。第二、當時中國並不以協定關稅為有害國權。耆英及穆彰阿諸人，反以為便，以為有了協定的關稅爭執就可以免了。這是他們的「撫夷」秘訣之一。第三、關稅雖是協定的百分之五的稅則，並未列入條約明文，不過事實上大多數貨品是按百分之五抽稅的。第四、各口岸的英國領事均參預中國的海關行政，擔保英商納稅，負責約束英國水手。因為領事有這些責任，他們就能常調兵船——公文的「官船」——來中國的通商口岸。在鴉片戰爭前，協助海關行政，擔保英商約束外人等事，是行商的責任。所以我們可以說領事替代了行商。換句話說，中國官吏仍不與外人有直接關係。時人以此爲便，實在是中國主權的喪失。第五、領事裁判權在耆英及穆彰阿的心目中是便易的辦法，是極自然的。總之那時的中國人，在外交上，尚無主權的觀念，不過求辦事的便易而已。

第二節　中美商約

引論

鴉片戰爭曾引起世界的注意。戰後英國與中國既訂了條約，得了種種權利，其他大國自然不肯落後。美國於是派顧盛（Caleb Cushing）充全權公使來華以求與中國訂立和好通商條約。在中國方面，既以與英訂約爲「下策」，是否應該與他國訂約自然是個大問題。伊里布及耆英的議論（1）（2）頗具政治家的眼光，值得我們注意的。

顧盛在廣州用了一點手段。他帶了美總統致中國皇帝的國書他總說必須到北京去見皇帝以便面呈國書。當時的官吏簡直嚇壞了。（3）於是顧盛提出交換的條件：倘中國皇帝從速派欽差大臣來廣州與他交涉，他或者可以不到北京去了。中國中了他的計，就派耆英爲欽差大臣。

中美初次的條約是在望厦——澳門附近——簽字的，故名爲望厦條約。原稿是顧盛起的，大致與虎門條約相同，但亦有出入的地方。耆英對於原稿各款的議論。（4）極有興趣。倘若他有了我們今日的國際公法的知識，他會那樣辦外交麼？

第三節　中法商約

引論

按中美商約正在交涉的時候，法國公使剌萼尼（Théodose M. M.J. de Lagrené）又到了，法國此時的國王是路易菲力浦（Louis Philippe），內閣總理是奇佐（Francois Guizot）。此二人對宗教均甚冷淡。不過法國在遠東旣無經濟的大事業，不得不借用傳教以發展勢力。並且奇佐的政府大受國內天主教徒的攻擊：倘在中國能得傳教的權利，那末，他就有話以對國人了。所派公使剌萼尼又是個好大喜名的人。倘他出使的結果，除得英美所已得的通商權利外，還能加上傳教的權利，他的官運自然也好了。總之，中法初次的交涉的中心在傳教，而法國的動機純粹是政治的。

剌萼尼共帶了八隻兵船來作外交的後盾，來張聲勢。何怪耆英頗爲所嚇。同時在澳門的法國人及剌萼尼的隨員半眞半假的要求這個那個：中法互換公使，割虎門與法，以便法國代中國防英國，割琉球，割舟山，許法國科學家入欽天監等。旣然如此，而能以不禁華人信天主教了事，豈不是大便宜麼？耆英有外交家的天才，可惜他的世界知識太幼稚了。

第四節　鼓浪嶼及舟山之收復

無引論

第五節　民情與夷情之調節

引論

按自鴉片戰爭以後，至咸豐年間，中國外交上最困難的問題尚非商約的交涉或舟山的收復，還是百姓與外人的私鬪。南京條約簽字不滿半年就發生英國水手在廣州與民人互鬪，以致燒燬洋行的案子（一）祁墳等說火起自洋行之內，這是粉飾的話。不過樸鼎查（Pottinger）覺得英人的態度也太驕傲，且不應許水手無人約束便私自上街，所以此案以賠修洋行了事。類此的案子甚多，特別在廣州，福建次之，江浙最少。大概地方人民的性情頗有關係。此外還有一般倡高調者以爲民團足以禦夷，故民心不可失，於是從旁慫恿。曹履泰(三)就是此派的代表。耆英則堅持兵端不可開，夷情不能不順。與外人鬧事者，他斥爲「游棍」「爛崽」。他駁曹的奏議（四）頗有虛詞，然其眼光不能不算正大。

廣州人反對外人入城的問題是廣州的大特別。道光二十七年因佛山案發生（五），英國遂以兵臨城下。耆英不得已與英國約定二年後准英人入城。但他不敢據實入奏。黃竹岐的案子以後，耆英怕英人又派兵來省，於是於奉旨前，卽刻就殺了四人以平英人之氣。

青浦的案子，英人以封鎖長江迫中國。結果中國也承認他們要求了。耆英等報告多有隱諱(八)。

第三章　徐廣縉葉名琛之强硬政策

第一節　道末咸初朝廷對外態度之變更

引論

按自鴉片戰爭起始的日子，中國的外交就分爲兩派：林則徐派與琦善派。戰後數年，朝廷不敢輕言「勦夷」，故琦派得主持外交大政。在中央者這一派有軍機大臣穆彰阿；在廣州直接與外人交涉者有伊里布及耆英。他們的政策，極簡單：順「夷」情以免戰禍。道光二十七年耆英不但許英人於二年後可進省城，且把黃竹岐案的四犯「先行正法」。朝廷遂調他入京而放徐廣縉爲欽差大臣兩廣總督（一）。上諭敎徐廣縉「以誠實結民情，以羈縻辦夷務」。林則徐也有信給他，說「人心可用」。（參看同治朝籌辦夷務始末卷七十八頁十五至十九）。所以用徐廣縉來替耆英不是普通官吏的遷調，是道光帝對外政策的大變更。

咸豐帝（文宗顯皇帝）卽位的初年，政策的變更始澈底了。時人主張復用林則徐來辦外交的頗不少，咸豐帝也爲他們的議論所動（二）（三）。同時又革穆彰阿降耆英（四）。咸豐帝對外的態度在此節幾件文案中表現很淸楚。他一朝的外交於此也可窺得大半。

第二節　外人入廣州城問題

引論

按耆英曾於道光二十七年與英國約定二年後許英人入廣州省城。因此到了道光二十九年，英人就要求中國履行條約。在英人方面，入城問題本身並沒有大利害關係，英政府也以爲問題太小，值不得大作。但是中國一拒絕，英人就以爲破壞條約；小約既可破，大約何以不可破？同時廣州人的反對英人入城，英人以爲是藐視他們，有損於他們的體面。在中國方面，官吏惟有一句話可答覆外人：人民不願，官不能免强。地方紳士也向平民身上推。平民爲什麼反對外人入城——入城於他們有什麼害處——那就無人能說了。

拒絕外人入廣州城實在是官吏主動的，還是地方人民主動的，是個值得研究的問題。徐廣縉那篇得意的奏報（四）和咸豐帝嘉獎廣東官吏及人民的上諭（五）未免自欺太甚。英人保留了這個同題，以便於總結算的日子可以連同其他問題一道提出來。

第三節　修約

引論

按中英南京條約是政治條約，並非通商條約，且是無限期的，當然沒有修改的例定辦法。中英虎門條約是通商條約，但是沒有修改的年限，不過第八條許了英國最惠待遇。中美望廈條約大部份是通商條約，並且第三十四款規定十二年後雙方得派代表和平交涉條約的修改。這約是道光二十四年，西曆一千八百四十四年，簽字的；修改的期當在咸豐六年，西曆一千八百五十六年。英國根據最惠待遇一款要求於咸豐四年修約，因爲咸豐四年離南京條約的締結正十二年。這個要求是不合法的：第一因爲南京條約的性質及其無年期的限制；第二因爲英國的要求既然根據最惠一款，那末，不應在咸豐六年以前——在美國修約以前；第三修約期限本身不能包括在最惠條款之內；倘中美修約以後，中國又給了美國新的利權，英國自然可以要求同樣的權利，但英國自已不能要求修約。事實上英美法各有最惠待遇一款，各有其修約目的，故在咸豐四年，三國就連合要求修約。

因爲以上的種種原因，此件外交並不是難辦的。但是當時的人缺乏國際公法和國際關係的知識，所拒絕者不應拒絕，所允許的也不應允許。葉名琛的態度完全差了，他的辦法——不與外人交涉——也全差了。吉爾杭阿的看法較爲得當，但仍不明大勢。根本的困難在中國不願更進一步的加入國際的生活，西人則無論如何不得讓中國閉關自守。所以咸豐四年的和平交涉失敗以後，外人知道了非用武力不可，而用武力則須待機。到了咸豐八年，外人就覺得時機到了。

第四節　亞羅戰爭

引論

按「亞羅」戰爭可說是葉名琛與英國的戰爭。葉名琛的政策就是徐廣縉的政策，而徐廣縉是承繼林則徐的。故到葉名琛的被虜。林派的外交可說告一段落。

戰爭的導火線是葉名琛派人到一個在香港註册的中國船上去捕海盜。英人對葉名琛，對廣州人積憤滿胸，故借題作文。同時又有法國教士案。適是時拿破崙三世在法國稱帝。拿氏正欲耀武海外，爲

「聖敎」立功，以博法人的擁護。於是法政府就借馬神父案與中國決裂了。

我們讀此節的時候應該再讀前面三節。以前外交的小勝利就是這次大失敗的因。

第四章　修約戰爭

第一節　天津迫盟

引論

按中國外交史最複雜的，最混亂的，最爲以往學者所誤解的，就是咸豐八年九年十年的交涉與戰爭那一段。因此本章所錄的史料特別多，並且互相銜接，使讀者於外交發展的線索無探討的困難，無須有介紹的，解釋的引論。我們所應注意的有幾點：（一）中國自大的心理完全與鴉片戰爭以前相同；（二）中國忽戰忽和猶疑不決；（三）在事的人與不在事的人言論絕不相同；（四）中國的拒絕與應許大與國家的實在利益不符；（五）何桂清的見解是超時代的。

在西人方面，這三年的衝突是件極簡單的事體；外交官和軍士替機械製造者和傳耶穌敎者打先鋒，闢新路。

第五章　俄國友誼之代價

第一節　瑷琿條約

引論

按中俄的關係，在十九世紀以前，產生了二個根本條約。最早是尼布楚條約。成立於康熙二十八年西曆一千六百八十九年。這約的主旨在劃分中俄自額爾古納河（Argun River）以東的界線。其次是哈克圖條約，簽訂於雍正五年，西曆一千七百二十七年。這約的主旨有二：（一）劃分外蒙古與西比利亞的疆界，（二）規定中俄在恰克圖通商的章程。在乾隆嘉慶及道光年間，通商章程雖然略有修改，中俄的關係並沒有變更。直到咸豐元年西曆一千八百五十一年，中俄的關係起始根本改造。那年中俄立了伊犂條約，許俄商到伊犂及塔爾巴哈臺來交易。同時俄人復向黑龍江流域發展。現在所有的東三省問題卽根源於此。

從本節的史料中，我們可以看出俄國發展的步驟。第一步是假道。咸豐四五年正是苦米亞戰爭（Crimean War）的時候。爲防禦英法海軍來攻擊西比利亞的東部起見，俄人遂由黑龍江運軍隊及軍需以達遠東。第二步是佔地。軍事完了以後，俄人在江北大築村堡，移置人口。第三步是與中國正式交涉。第一及第二步進行的時候，交涉也有過，但是實在只圖敷衍。事事佈置好了，隨有正式的交涉。俄國開口就講中俄的友誼，講英國如何橫暴，講中俄應如何聯合以抗英。從那時候到現在，俄國對中國的外交沒有變過。

在中國方面，此段外交也有幾點值得注意的。（一）彼時中國在東三省的軍備廢弛到極點。俄人犯了我國的主權，佔了我們的土地，上自皇帝，下至地方官吏與人民，只知「尾隨偵探」和「好言相勸」。（二）彼時國人對東三省的地理十分漠然。主持外交者只知對俄人說，黑龍江一帶是天朝大皇帝採取貂皮的地方，不能割讓。交通上，國防上及其他物產上的關係，簡直不在他們的心目中。（三）咸豐八年的璦琿條約是奕山交涉的，簽字的。在鴉片戰爭的時候，這位奕山曾充「靖逆將軍」，帶大兵到廣州去「討伐英逆」。大敗之後，又騙了皇帝，說英人求和。咸豐元年的伊犂條約也是他訂的。他報告璦琿條約交涉的奏摺（16），是中國外涉史上最可恥可羞的文案。木哩斐岳輻（Muraviev）對付他的方法，正像十九世紀末年英法德野心家對付非洲土酋的方法。

第二節　北京條約

引論

按璦琿條約雖劃黑龍江北岸爲俄屬，但烏蘇里以東的土地仍歸中俄兩國共有。東三省的東面沿海一帶，包括海參崴海口，皆在烏蘇里以東的區域內。俄國既未完全得此區域，她的目的不能算爲完全達到。同時俄國雖在天津立了通商條約，許她入中國海口通商，俄國所注意的通商地點不在上海寧波等處，而是北部內地的城市。故在通商方面，俄國的心志亦未滿足。

於是在咸豐九年，俄國首派丕業羅幅斯奇（Perofski），繼派伊格那提業幅（Ignatiev）到北京來辦進一步的交涉。這時中國派肅順瑞常爲欽差大臣。雙方可說棋逢對手。伊氏能强詞奪理；肅順瑞常也能强詞奪理；伊氏能虛言恐嚇，肅順瑞常也能虛詞恐嚇。伊氏費了一年的功夫，一無所得，遂下最後通牒離京。

咸豐十年就是英法聯軍入京的那年。伊氏遂在英法代表前大罵北京政府的頑固，並言非武力不足以制服。英法的大政當然不至爲俄人所左右。但伊氏新從北京出來，且其言詞又足以動人，故這年英法的强硬多少受了伊氏慫恿的影響。伊氏又向中國人講中俄友誼，聯軍打到北京，恭親王就中了他的計。於是中俄北京條約就成立了，東三省東邊沿海一帶就喪失了。本節末後四件文案一面表明俄國外交的陰險，一面形容恭親王諸人半疑半懼，無可如何的態度。

回顧咸豐年間的外交，實在令人寒心。英法諸國所要求的是加通商口岸，派公使駐京；俄國所要求的是外興安嶺以南，黑龍江以北及烏蘇里江以東，數十萬方里的土地；利害輕重，不言可知。而俄國僅靠木哩斐岳輻及伊格那提業幅二人的手段就達到目的，英法反費了三年的外交和戰爭始算成功。緣故是中國人彼時的昧於大勢，和俄人對付中國的得法。

琦善與鴉片戰爭

琦善與鴉片戰爭

鴉片戰爭的終止之日當然就是道光二十二年七月二十四日中英兩國代表簽訂南京條約之日。至於起始之日爲何日，則不易定。因爲中英雙方均未發表宣戰正式公文，並且忽戰忽和，或戰於此處而和於彼處。此種畸形的原由，大概有二：一則彼時中國不明國際公法及國際關係的慣例。不但不明，簡直不承認有所謂國際者存在。中英的戰爭，在中國方面，不過是「勦夷」「討逆」。就此一點，我們就能窺測當時國人的心理和世界知識。第二個原由是彼時中英二國均未預抱一個必戰之心。中國當初的目的全在禁煙。宣宗屢次的上諭明言不可輕啓邊釁。在道光十八年各省疆吏覆議黃爵滋嚴禁鴉片的奏摺之時，激烈派與和緩派同等的無一人預料禁煙會引起戰爭。不過激烈派以爲倘因達到禁煙目的而必須用兵以迫「外夷順服」則亦所不惜。在英國方面，自從律勞卑（Lord Napier）以商業監督（Superintendent of Trade）的資格於道光十四年來華而遭拒絕後，英政府的態度就趨消極。繼任的監督雖屢次請訓，政府置之不理。原來英國在華的目的全在通商。作賣買者，不分中外古今，均盼時局的安定。我們敢斷定：鴉片戰爭以前，英國全無處心積慮以謀中國的事情。英政府的行動就是我們所謂「將就了事，敷衍過去」，英文所謂 "Muddle along"。英國政府及人民固然重視在華的商業，而且爲通商中英已起了好幾次的衝突，不過英國人的守舊性甚重，不好紛事更張，因爲恐怕愈改愈壞。及林則徐於道光十九年春禁煙錮英商與英領以迫其繳煙的信息傳到英京之時，適當巴麥尊爵士（

Lord Palmerston）主持英國的外交。此人是以倡積極政策而在當時負盛名的。他卽派遣艦隊來華，但仍抱一線和平的希望，且英國贊成和平者，亦大有人在。倘和議不成而必出於一戰，巴麥尊亦所不惜。故鴉片戰爭的發生，非中英兩國所預料，更非兩國所預謀。戰爭雖非偶然的，無歷史背景的，然初不過因禁煙而起衝突，繼則因衝突而起報復（Reprisal），終乃流爲戰爭。

鴉片戰爭，當作一段國際關係史看，雖是如此畸形混沌，然單就中國一方面研究，則顯可分爲三期。第一期是林則徐主政時期，起自道光十九年正月二十五日，卽林以欽差大臣的資格行抵廣東之日。第二期是琦善主政時期，起自道光二十年七月十四日，卽琦善與英國全權代表懿律（Admiral George Elliot）及義律（Gaptain Charles Elliot）在大沽起始交涉之日。第三期是宣宗親自主政時期，起自道光二十一年二月六日，卽琦善革職拿問之日，而止於二十二年七月二十四日的南京條約，在專制政體之下，最後決斷權，依法律，當然屬於皇帝；然事實上，常常有大臣得君主的信任，言聽計從。此地所謂林則徐及琦善主政時期卽本此意而言。緣此林的革職雖在二十年九月八日，然自七月中以後，宣宗所信任的已非林而爲琦善，故琦善主政時期實起自七月中。自琦善革職以後，直到英兵破鎮江，宣宗一意主戰。所用人員如奕山、奕經、裕謙、牛鑑等不過遵旨力行而已。雖有違旨者，然皆實違而名遵，故第三期稱爲宣宗主政時期，似不爲無當。

三期中，第一期與第三期爲時約相等，各佔一年半。第二期——琦善主政時期——爲最短，半年零數日而已。在第一期內，嚴格說，實無外交可言。因爲林則徐的目的在禁煙，而禁煙林視爲內政

——本係內政——不必事先與外人交涉，所採步驟亦無須外人的同意。中英往來文件，在林方面，只有「諭示」：在英領義律方面，迫於時勢，亦間「具稟」。此時義律既未得政府訓令，又無充分的武力後援，他的交涉，不過圖臨時的相安，他的軍事行動不過報復及保護在華英人的生命和財產。到第三期，更無外交可言。雙方均認交涉無望，一意決戰。後來英兵抵南京，中國於是屈服。在此三年半內，惟獨琦善主政的半年曾有過外交相對的局勢。在此期之初，英國全權代表雖手握重兵，然英政府的訓令是叫他們先交涉而後戰爭，而二代表亦以迅和以復商業爲上策。訓令所載的要求雖頗詳細，然非完全確定，尚有相當伸縮的可能。在中國一方面琦善的態度是外交家的態度。他的奏摺內，雖有「諭英夷」、「英夷不遵勸戒」字樣，但他與英人移文往來，亦知用「貴國」「貴統帥」的稱呼。且他與英人面議的時候，完全以平等相待。至於他的目的，更不待言，是圖以交涉了案。故琦善可說是中國近九十年大變局中的第一任外交總長。

這個第一任外交總長的名譽，在當時，在後代，就是個「奸臣」和「賣國賊」的名譽。不幸，琦善在廣東除任交涉以外，且署理兩廣總督，有節制水陸軍的權力和責任。攻擊他的有些注重他的外交，有些注意他的軍事。那末，琦善外交的出發點就是他的軍事觀念。所以我們先研究琦善與鴉片戰爭的軍事關係。

道光二十一年二月初間虎門失守以後，欽差大臣江蘇巡撫裕謙上了一封彈劾琦善的奏摺。他說：「乃聞琦善到澳後，遣散壯勇，不啻爲淵驅魚，以致轉爲該夷勾去，遍有大角沙角之陷」。裕靖節是主戰派首領之一，也是疆吏中最露頭角的人。他攻擊琦善的意思不外林則徐督粵的時候，編收本省壯丁為團勇。琦善到粵則反林所為而遣散之。這班被撤的壯丁就變為「漢奸」，英人反得收為已用。此說的虛實，姑不討論：倘中國人民不為中國打外國，就必反助外國打中國，民心亦可見一般了。

靖節的奏摺上了不滿二月，御史駱秉章又上了一封，措詞更激烈：「竊惟逆夷在粵，滋擾幾及一年。前督臣琦善到粵查辦，將招集之水勇，防備之守具，全行撤去。迨大角沙角失事，提鎮專弁赴省求援，僅發兵數百名，遣之夜渡，惟恐逆夷知覺，以致提督關天培，總兵李廷鈺在砲臺遙望而泣」。這樣說來，琦善的罪更大了；除遣散壯勇之外，還有撤防具陷忠臣的大罪。駱文忠原籍廣東花縣。摺內所言，大概得自同鄉。他為人頗正直。道光二十一年以前，因查庫不受賄已得盛名。故所發言詞，不但足以左右當時的清議，且值得我們今日的研究。

此類的參奏不必盡引，因為所說的皆大同小異。但道光二十一年六月王大臣等會審的判詞是當時政府最後的評定，也是反琦善派的最後勝利，不能不引。「此案琦善以欽差大臣查辦廣東夷務，宜如何慎重周詳，計出萬全。該夷既不遵照曉諭，辦理已形猖獗，即當奏請調兵迅速勦除。乃妄冀羈縻，暫以香港地方許給，俾得有所藉口。於一切防守事宜，並不預為設備，以致該夷疊將砲臺攻陷，要隘失守，實屬有誤機宜。自應按律問擬。琦善合依守備不設失陷城塞者斬監候律，擬斬監候，秋後處決」。這個判詞實代表當時的清議。所可注意者，政府雖多方搜羅琦善受賄的證據，判詞內無受賄的罪名。

但是當時的人不明瞭琦善爲什麼要「開門揖盜」，以爲必是受了英人的賄賂。戰爭的時候，左宗棠——同光時代的恪靖侯左宗棠——正在湖南安化陶文毅家授課。道光二十一年他致其師賀蔗農的信有一段極動人的文章：『去多果勇楊侯奉詔北行。有人自侯所來云：「侯言琦善得西人金巨萬，遂堅主和議。將恐國計遍壞伊身」。昨見林制府謝罪疏，末云並恐彼族別生秘計云云，是殆指此。誠如是，其愚亦大可哀矣。照壁之詩及渠欲即斬生夷滅口各節情狀昭著。砲臺失陷時，渠馳疏謂二砲臺孤懸海外，粵東武備懈弛，寡不敵衆，且云彼族火器爲向來所未見，此次以後，軍情益餒。無非欺君罔上，以和爲主。張賊勢而慢軍心，見之令人切齒』。左的信息得自「自侯所來」者。果勇侯楊芳原任湖南提督，於道光二十一年正月八日放參贊大臣，馳驛前往廣東，剿捡逆夷。他於正月二十一日接到了這道上諭，二月十三日行抵廣東省城。他在起程赴任之初即奏云：「現在大局或須一面收復定海，一面准其於偏岸小港屯集貨物」。換言之，浙江應與英人戰，廣東應與英人通商以求和。自然宣宗以爲不妥。抵廣東後也就報告「預備分段援應共保無虞」。但是他所帶的湖南兵爲害於英人者少，爲害於沿途及廣東人民者反多。三月初，果勇侯又有「布置攻守機宜」的奏摺，說：「城廂內外民心大定，避者漸復，閉者漸開，軍民鼓勇，可期無慮」。宣宗當然欣悅之至：「客兵不滿三千，危城立保無慮。若非朕之參贊大臣果勇侯楊芳，其孰能之？可嘉之處，筆難宣述。功成之日，佇膺懋賞。此卿之第一功也。厥後尤當奮勉」。後來的奮勉或者有之；至於第二功則無可報了。雖然，敗仗仍可報勝仗，自己求和仍可報外夷「懇求皇帝施恩，准予止戰通商。」皇帝遠在北京，何從知道這就是楊芳日後顧全面子的方法。左宗棠的信息既間接得自果勇侯，就不足信；何況果勇侯傳出這信息的時候，既在途中，亦必間接得自廣州來者？至於琦善「欲即斬生夷滅口」之說，遍查中外在場人員的記載均未發現。獨在湖南安化鄉中教書的左先生知有其事，且認為「情狀昭著」，豈不是甚奇了！

同時廣東的按察使王庭蘭反說他屢次勸琦善殺義律而琦善不許。他寫給福建道員曾望顏的信述此事甚詳：「義律住洋行十餘日。省河中夷船杉板數隻而已。不難擒也。伊亦毫無準備，有時義律乘轎買物，往來於市廛間。此時如遣敢死之士數十人拴之，直囊中取物耳。乃屢次進言於當路，輒以現在講和，未可輕動。是可謂宋襄仁義之師矣。」琦善倘得了「西人金巨萬」，授之者必是義律；「欲即斬生夷滅口」，莫若斬義律。琦善反欲效「宋襄仁義之師」，豈不是更奇了！王庭蘭的這封信又形容了琦善如何節節後退：「賊到門而門不關可乎？開門揖盜，百喙難辭」。王庭蘭既是廣東的按察使，他的信既由閩浙總督顏伯燾送呈御覽，好像應該是最好的史料。不幸琦善在廣東的時候，義律不但未「住洋行十餘日」，簡直沒有入廣州。這封信在顯明的事實上有此大錯，其史料的價值可想而知了。

琦善倘若摘了廣州的防具，撤防的原動力不是英國的賄賂，這是我們可斷定的。但是到底琦善撤了防沒有？這是當時及後來攻擊琦善的共同點，也是琦善與鴉片戰爭的軍事關係之中心問題。道光二十年的秋末多初——宣宗最信任琦善的時候——撤防誠有其事，然撤防的責任及撤防的程度則大有問題在。

宣宗是個極尙節儉的皇帝。林則徐在廣東的時候，大修軍備，但是宣宗曾未一次許他撥用庫款。

林的軍費概來自行商及鹽商的捐款。二十年六月七日，英軍佔了定海。於是宣宗腳慌手忙的飭令沿海七省整頓海防。北自奉天，南至廣東，各省調兵、募勇、修砲臺、請軍費的奏摺陸續到了北京。宣宗仍是不顧疆吏扣留庫款以作軍費。當時兵部尚書祁寯藻和刑部右侍郎黃爵滋正在福建查辦事件。他們同閩浙總督鄧廷楨及福建巡撫吳文鎔會銜建議浙江福建廣東三省應添造大船六十隻，每隻配大小砲位三四十門。「通計船砲工費約須銀數百萬兩」。他們說：「當此逆夷猖獗之際，思衞民弭患之方，詎可苟且補苴，致他日轉增糜費」。宣宗不以爲然。他以爲海防全在平日認眞操練，認眞修理，「正不在紛紛添造也」。此是道光二十年七月中的情形。

八月中，琦善報告懿律及義律已自大沽帶船回南，並相約沿途不相攻擊，靜候新派欽差大臣到廣東與他們交涉。宣宗接了此摺就下一道上諭，一面派琦善爲欽差大臣，一面教他「將應撤留各兵分別覈辦」。琦善遵旨將大沽的防兵分別撤留了。

九月初四，山東巡撫托渾布的奏摺到了北京，報告英國兵船八隻果於八月二十二三路過登州，向南行駛。托渾布買了些牛羊菜蔬「酌量賞給」。因此「夷衆數百人一齊出艙，向岸羅拜。旋卽開帆南駛。一時文武官弁及軍吏士民萬目環觀，咸謂夷人如此恭順，實出意料之外。」宣宗以爲和議確有把握，於是連下了二道諭旨，一道「著托渾布體察情形，將前調防守各官兵，酌量撤退歸伍，以節糜費」；一道寄給盛京將軍耆英，署兩江總督裕謙及廣東巡撫怡良，「著詳加酌覈，將前調防守各官兵分別應撤應留，妥爲辦理。」適同日閩浙總督鄧廷楨奏摺到京，報告從福建調水勇八百名來浙江。宣宗就告訴他，現在已議和，福建的水勇團練應分別撤留，「以節糜費」。是則道光二十年九月初，琦善尚在直隸總督任內，宣宗爲「節省糜費」起見，已令沿海七省裁撤軍隊。

琦善於十一月六日始抵廣東。他尚在途中的時候沿海七省的撤防已經實行了。奉天、直隸、山東與戰爭無關係，可不必論。南四省中首先撤防者卽江蘇。裕謙於十月三日到京的摺內報告共撤兵五千一百八十名，並且「各處所雇水陸鄉勇亦卽妥爲遣散」。十月十七日的報告說陸續又撤了些：「統計撤兵九千一百四十名」。廣東及浙江撤兵的奏摺同於十一月一日到京。怡良說：「查虎門內外各隘口，兵勇共有萬人。督臣林則徐前次奉到諭旨，當卽會同臣將次要口隘各兵陸續撤減二千餘名，臣復移咨水陸各提鎭，將各路中可以撤減者再爲酌覈情勢，分別撤減以節糜費。」撤兵的上諭是九月初四發的，罷免林則徐的上諭是九月初八發的。怡良所說廣東初次撤兵是由林與他二人定奪，此說是可能的。怡良署理總督以後又擬再撤但未說明撤多少。伊里布在浙江所撤的兵更多。照他的報告共撤六千八百名，共留鎭海等處防堵者五千四百名。南四省之中，惟福建無撤兵的報告。

總結來說，與鴉片戰爭有關係的四省，除福建不明外，餘三省——江蘇、浙江、廣東——均在琦善未到廣東以前，已遵照皇帝的諭旨，實行撤兵。江蘇所撤者最多，浙江次之，廣東最少。廣東在虎門一帶至少撤了二千兵勇，至多留了八千兵勇。道光二十年秋冬之間，撤防誠有其事，並且是沿海七省共有的，但撤防的責任不能歸諸琦善，更不能歸諸他一人。

琦善未到任以前的撤防雖不能歸咎於他。他到任以後的行動是否「開門揖盜」？二十年十二月和二十一年二月的軍事失敗是由於琦善到任以後的撤防嗎？散漫軍心嗎？陷害忠臣嗎？

琦善初到廣東的時候，中英已發生軍事衝突，因爲中國守礮臺的兵士攻擊了義律派進虎門送信而掛白旗的船隻。這不但犯了國際公法，且違了朝廷的諭旨，因爲宣宗撤兵的上諭已經明言除非外人起釁，沿海各處不得開火。琦善本可懲辦，但他的奏摺內不過說：「先未迎詢來由，輒行開礮攻打。亦不免失之孟浪」。接連又說：「惟現在正值夷兵雲集諸務未定之時，方將激勵士氣，藉資震懾而壯聲威。若經明白參奏，竊恐寒我將士之心，且益張夷衆桀驁之膽。」同時他一面咨行沿海文武官吏在未攻擊之先須詢明來由，「一面仍以夷情叵測，虎門係近省要隘，未便漫無提防，隨飭委署廣州府知府余保純，副將慶宇，游擊多隆武等前往該處，妥爲密防。」是則琦善不但不願散漫軍心，且思「激勵士氣」；不僅未撤防具，且派員前往虎門「妥爲密防」。

十二月初，和議漸趨決裂。琦善「遂酌調肇慶協兵五百名，令其馳赴虎門，並派委潮州鎭總兵李廷鈺，帶弁前往幫辦。又酌調督標五百名，順德協兵三百名，增城營兵三百名，水師提標後營兵二百名，水師提標前營兵一百五十名，永靜營兵一百兵，撥赴距省六十里之總路口、大濠頭、沙尾、獵德一帶，分別密防，並於大濠頭水口，塡石沉船，藉以虛張聲勢，俾該夷知我有備。」總計兵一千九百五十名，不能算多，且廣州第一道防線的虎門只五百，虎門以內大濠頭諸地反增一千四百餘名。於此我們就可窺測琦善對軍事的態度及其所處地位的困難。他在大沽與英人交涉的時候，就力言中國萬非英國之敵。到了廣東，他的奏摺講軍備進行者甚少，講廣東軍備不可靠者反多。如在十二月初四所奏的具摺內，他說不但虎門舊有的各礮臺佈置不好，「即前督臣鄧廷楨林則徐所奏鐵鍊，一經大船碰撞，亦即斷折，未足抵禦。蓋緣歷任率皆文臣，筆下雖佳，武備未諳。現在水陸將士中，又絕少曾經戰陣之人。即水師提臣關天培亦情面太輭，未足稱為饒將。而奴才才識尤劣，到此未及一月，不但經費無出，且欲置造器械，訓練技藝，遴選人才，處處棘手，緩不濟急。」琦善對軍事既如此悲觀，故不得不和；然和議又難成，不得不有軍備，「藉以虛張聲勢」，「俾該夷知我有備」；且身為總督，倘失地責不容辭。但軍備不但「緩不濟急」，且易招人之忌，和議更易決裂，故只能「妥為密防」，但只能在虎門內多增軍隊。所以他猶豫不決，結果國內主戰派攻其「開門揖盜」，英人則責其無議和的誠心，不過遷延時日，以便軍備的完竣。他們說：「此種軍備進行甚速」（Were going on with the utmost expedition）英人採先發制人的策略，遂於十二月十五日晨攻擊大角沙角兩礮臺。

結果中國大失敗。二個礮臺均失守；水師船隻幾全覆沒；兵士死者約五百，傷者較少；礮位被奪被毀者共一百七十三尊。英人方面受傷者約四十，死亡者無人。防守大角沙角者約二千人，英兵登陸來攻者共一千四百六十一人，內白人與印度人約各半。此役中國雖失敗，然兵士死亡之多足證軍心尚未散漫。礮位損失有一百七十三尊，內二十五尊在大角，七十二尊在沙角，餘屬師船，足證防具並未撤。我們還須記得：在虎門十臺之中，大角、沙角的地位不過次要。道光十五年整理虎門防務的時候，關天培和署理粵督祁墳就說過：「大角、沙角兩臺在大洋之中，東西對峙，惟中隔海面一千數百丈，相距較遠，兩邊礮火不能得力，只可作為信礮望臺」。平時沙角防兵只三十名，大角只五十名；

二月十五之役，二臺共有兵士二千名，不能算少。至於軍官及兵丁的精神外人衆口一詞的稱贊。雖然，戰爭不滿二時而礮臺已失守，似無稱贊的可能。歐洲的軍士對於敗敵，素尚豪俠；他們的稱贊不能不打折扣。但是我們至少不應說琦善「開門揖盜」。

此役以後，琦善主和的心志更堅決，遂於十二月二十七日與義律訂了草約四條。他雖然費盡了心力求朝廷承認草約，宣宗一意拒絕。愈到後來，朝廷催戰的諭旨愈急愈嚴。琦善於無可如何之中，一面交涉，一面進行軍備。他的奏摺內當然有調兵增防的報告，但我們可利用英人的調查以評他的軍備。正月二十三，義律派輪船 Nemesis 到虎門去候簽訂正式條約日期的信息。此船在虎門逗留了四天，看見威遠鎮遠及橫檔三礮臺增加沙袋礮臺 (Sandbag batteries)，並說三臺兵士甚多。別的調查的船隻發現穿鼻的後面正建設礮臺，武山的後面正填石按樁以塞夾道。二月一日義律親自到橫檔，查明自 Nemesis 報告以後，又加了十七尊礮。二月二日英人截留了中國信船一隻，內有當局致關天培的信，囑他從速填塞武山後的交通。於是英人確知琦善已定計決戰，遂於二月五日下第二次的攻擊令。

道光二十一年二月五日六日的戰役是琦善的致命之傷，也是廣東的致命之傷。戰場的中心就是威遠鎮遠橫檔三礮臺，所謂虎門的天險。劇烈的戰事在六日的正午。到午後二點，三臺全失守。兵士被俘虜者約一千三百名，陣亡者約五百名。提督關天培亦殉難。礮位被奪被毀者，威遠百零七尊，臨時沙袋礮臺三十尊，鎮遠四十尊，橫檔百六十一尊，鞏固四十尊。此役的軍心不及十二月十五日。橫檔的官佐在開戰之初卽下臺乘船而逃，且鎖臺門以防兵士的出走。然亦有死抗者，失敗的理由不在撤防，因爲礮臺上的兵實在甚多，礮位亦甚多，而在兵士缺乏訓練及礮的製造與安置不合法。失敗之速則由於關天培忽略了下橫檔。此島在橫檔的南面，鎭遠的西面。關天培以爲橫檔及威遠鎭遠已足以制敵，下橫檔無關緊要，故在道光十五年整理虎門防備的時候就未注意。不料英人于二月五日首先佔領下橫檔，並乘夜安大礮于山頂。中國的策略只圖以臺攻船，而二月六日英人實先以臺攻臺。戰爭的失敗，琦善或須負一部分的責任，但是說他戰前不設備，戰中節節後退，不但與事實相反，且與人情相反。英人 Davis 甚至說琦善的軍備已盡人事天時的可能。時人及以後的歷史家當然不信中國反不能與「島夷」敵。他們說中國所以敗全由宣宗罷免林則徐而用琦善。他們以爲林則徐是百戰百勝的主帥，英人畏之，故必去林而後得逞其志。英人在大沽的交涉不過行反間之計。時人持此論最力者要算裕謙。江上蹇叟（夏燮）根據他的話就下了一段斷語，說：「英人所憾在粵而棄疾于浙者，粵堅而浙瑕也。兵法攻其瑕而堅者亦瑕。觀于天津遞書，林鄧被議，琦相入粵，虎門撤防，則其視粵也如探囊而取物也。義律本無就撫之心，特藉琦相以破粵東之局」。魏源的論斷比較公允，然亦日欲行林的激烈政策，「必沿海守臣皆林公而後可，必當軸秉鈞皆林公而後可」。不說「沿海守臣」及「當軸秉鈞」，卽全國文武官吏盡是林則徐，中國亦不能與英國對敵。在九龍及穿鼻與林則徐戰者不過一隻配二十八尊礮的 Volage 及一隻配二十尊礮的 Hyacinth。後與琦善戰者有陸軍三千，兵船二十餘隻，其大者如 Wellesleys. Blenheim. Melville 皆配七十四尊礮。然而九龍及穿鼻的戰役仍是中國失敗；

且虎門失守的時候，林則徐尚在廣州，且有襄辦軍務的責任！英國大軍抵華以後，不卽攻粵而先攻定海者，因爲英政府以爲廣東，在中國皇帝的眼光裏，不過邊陲之地，勝負無關大局，並不是怕林則徐。當時在粵的外人多主張先攻虎門，惟獨 Chinese Repository 日報反對此擧，但亦說：倘開戰，虎門礮臺的掃平不過一小時的事而已。至于去林爲英國的陰謀更是無稽之談。英人屢次向中國聲明：林之去留與英國無關係，實則林文忠的被罷是他的終身大幸事，而中國國運的大不幸。林不去，則必戰，戰則必敗，敗則他的聲名或將與葉名琛相等。但林敗則中國會速和，速和則損失可減少，且中國的維新或可提早二十年。鴉片戰爭以後中國毫無革新運動：主要原因在時人不明失敗的理由。林自信能戰，時人亦信其能戰，而無主持軍事的機會，何怪當時國人不服輸！

戰爭失敗的結果就是南京條約：這是無可疑問的。但戰爭最後的勝負並不決在虎門，而在長江。南京條約的簽字距虎門失守尚有一年半的功夫。到了道光二十二年的夏天，英國軍隊連下了吳淞上海並佔了鎭江，而南京危在旦夕，這時候朝廷始承認英國的條件而與訂約。正像咸豐末年，英法雖佔了廣州省城，清廷仍不講和；相到聯軍入京然後定盟。琦善在廣東的敗仗遠不如牛鑑在長江的敗仗那樣要緊。

總結來說：琦善與鴉片戰爭的軍事關係無可稱贊，亦無可責備。敗是敗了，但致敗的原由不在琦善的撤防，而在當時中國戰鬪力之遠不及英國。琦善並未撤防，或「開門揖盜」不過他對戰爭是抱悲觀的。時人說這是他的罪，我們應該承認這是他的超人處。他知道中國不能戰，故努力於外交。那末，他的外交有時人的通病，也有他的獨到處。現在請論琦善與鴉片戰爭的外交關係。

懿律及義律率艦隊抵大沽的時候，琦善以世襲一等侯文淵閣大學士任直隸總督。他是滿洲正黃旗人。嘉慶十一年，他初次就外省官職，任河南按察使，後轉江寧布政使，續調任山東、兩江、四川各省的督撫。道光十一年，補直隸總督。鴉片戰爭以前，中國的外交全在廣東。故琦善在官場的年歲雖久，但于外交是絕無經驗的。

道光二十年七月十四，懿律等到了大沽。琦善遵旨派遊擊羅應鼇前往詢問。羅同來報告說：英人「祇謂疊遭廣東攻擊，負屈之由，無從上達天聽，懇求轉奏。」此種訴屈伸寃的態度是琦善對付英人的出發點，是極關緊要的。這態度當然不是英政府的態度。那末，誤會是從何來的呢？或者是義律故意採此態度以圖交涉的開始，所謂不顧形式只求實際的辦法。或者是翻譯官馬禮遜未加審慎而採用中國官場的文字。或者是琦善的誤會。三種解釋都是可能的，都曾實現過的，但斷斷不是琦善欺君的飾詞，因爲他以後給英人的文書就把他個當作伸寃者對待。琦善一面請旨，一面令英人候至二十日聽回信。十七日諭旨下了。十八日琦善卽派千總白含章往英船接收正式公文。

此封公文就是英國外部大臣巴麥尊爵士（Viscount Palmerston）致「大清國皇帝欽命宰相」的照會。此文是全鴉片戰爭最緊要的外交文獻。研究此戰爭者必須細審此照會的原文與譯文。譯者遵照巴麥尊的訓令只求信，不求雅。結果不但不雅，且不甚達。但除一句外，全文的翻譯，確極守信。這一句原文是"To demand from the Imperor satisfaction and redress"譯文變爲「求討皇帝昭雪伸寃」。難怪宣宗和琦善把這個外交案當作屬下告狀的訟案辦！

這照會前大半說明英國不滿意中國的地處，後小半講英國的要求。中國禁煙的法子錯了。煙禁的法律久成具文，何得全無聲明忽然加嚴？就是要加嚴，亦當先辦中國的官吏，後辦外人，因爲官吏「相助運進，額受規銀任縱」。中國反首先嚴辦外人寬赦官吏，豈不是「開一眼而鑒外人犯罪，閉一眼不得鑒官憲犯罪乎？」就是要辦外人，亦應分別良莠，不應一概禁錮，「盡絕食物，所傭內地工人，見驅不准相助」。如外人不繳煙土，即「嚇呼使之餓死」。不但英國商人是如此虐待，即「大英國家特委管理領事」「亦行强迫凌辱」。這是「褻瀆大英國威儀。」因此層層理由，英國第一要求賠償煙價。第二要求割讓一島或數島，作爲英商居住之地，「以免（日後）其身子磨難而保其貲貨妥當」。第三要求中國政府賠償廣州行商的積欠。第四要求以後中英官吏平等相待。第五要求賠償戰費及使費。倘中國「不妥善昭雪定事，仍必相戰不息矣。」照會內雖未提及林則徐的名字，只說「某官憲」，中外皆知英國所不滿意的禁煙辦法，皆是林的行動。照會的口氣雖是很强硬，但全文的方式實在是控告林的方式。

巴麥尊爵士給懿律及義律的訓令有一段是爲他們交涉時留伸縮地步的。他說倘中國不願割地，那未可與中國訂通商條約，包括（一）加開通商口岸；（二）在口岸外人應有居留的自由及生命財產的保護；（三）中國須有公佈的（Publicly Known）及一定的（Fixed）海關稅則；（四）英國可派領事來華；（五）治外法權。除治外法權一項，餘皆爲國際的慣例，並無不平等的性質，且並不有害于中國。訂商約或割地：這二者中國可擇其一，這點選擇的自由就是當時中國外交的機會。要評斷琦善外交的優劣就在這一點。

琦善接到了巴麥尊的照會，一面轉送北京請旨，一面與懿律約定十天內回答。廷臣如何計議，我們不能知其詳細。計議的結果就是七月二十四日的二道諭旨。一道說：「大皇帝統馭寰瀛，薄海內外，無不一視同仁。凡外藩之來中國貿易者，稍有冤抑，立卽查明懲辦。上年林則徐查禁煙土，未能仰體大公至正之意，以致受人欺朦，措置失當。茲所求昭雪之冤，大皇帝早有所聞。必當逐細查明，重治其罪。現已派欽差大臣，馳至廣東，秉公查辦，定能代伸冤抑，該統帥懿律等，著卽返棹南還，聽候辦理可也。」此道上諭可說是中國給英國的正式答覆。其他一道是給琦善的詳細訓令。「所求昭雪冤抑一節，自應逐加訪察，處處得實，方足以折其心……俾該夷等咸知天朝大公至正，無稍回護，庶不敢籍口伸冤，狡焉思逞也。」至于割讓海島，「斷不能另闢一境，致壞成規」。所謂「成規」就是廣東一口通商。行商的積欠，「亦應自爲清理，朝廷何能過問」。換言之，廣東行商所欠英人的債，英人應該向行商追討，何得向朝廷索賠？「儻欲催討煙價，著諭以當日呈繳之煙，原係違禁之件，早經眼同燒燬，既已呈繳于前，卽不得索價于後。」這種自大的態度何等可笑！英國所要求者一概拒絕，惟圖重治林則徐的罪以了案，這豈不是兒戲！但在當時，這是自然，極正大的辦法。「薄海內外無不一視同仁」：這豈不是中國傳統的王道？英國既以控告林則徐，中國卽以查辦林則徐回答：這豈不是皇帝「大公至正之意？」

八月二日，琦善即遵旨回答了英國代表。他們不滿意，要求與琦善面議。琦善以「體制攸關」不應該上英國船，遂請義律登岸。八月初四初五，他們二人在大沽海岸面議了兩次。義律重申要求，琦善照聖旨答覆。交涉不得要領。最困難的問題是煙價的賠償。八月十八十九琦善復與懿律移文交涉。他最後所許者，除查林則徐外，還有恢復通商及賠煙價的一部份二條。「如能照常恭順，俟欽差大臣到彼查辦，或貴國乞恩通商，據情具奏，仰邀恩准，亦未可定。」「如貴統帥欽遵諭旨，返棹南還，聽欽差大臣馳往辦理，雖明知煙價所值無多，要必能使貴統帥（懿律）有以登覆貴國王，而貴領事（義律）亦可伸雪前抑。果如所言，將有利于商賈，有益於兵民，使彼此相安如初，則貴統帥回國時，必顏面增光，可稱爲貴國王能事之臣矣。」英國代表于是「遵循皇帝的意旨」(In Compliance with the Emperor) 開船往廣東並約定兩國停止軍事行動。

英國政府所以敎懿律及義律帶兵船來大沽者，就是要他們以武力强迫中國承認英國的要求。懿律等在大沽雖手握重兵，然交涉未達目的即起椗回南，且說回南是遵循中國皇帝的意旨。難怪巴麥尊幾乎氣死了。難怪中國以爲「撫夷」成功了。宣宗因此飭令撤防，「以節糜費」，且即罷免林則徐以表示中國的正大。大沽的勝利是琦善得志的階梯，也是他日後失敗的根由。懿律等的舉動不但不利于英國，且不利于中國，因爲從此擧動發生了無窮的誤會。但他們也有幾種理由：彼時英兵生病者多，且已到秋初不宜在華北起始軍事行動。琦善態度和平，倘與林則徐相比，實有天壤之別。他們想在廣東與他交涉，不難成功。他們在大沽不過遷就，並不放棄他們的要求。

琦善在大沽除交涉外，同時切實調查了敵人的軍備。他的報告和朝廷改變林則徐的強硬政策當然有密切的關係。英國軍艦的高大，這是顯而易見的。「又各設有大礮，約重七八千斤。礮位之下，設有石磨盤，中具機軸，祇須轉移磨盤，礮卽隨其所向。」此外還有「火燄船」，「內外具有風輪，中設火池，火乘風起，煙氣上熏，輪盤卽激水自轉，無風無潮，順水逆水，皆能飛渡。」當時的人如林則徐所擬破夷之法，琦善以爲皆不足恃。倘攻夷船的下層，「夷船出水處所亦經設有礮位，是其意在同擊也。」若欲穿其船底，則外人水兵「能于深五六丈處，持械投入海中，逾時則入跳躍登舟，直至顚頂，是意在抵禦也。」此外還有縱火焚燒的法子，「今則該夷泊船，各自相離數里，不肯銜尾寄碇……是意在卻避延燒也」。「泥恒言以圖之，執成法以禦之，或反中其詭計，未必足以決勝。」這是琦善「知彼」的工夫。

對于這樣的強敵，中國有能力可以抵抗嗎？琦善說中國毫無足恃。「該夷所恃者爲大礮，其所畏者亦惟大礮。」那末，中國正缺乏大礮。譬如在「山海關一帶本無存礮，現飭委員等在于報部廢棄礮位內檢得數尊，尙係前明之物，業已蒸洗備用」。華北如此，華南亦難操勝算。「卽如江浙等省所恃爲外衞者，原止長江大海。今海道已被該夷遊奕，長江又所在可通，是險要已爲該夷所據，水師轉不能入海窮追。」假設中國能于一處得勝，英國必轉攻別處；假使我們能于今年得勝，英國必于明年再來。「欲求處處得勝，時時常勝，臣實不免隱存意外之虞。」「邊釁一開，兵結莫釋。我皇上日理萬幾，更不値加以此等小醜跳梁，時殷宸廑。而頻年防守，亦不免費餉勞師。」這是琦善「知己」的工夫。

外交的元素不外「理」與「勢」。鴉片戰爭的時候，中英各執其理，各是其是。故中英的問題，論審勢，論知己彼的工夫，琦善無疑的遠在時人之上。琦善仍是半知半解，但時人簡直是無知無解。所以琦善大聲疾呼的主和，而時人斥爲媚外，或甚至疑其受英人的賄賂。

不幸，十一月六日琦善到廣東的時候，國內的空氣及中英間的感情均不利于和議。伊里布在浙江曾要求英國退還定海，英人不允。朝野因之以爲英國求和非出於至誠。在英國方面，因中國在浙江搶奪了二十多個英國人，且給以不堪的待遇，決戰之心亦復增加。十一月內，浙撫劉韻珂，欽差大臣祁寯藻黃爵滋，御史蔡玕相繼上奏，說英人有久據定海的陰謀。朝廷主和的心志搖動。同時義律在廣東多年，偏重廣州通商的利益，主張在廣州先決勝負。所以他在廣東的態度，比在大沽，强硬多了。中國對他送信的船開了礮，他就派兵船來報復。所以琦善到廣東後的第一次奏稿就說義律的詞氣「較前更加傲慢」。適此時懿律忽稱病，交涉由義律一人負責。琦善莫明其妙。「初六日（委員）接見懿律時，雖其面色稍黃，並無病容，然則何至一日之間，遽爾病劇欲回。」……那末此中必有狡計：「今懿律猝然而行，或就此間別作隱謀，或其意見與義律另有參差，抑或竟係折回浙江，欲圖占據，均難逆料。」所以琦善就飛咨伊里布，敎他在浙江嚴防英人的襲攻。

這樣的環境絕非議和的環境，但廣東的軍備狀況，更使琦善堅持和議。他說廣東「水師營務，微特不敵夷人之堅，礮不敵夷人之利，而兵丁膽氣怯弱，每遇夷師船少人稀之頃，輒喜貪功，迨見來勢強橫，則皆望而生懼。」他第一步工作當然是聯絡感情和緩空氣。他敎水師參將致信懿律，「聲明未詢原委，擅先開礮，係由兵丁錯誤，現在嚴查懲辦。」如此衝突免了而雙方的面子都顧到了。同時他又釋放了叱咀噸（Vincent Staunton）。此不過在澳門外人的一個敎書先生。因至海岸游泳，民人乘機擄之而獻于林則徐以圖賞賚。英人已屢求釋放而林不許。琦善此擧，雖得罪了林派，尤爲英人所感激。空氣爲大變交涉得以進行。

義律交涉的出發點就是前在大沽所要求的條件：⑴他要求賠償煙價，首先要二千萬元，後減至一千六百萬；又減到一千二百萬。琦善先許三百萬，續加至四百萬，又加至五百萬。這是市場講價式的外交。⑵兵費一條，琦善堅決拒絕，「答以此係伊等自取虛糜。我軍增兵防守，亦曾多費餉銀，又將從何取索？」⑶行商的欠款應由行商賠補。⑷義律允退還定海，但要求在粵閩浙沿海地方另給一處。琦善以爲萬萬不可：「假以偏隅尺土，恐其結黨成羣，建臺設礮，久之漸成占據，貽患將來，不得不先爲之慮。且其地亦甚難擇，無論江浙等處，均屬腹地，斷難容留夷人，卽福建之厦門一帶，亦與臺灣壤地相連，……無要可扼，防守尤難。」⑸中英官吏平等一節，琦善當卽許可。這是十一月二十一以前交涉的經過。十二月初七的上諭不許琦善割尺寸地，賠分毫錢，只敎他「乘機攻勦，毋得示弱」。于是全國復積極調兵遣將了。

這道上諭，十二月二十左右始到廣東。未到之先，琦善的交涉又有進展。煙價的賠償定六百萬元，分五年交付。交涉的焦點在割地。義律要求香港。琦善堅持不可：「卽香港亦寬至七八十里，環處衆山之中，可避風濤。如或給予，必致屯兵聚糧，建臺設礮。久之必覬覦廣東，流弊不可勝言。」香港即不能得，義律遂要求添開口岸二處。琦善以爲「添給貿易馬頭，較之給予地方，似爲得體。」他本意願添二處，但爲講價計，先只許廈門一處，且只許在船上交易，不許登岸。義律頗討厭這種講價式的交涉，遂以戰爭脅之。琦善雖一面備戰，他的實心在求和。他十二月初四所具的摺力求朝廷許添通商口岸。粵東防守如何不可靠，他在摺內又說了一遍：「蓋緣歷任率皆文臣，筆下雖佳，武備未諳」；「即前督臣林則徐鄧廷楨所奏鐵鍊一經大船碰撞，亦即斷折，未足抵禦」。初六日，義律請他到澳門去面議。他以爲「無此體制」，並恐「狼子野心」「中懷叵測」，只許移文往來。十四日義律聲明交涉決裂，定于明日攻擊。琦善的覆信尚未發去，中英已開始戰爭了。

十二月十五日大角沙角失守了，琦善的交涉就讓步。二十七日遂與義律定了穿鼻草約：⑴中國割讓香港與英國，但中國得在香港設關收稅，如在黃浦一樣。⑵賠款六百萬元，五年交清。⑶中英官吏平等。⑷廣州于道光二十一年正月初旬復市。在英國方面，即時退還定海。此約是琦善外交的結晶。最重要的就是割讓香港。在定約的時候，琦善已經接到了不許割地不設賠款的諭旨。照法律他當然有違旨的罪。但從政治看來，琦善的草約是當時時勢所許可的最優的條件，最少的損失。我們倘與南京條約相較，就能斷定穿鼻草約是琦善外交的大勝利。南京條約完全割香港；穿鼻草約倘保留中國在香港收稅的權利。南京條約開五口通商；穿鼻草約仍是廣東一口通商。南京條約賠款二千一百萬；穿鼻草約賠款只六百萬元。我們倘又記得義律因訂穿鼻草約大受了巴麥尊的斥責，我們更能佩服琦善外交了。

定了此約以後，琦善苦口婆心的求朝廷批准。二十一年正月二十五到京的奏摺可說是他最後的努力。他說戰爭是萬不可能，因爲地勢無要可扼，軍械無利可恃，兵力不固，民心不堅。「奴才再四思維，一身所繫猶小，而國計民生之同關休戚者甚重且遠。蓋奴才獲咎于打仗之未能取勝，與獲咎于辦理之未合宸謨，同一待罪，餘生何所顧惜。然奴才獲咎于辦理之未合宸謨，而廣東之疆地民生猶得仰賴聖主鴻福，藉保乂安。如奴才獲咎于打仗之未能取勝，則損天威而害民生，而辦理更無從措手。」宣宗的硃批說：「朕斷不似汝之甘受逆夷欺侮戲弄，迷而不返。膽敢背朕諭旨，仍然接遞逆書，代逆懇求。實出情理之外，是何肺腑，無能不堪之至。」「琦善著革去大學士，拔去花翎，仍交部嚴加議處」。部議尚未定奪，怡良報告英佔據香港的奏摺已于二月初六到了北京。宣宗即降旨：「琦善著即革職鎖拿，……家產即行查抄入官」。北京審判的不公，已于上文說明。

琦善與鴉片戰爭的關係，在軍事方面，無可稱贊，亦無可責備。在外交方面，他實在是遠超時人，因爲他審察中外强弱的形勢和權衡利害的輕重，遠在時人之上。雖然，琦善在中國歷史上的地位不能算重要。宣宗以後又赦免了他，使他作了一任陝甘總督，一任雲貴總督。他既知中國不如英國之强，他應該提倡自强如同治時代的奕訢、文祥及曾左李諸人，但他對于國家的自强，竟不提及。林則徐雖同有此病，但林于中外的形勢實不及琦善那樣的明白。

——選自「清華學報」第六卷第三期（二十年十月北平出版）

東北外交史中的日俄密約

東北外交史中的日俄密約

俄人雅康恩達夫(Victor A. Yakhontoff)近著了一部書，名爲 Russia and the Soviet Union the Far East (London, Allen and Unwin 1932) 。書末附錄有帝俄及蘇俄關於遠東所訂的條約。其中大半是公開的，久已出版的；但有四個日俄密約是未曾出版的。學者雖從他項史料推知了密約內容的大概，但全文的發表實以雅氏此書爲最先。雅氏得自俄外部的檔冊，條文之可靠，殆無可疑。茲特爲譯成中文，略加解釋，以供研究東北外交史者的參考。

（一）日俄戰爭以前，日本方面雖與英國聯盟，但亦有主張聯俄者；俄國方面，雖終以積極派得勝，但主張對日妥協者亦頗有人。戰後雙方都不免有兩敗俱傷之感。加之美國資本家如黑利滿(Harirman)，外交家如斯處賴體 (Straight)，和中國政界要人如袁世凱，徐紹儀想聯絡起來，以俾美國得投資於東三省。同時世界大局正在變化之中。昔者英以防俄爲外交最要目的；日俄戰後，英國轉而以防德爲第一要政。昔者法之外交專靠聯俄；戰後法國大感聯俄之不足，於是在一九〇七年，法日，英俄，日俄都妥協了。在遠東方面，英日向與法俄對敵，是後則四國合作了。歐戰前，中國外交的困難就在乎此。日俄在一九〇七年訂立了兩個條約，一是公開的，一是秘密的。公約分兩段，一伸明互不侵犯兩國在中國的已得權利，一宣布兩國都尊重中國領土的完整及門戶開放主義。密約則分日俄兩國的勢力範圍，以北滿對南滿，以外蒙古對高麗。密約全文如下：

大俄國大皇帝及大日本大皇帝，有要關於滿洲，蒙古及高麗諸問題，避免將來一切衝突及誤會的根由，同意了下列的辦法：

第一條：斟酌在滿洲的權利及政治的與經濟的活動之自然趨勢，並想要避免競爭所產生的曲折，日本擔任不在本約補續條款所定之界線以北，爲日本國家，或爲日本臣民的，或他國臣民的利益，尋求任何鐵路或電線建築權，並且擔任不阻撓俄國政府在這區域內尋求同類建築權的行動；俄國在她那方面，爲同樣和平的慾望所惑，也擔任不爲國家或本國或他國臣民的利益，在上文所說之界線之南，尋求任何鐵路或電線的建築權，並且擔任不阻撓日本政府在這區域內尋求同類建築權的行動。

中東鐵路根據一八九六年八月二十八日（俄曆十六日）及一八九八年六月二十五日（俄曆十三日）的建築合同所得的權利，就是關於本約補續條款所定之界線以南的一段，仍舊是有效的。

第二條：俄國既承認日本與高麗的共同政治關係——該關係是根據日、高之間現有的條約及協定的，並且這些條約又協定的稿本已由日本政府致送俄國政府——擔保不加干涉，且不阻撓這些關係的繼續發展；日本在她那方面，擔任給與俄國政府，領事、臣民、商業、工業、及航業在高麗最惠國的一切權利，直到最後條約訂立之時爲止。

第三條：日本帝國政府既承認俄國在外蒙古的特殊權利，擔任遏制一切可危害這些權利的干涉。

第四條：兩訂約國務須嚴守本約的秘密。

本約以下列簽字者，得了各該政府全權以後，在本約上的簽名和蓋章爲證。

一九〇七年七月十七日
明治四十年七月三十日

在聖彼得堡

（簽字）易斯瓦爾斯奇（Iswolsky）（簽字）本野

補續條款

本約第一條，所說的北滿與南滿的界線議定如下：

從俄國與高麗邊界極西北端起，畫一直線到琿春；從琿春畫一直線到必爾滕湖的極北端；再由此畫直線到舒水甸子（？）（Hsiushuichan）；從此地起，沿着松花江到嫩江口止；於是沿着嫩江到嫩江與洮兒河交流之點止；再沿着洮兒河到此河橫過東經一百二十二度止。

（簽字）易斯瓦爾斯奇（簽字）本野

這個秘密的條約和同日簽訂的公開條約是完全相反的。公約尊中國領土的完整；密約則起始中國東北的瓜分。公約承認門戶開放主義；密約則規定利益範圍。公約是粉飾太平的；密約是實際的。這種雙簧的外交，雖足使人驚訝，但在國際間確是很平常。

（二）一九〇九年及一九一〇年美國在東北的外交又形活動。最初有錦州到瑷琿鐵路建築草約的簽訂。美國外交部長於是就以錦瑷鐵路爲憑係向列強提議滿洲鐵路的中立化，這就是所謂「洛克司計畫」（Knox Plan）。日俄兩國同起驚慌，以爲一九〇七年的條約尚不够；除劃分勢力範圍不相競爭外，尚須彼此合作以防第三者——美國——的挿入。於是產生了一九一〇年的日俄條約。

這年日俄所訂的條約也是一個公開的，一個秘密的。公約分三條。

第一條：日、俄合作以求鐵路營業的改良。

第二條：日、俄擔任維持滿洲的現狀，換句話說，維持已得的權利。

第三條：如有任何事件發生足以危害上文所說之現狀，兩訂約國務須交換意見以俾協定雙方所認爲必須的辦法，以期維持上文所說的現狀。

這約比一九〇七年的公約露骨多了。所以要露骨的原故就是要給美國一個警告。一九一〇年的密約可說是一九〇七年的密約和一九一〇年的公約參合而成的。公約的目的在合作以維持現狀；密約則指特殊權利。

（三）辛亥革命一發生，列強覺得在中國進取的機會到了！其中尤以俄日爲最急，英國也不甚落後。英俄此年有西藏與外蒙古相交換的諒解；日俄則成立民國元年的密約。其主旨在劃分在蒙古的勢力範圍，也可說是以往兩個密約的補充。

第一條：從洮兒河與東經一百二十二度相交之點起，界線應延着 Oulountchourh 及 Moushisha 河直到 Moushisha 與 Haldaitai 河的分水界；從此又延着黑龍江省與內蒙古的邊界直到內外蒙古的邊疆。

第二條：分蒙古分爲兩部：北京經度——一百一十六度二十七分——以東之部及以西之部。帝俄政府擔允承認及尊重日本在以東之部的特殊權利；日本帝國政府對俄國在以西之部的特殊權利擔允同樣的義務。

第三條：兩訂約國務須嚴守本約的秘密。

一九一二年七月八日（俄曆六月二十五日）

（簽字）沙查諾夫（Sazonov）（簽字）本野

（四）大戰發生以後，協約國之間訂立了許多戰後分贓及保贓的條約。日俄兩國，一方面覺得戰前那種有利與己的國際形勢或將不能維持，一方面更覺得戰後美國的侵犯之可怕，於是在一九一六年訂立了一個密約和一個公約。這公約分兩條。第一條，日俄兩國相對聲明不加入與他國相抗的政治聯合。第二條，日俄兩國在遠東的土地權力或特殊利益危害的時候，兩國協商共同防禦的辦法。這已夠露骨了。但密約在目的方面及方法方面則更嚴重。全文如下：

帝俄政府及日本帝國政府，為鞏固一九〇七年七月三十日，一九一〇年七月四日，及一九一二年七月八日各密約所締結的忠誠友誼關係起見，協定下列各條以完成上面所引的條約：

第一條：兩訂約國既承認雙方重要利益（Uital interests）須要中國不落在任何第三國的政治勢力之下——這第三國或將敵視俄國或日本——以後遇有需要的時候，務須開誠的，忠實的交換意見並協定辦法以阻這種形勢的發生。

第二條：倘若上條所說之協定辦法引起訂約國之一與上條所指之第三國間的戰爭，第二訂約國，一經請求，必給與協助，並且兩訂立國，在未得彼此同意之先，不得單獨媾和。

第三條：上條所規定的軍事協助之條件及方法應由兩訂約國的相當人員制定。

第四條：但是兩訂約國之一——這是已有諒解的——，若不能確保其同盟國（多數）之必給以與形勢嚴重性相等的軍事協助，無須給第二訂約國第二條所規定之軍事協助。

第五條：本約自簽字之日起發生效力，並到一九二一年七月十四日（俄曆七月一日）繼續有效。如果訂約國之一方，在本約滿期前之十二個月，未通知對方不願續約的意志，則本約繼續有效，直到一方通知不願續約以後滿足一年。

第六條。兩訂約國務必嚴守本約的秘密。

本約以下列簽字者，了得各該政府全權以後，在本約上的簽名和蓋章爲證。

在聖彼得堡

一九一六年六月二十日

大正五年七月三日

（簽字）沙查諾夫　（簽字）本野

此約可說把日俄兩帝國的野心完全暴露了。假使此約成立的次年未發生蘇俄革命，現在的中國不知又將何如了。

外交史及外交史料

外交史及外交史料

（一）清光緒朝中日交涉史料　北平故宮博物院編　已出七十卷三十五册　每册定價六角
（二）清季外交史料　黃巖王彥威（弢夫）輯　王亮（希隱）編　全書一百二十册　定價八十六元　已出六十册　天津上海大公報館代辦館部代售
（三）六十年來中國與日本　王芸生輯　已出三卷　每卷定價一元　天津大公報出版部發行

外交史就是政治史的一部份。所有研究政治史的條件及方法皆得適用，且必須適用於外交史的研究。國人往往忽略這個基本原則，以爲外交史可以隨便撰著：著者可以不用史料，即有史料亦不必審查和分析；只要著者能多駡，能痛快的駡「彼帝國主義者」，他的書就算一部大著作了。我們現在所處的世界，固然不容我們不辦外交，不講宣傳。但是我們要記得：研究外交史不是辦外交，不是作宣傳，是研究歷史，是求學問。二者絕不可混合爲一。你如拿歷史來作宣傳，那你不是歷史家，是宣傳家；你的著作不是歷史，是宣傳品。宣傳品也有其價值，或者很大的價值，但仍不與歷史同道。依我個人看來，現在國人所需要的，與其說是宣傳品所能供給的感情之熱，不若說是歷史所能供給的知識之光。

史的編撰大概可分爲四類。第一類是歷史原料的編撰。就外交史論，國與國交換的一切的文件，一國政府計議外交的記錄，外交部與其駐外代表往來的文件，外交部給國會或國王的報告，以及外交官的信札和日記，皆是外交史的原料。本文所要討論的「清光緒朝中日交涉史料」及「清季外交史料」就是這種原料的編撰。這個體裁有其特殊條件。第一須求其信。何能使其信呢？（一）每件史料必須註明出處，俾讀者能於較短時間內覆按原文。歐戰後各國外交部（中日除外）均有大部的外交公文出版。這種出版物既由主管機關發行必定根據機關內所藏檔案，似乎無須逐件載明出處。然而不然：因爲一個機關的檔案往往堆積甚多，所分門類也極多，故文件出版時必須逐件註明某類某號。倘編輯者非主管機關，更須註明出處，不然，則全無以取信於人。（二）每件史料必須註明年月日。外交的文件大半均有發給的年月日及接收的年月日。至於電報，尤其國際關係緊張時候的電報，還有收發的時分。這些均不可缺，缺了則文件就喪失其作用了。（三）每件史料必須保存其原來面目。無意的校對錯誤應竭力避免；有意的刪改簡直是史界的罪惡。第二須求其新。所謂新者，卽文件是新的，是未出版過的；讀者可從其得新知識。倘若前人所出版的未達到上文所講的求信的條件，則可重刊。倘若前人所出版的太零散了，而新刊的是一種史料全集，則亦不妨與前人有幾分之幾的重複。第三須求其要。所謂要者，卽文件有關緊要。這個條件頗難實用，因爲甲認爲有關緊要的，乙或認爲不關緊要；某一文件爲某原故在某時代實關緊要，而在別的時候爲別的原故則不關緊要了。雖然，有些文件絕無出版的價值。譬如，公使到任必遞國書；離任時亦必須遞辭書。這些文件十之九是應酬話，無須出版的。反過來說，有些文件無論何人都認爲有絕等的價值，如編輯者不能搜收這種材料，則其出版品就減色了。譬如：李鴻章出使俄國的文件，戊戌年租借旅順大連膠州等處的文件，庚子年增祺與俄國所訂的草約：這些皆中國近代外交史所不可缺的。萬一編輯者因故不能得到這些文件，必須於書中註明；不然，讀者可以先沒有過這種事實。以上三種條件——信，新，要——皆編輯史料者所不能不顧到的。

第二類史的編撰是專題研究的報告；第三類是史之正體。這兩類亦皆有其條件，有其紀律，但因與本文所要討論的書籍無關係，可不詳述。大概說來，史料是土、木、金；專題研究的報告是磚、柱、板；而史之正體是大禮堂、是宮殿、是住宅——完成的建築物。

第四類是日本人所謂史料的歷史，西人所謂 Documentary History 。「六十年來中國與日本」是屬於這類的。若以建築物來作譬喻，這也是一種完成的建築物。但普通的建築物均加粉加漆，務使原料不露其本來的面目。有一種特別的建築物，牆上不加粉，板柱不加油漆，連支撐屋頂的棟樑皆赤裸的讓人觀看，務使觀者欣賞一方面原料之美實，一方面全建築之有節調。史料的歷史正是如此。編撰者不但要作到上文所謂信新要三個條件，且須作到通的條件。所謂通者，卽原委要清楚，貫連要緊接，節章的長短須有權衡。事實不可漏，亦不可濫。倘信新要三個條件未作到，則原料必不美實；倘通的條件不作到，則全建築必無節調。

雖然，以上所說的皆係理想的目標，是史家應企圖作到的。事實上作到的程度有非編撰者所能負責的。倘史料根本不全，或底稿多非原物，大半是經過多次抄寫的，則編撰者亦無法求全了。但史料如欠缺太多，編撰者只應出「拾零」和「補遺」那類書，不應冒稱全集。倘底稿經過多次的抄寫，則編撰者最低限度的責任應該向讀者報告抄寫的歷史。

現在先論兩部史料，後論這一部史料的歷史。

外交史與別種歷史不同之點，就是牠的國際性質。撰外交史者必須搜羅有關各國的文件。根據一方面的文件來撰外交史，等於專聽一面之詞來判訟。那末，我們研究中國外交史者，在三年以前，就感無窮困難了。尤其是道光咸豐兩朝的外交。關於這兩朝的文件，三年以前，我們僅有「東華錄」及「聖訓」二書所載的不全的上諭，林文忠的奏議，夏爕的「中西紀事」，梁廷枏的「夷氛聞記」（此書尚無刋本），七絃河上釣叟的「英吉利廣東入城始末」一小册，及徐廣縉的奏議（不全）。此外如琦善、耆英、葉名琛、桂良、花沙納、恭親王奕訢諸人的文稿，均尚未出世。二等人物如宮慕久、吳健章、黃恩彤、潘仕成諸人，則更不必說了。幸而在最近三年之內，北平故宮博物院有道光咸豐同治三朝的「籌辦夷務始末」出版。以先所感的欠缺雖未因有「始末」遂補齊了，但官方的文件實已補足十之七八。現在我們又幸而有「清光緒朝中日交涉史料」（以下簡稱中日史料）及「清季外交史料」（以下簡稱清季史料）二書出版，以繼續同治朝的「始末」。「中日史料」已到光緒三十三年五月底，「清季史料」已到光緒二十一年十月。不久我們就可以有從禁煙至清亡八十餘年外交史的大半史料了。

「中日史料」及「清季史料」二書既皆是史料的編撰，就應該達到（一）信（二）新（三）要三個條件。關於信這一層，二書遺憾很多。第一、「中日史料」的上諭均載明來自「上諭檔」，軍機處的密寄諭旨載明來自「洋務檔」，電報載明來自「電報檔」，此外奏摺及中外照會條約則全無出處的說明。至於「上諭檔」「洋務檔」及「電報檔」的來源及狀況如何，編撰者無一字相告。「清季史料」於此一層更令讀者不滿意。原輯者王彥威先生及新編者王希隱先生皆係私人，並不代表任何學術或政府機關。那末，私人何能得到若干外交文件？編撰者於已出版的六十册中，一字不提。若說錄自衙門檔案，政府信用何在？私人道德又何在？以後外國尙敢與我國交換文件嗎？第二、關於年月日時的註釋，二書幼稚萬分。「中日史料」於奏摺一項，雖於摺首摺尾均有年月日，但首尾的年月日竟相同者多。細考內容，我們得知所載的年月日是奉硃批的年月日，不是拜發的年月日。京內的奏摺於這一點無關重要，因爲拜發和奉硃批多半是同日，至多相差一天。外省的奏摺，如直督與粵督，相差可到一月，因此拜發的年月日不能不註明。最好在各摺「由頭」之下用小字平行註明，一行爲拜發的年月日，一行爲奉硃批或接收的年月日。故宮各種檔案雖不盡知，但軍機處的摺檔均有收和發的年月日。「中日史料」的上諭只有朝廷宣佈的年月日：此層固不得不然，因爲各省接收諭旨的日期實難考出。書中所載的中外照會則全無年月日，不知編撰者故意抄襲「夷務始末」的辦法而删去年月日，還是所根據的底稿上原無年月日，書中的電報則極不一致：有有時分者，亦有無時分者；有有收發雙方的日期者，亦有僅載一方的日期者。最可怪者，書中有些文件，其年月日完全錯誤。如一一七六號，編者註明係二十年六月十七日，而摺內反引二十二年四月二十一日的上諭。又如一三八一號，正摺註明係六月十日拜發，七月十四日奉旨；其副片當爲同日，但編撰者反註明此副片爲七月十四日而不說定是發是收。「清季史料」於年月日此一層全與「中日史料」相同。有少數文件全無年月日。卷一之第一件公文，編者說是光緒元年正月初五日，實際是同治十三年十一月二十五日。同卷之第五件編者說是光緒元年二月八日，實際是同治十三年十一月十日。至於二書文字之錯誤亦復不少。平均說來，此二書文件全無文字錯誤者不過三分之一；三分之二都有抄寫或校對的錯誤。「清季史料」甚至有故意刪改之處。摺的首尾多被割去。「伯理璽天德」多改爲「總統」；「倭酋」多改爲「日本使臣」。二書均以年月日爲次序，但顚倒者亦間有之。「中日史料」的七二、七三、七四諸號是倒了。「清季史料」卷二頁九下及頁十的照會應編在同卷之十七頁下。「中日史料」的一一五一號及一一八三號均非北洋來電，如編撰者所說，乃總署致北洋的電報。

「中日史料」及「清季史料」究竟有多少新材料呢？有幾分之幾的文件是未曾出版過的呢？光緒朝的外交史料在此二書以前已經出版的實在不少，遠在道咸兩朝之上。「李文忠全集」材料既多，編輯方法又精。從光緒初元到辛丑，中國的外交沒有一件事是李鴻章未曾參與過的。李之全集的重要可想而知。此外曾國荃、曾紀澤、左宗棠、郭嵩燾、劉坤一、沈葆楨、李瀚章、劉長佑、丁寶楨、岑毓英、張樹聲、張之洞、薛福成、許景澄、張佩綸、鄧承修、馬建忠、許珏諸人，皆有文集出版。雖然，「中日史料」及「清季史料」有不少的文件是出自這些人的手而不見於他們的文集，同時確也有不少的文件見於這些人的文集而不見於這兩部的史料。此外還有別人在光緒朝曾辦過外交而其文件初次出世於這兩部史料。這項新材料之中最關緊要的莫過於總理衙門的文件：內包括奏摺、照會、電報、及談話的紀錄。禮部與高麗往來的文件；丁日昌、崇厚、吳元炳、榮全、李鶴年、嚴樹森、崇綺、陳寶琛、王之春、盛宣懷、洪鈞、裕祿、榮祿、呂海寰、趙爾巽、慶親王諸人的文件，雖不全備，所見於這兩部史料的，多半是未曾出版過的。「中日史料」及「清季史料」二書雖不滿人意之處甚多，因爲有這些新材料，就是研究中國外交史者所不能不備之書。「清季史料」的前五册，照我的粗略點算，共有二百零九件公文，其中初次出版的有一百三十八件。若以此爲標準，則全書的新材料約佔百分之六十。「中日史料」我未曾計算過，但照我所得的印象，其中新材料的成分還在「清季史料」之上。所以這二書做到新的條件的程度比做到信的條件的程度要高些。

論到要的條件，我們只要問一個簡單的問題：這兩書的新材料關於中國外交的緊要問題是否有緊要的新發現？請先論「清季史料」光緒初元發生所謂馬嘉理案。中英交涉幾至決裂。後忽由李鴻章與妥瑪訂立煙臺條約以解決之。本書卷六有李鴻章未赴煙臺之前請示預籌辦法摺及總署的籌議摺，皆初次出版者。李之故意作難及總署之訓令使我們更明瞭煙臺交涉的心理和背景。不久又發生中日琉球案。關於此案之起源及美國前總統格蘭德的調停，本書並無新知識的貢獻。到光緒六年，中俄伊犂問題緊張的時候，總署與日本公使訂約。總署的理由及所訂之約稿見於本書卷二十三。右庶子陳寶琛即上疏反對，以總署聯日防俄的政策幼稚極了，因爲「俄强國也，日弱國也；馭俄人宜剛柔互用，而日則可剛不可柔」。此疏亦見於同卷。琉球案所以在此時已結而又變。我們現在更加明白了。關於同時的中俄案件，本書有新文件而無新知識補充。伊犂問題解決後，中法安南問題就起來了。本書關於此案的新文件不少，且間有新知識的貢獻。卷三十有光緒八年十月岑毓英的奏摺，對於安南內政的腐敗，及中國之如何難於援助，說得甚詳甚確。同卷有法國公使寶海與總署交涉的文件。卷三十二有九年四月李鴻章的摺子，說明他如何不宜赴粵督師援越。卷四十一及四十二有赫德的電報。此皆有貢獻的文件。中法戰爭的時候，高麗問題已起。從光緒十年到光緒二十年，此問題愈演愈烈。此書有少數新文件，但無大貢獻。爲研究這段歷史，此書遠不及李集之完備。等到甲午年中日戰爭將起的時候，本書卷九十三有翁同龢及李鴻藻諸人會議和戰的奏摺。平常一般人都說李鴻章主和，翁同龢主戰。李之態度，根據他的全集，實在不是這樣簡單。他主張軍事消極，同時外交不退讓。翁的態度，從會議摺看出來，也不簡單：他主張軍事積極而外交不妨退讓。會議摺上的日期是六月十六日。當時日本要求中日共同改革高麗內政。李鴻章堅持高麗內政非中國所應强改，更非日本所能干預；就是要交涉內政，日本應先撤兵，然後可開議。翁則謂中國應速進兵高麗，同時不妨與日本談判內政的改革。就事後之明來評判，還是翁的政策勝於李的政策。卷九十三還有英國公使與總署談話的紀錄。英使調停的方案等於中日共管高麗，即日本所要求者。難怪李鴻章此時偏信俄國的援助，而對英國總持懷疑的態度。關於此事，「中日史料」更詳。卷一百一十八有劉坤一的密摺，主張割新疆數城以聯俄。到庚子年，劉坤一與英日接近而仇俄。以先我不知道他曾提倡過聯俄的政策。此上所舉，皆「清季史料」貢獻之較大者。

「中日史料」的範圍較小，限於中日兩國的交涉。中日的關係在光緒朝是以高麗問題為中心的。中國的高麗政策彼時幾全在李鴻章一人之掌握中。有了李的「全集」而想有要緊的新史料發現是不容易的。「中日史料」卷數雖多，新文件雖亦多，但新知識的貢獻則不多。此書之前五卷半包括光緒元年至九年的中日關係，竟毫無新知識貢獻。卷六有光緒十年吳兆有及袁世凱的信札多件及總署與日本公使榎本武揚屢次談話的紀錄，大可補充我們關於高麗是年變亂的知識。十一年袁世凱報告高麗密聯俄國。卷八有士貝爾（俄國駐朝鮮代表）與高麗統署（外交部）談話記錄，使我們得知該事內幕的一部份。同卷又有我國公使徐承祖與日本外務大臣井上馨談話的記錄及日本駐朝鮮公使致井上的密報，使我們更能看透日本對高麗聯俄的態度。十年之變之罪魁之一即金玉均，後於甲午年被誘至上海而終死於刺客之手。此亦中日戰爭近因之一。卷八及卷九有光緒十一年（離中日戰爭尚有九年）徐承祖的電報，報告如何在日本設計誘騙金玉均到上海並井上如何願助成此事。此可算全書之最要貢獻。卷十有我國駐東使館密探朝比奈的報告，說明薩司馬之黑田與長門之伊藤及井上爭攻華及和華的利害：足資考證。十一年以後，直到二十年，書中材料雖多，但都甚平常。甲午年英使調停的經過，此書言之甚詳。馬關條約定後，張之洞等想以臺澎的權利博得法國的援助。法國公使與總署的談話明表法國的實在態度，見卷四四：此亦一貢獻。

總之，「中日史料」及「清季史料」二書可算「李文忠公全集」及其他已出版的史料的補遺，而不能算牠們的替代品。二書既未搜羅一切的未出版的和已出版的史料，那末，編輯者何不各就其有的新文件加以甄別，專擇其有新知識的貢獻者，以出類似補遺的書籍？研究中國外交史者不能不備這二部史料，這是毫無疑問的；同時這二書的編撰方法可以改良，且應該改良，這也是毫無疑問的。

「六十年來中國與日本」（以下簡稱中國與日本）的體裁及此體裁所應做到的條件，前文已經說過。編者除引用前文所指出的舊出版的和新出版的史料外，參用了不少外國的史料，尤其是日本的史料。雖間有遺漏，編者搜羅史料之勤及選擇之精，實在令人佩服之至。各章節的介紹詞及啣接詞，除愛國心太顯露外，大都極有斟酌。我們倘記得中國外交史的科學研究尚在起始之期，我們不能不承認「中國與日本」爲上等佳作。

卷一第一章第二章條理分明，立論精確。第三章論日使森有禮來華質問中韓關係及日韓立約，雖大體尚好，但忽略了一個緊要關鍵。原來中國的宗主觀念有其歷史的背景。舊日我國對藩屬有保護之責；此外我國並不加以任何干涉。藩屬對我國有應盡的禮節；此外並無任何政治的或經濟的負擔。這種宗藩關係在我國已成了政治思想的天經地義，因爲這種關係已圓滿了我國的需要。在十九世紀以前，我國只要高麗安南等國能保其國就够了，好像現在英國只要比利時能自保就够了。但到了光緒年間就不然了。一則我國的舊宗主觀念與彼時的國際公法及國際慣例不符，二則到了光緒年間高麗安南等國遇着了從古未有的侵略。中國處置這種新局面，只能完全採取合乎時潮的新宗主觀念，或完全放棄宗主權，斷不能維持舊狀。森有禮來華的時候，總署及李鴻章仍抱着傳統觀念來應付新局面。這是高麗問題根源之一，應在第三章之開端點出的。不久當局也覺得我國高麗政策應略爲變更。丁日昌提議高麗應與西洋各國立約通商，以便借通商國家如英美德法的力量來抵抗有土地野心的日俄。總署及李鴻章均贊成此議，決定由李執行。編者於第三章第十節述此事甚好，但以後李如何協助朝鮮與英美各國立約，及立約的時候李如何努力要西洋承認中國宗主權，此書的下文又不說了。實際這是一個大新政策。其邏輯的結論，應爲高麗的中立化，而其中立由國際擔保。光緒十一年，駐韓德國署使向李鴻章即作此提議。「中國與日本」不錄此文，恐編者尚不明此文在近代高麗的國運上的重要。

光緒八年中國戡定朝鮮內政的成功，使張謇及袁世凱諸人把高麗問題看得太容易了。他們主張派監國，改行省；張佩綸的提議也相同。總署及李雖未完全容納他們的主張，但亦從此放棄求高麗的國際化，轉而由中國單獨在高麗行積極政策。於是留駐防軍，派商務委員，代聘外人管理高麗海關，而此種外人須受中國總稅務司的節制。中韓關係實質上大變了。光緒十年高麗變亂之後，李伊協定，正如編者所言，是將來的禍根，但國際形勢忽又轉利於中國。光緒十一年英佔巨文島，俄圖永興灣。書之第十章述此事甚好，但此事的影響，編者似未明瞭。英俄兩國在高麗的得勢皆不利於日本。井上於是訓令榎本武揚向總署及李鴻章提議中國應在朝鮮行更積極的政策。編者未錄此段的文件，實則是高麗問題的大關鍵。所以李鴻章不接收德人的提議，反從此惟恐西洋各國在高麗有些須權利。

第一卷最後一章論光緒十二年俄國與高麗的勾結。書末附有參考書的目錄，其中「語冰閣奏議」及「澗于集」二項互換了著者的名字。第二卷的第一章，全書的第十二章，就論甲午之戰。從光緒十二年到二十年，八年的歷史完全不見了。不但此書如此，以往中西的著者也如此。不是這八年不關緊要，是著者們不了解中日戰前歷史的線索。光緒十一年，國際形勢既利於中國，而袁世凱適於是年起被委爲駐朝鮮總理，於是李袁就大行其積極政策。朝鮮的派使至西洋受了中國的限制；朝鮮的海關及電政幾全在中國之手；朝鮮只能向中國借外債。日本與朝鮮的小案件尙須借中國的幫助始得解決。到了光緒二十年，中國在朝鮮的勢力遠在日本之上。倘日本再不動手，則將太遲了。丁日昌的提議要朝鮮借通商國的權利來抵抗有土地野心的國家。那末，在甲午年，西洋通商國在高麗並無大權利可言。這是李袁積極政策的恩賜。在西洋各國的眼裏，朝鮮屬華或屬日本無足輕重。了解這八年的歷史，然後可以了解甲午年日本的積極及西洋的消極。第二卷除此忽略外，餘皆可佩之至。

第三卷論俄法德三國的干涉，到美國提出門戶開放主義。甲午戰後，遠東已成爲世界問題，正如編者在第十六章所言。中日關係，非了解全部中外關係不能了解。第十七章，論臺灣之事，過於詳細，因爲臺灣問題未發生大的影響。戊戌年的外交，編者太偏重膠州，而忽略了威海衞及廣州灣諸問題。戊戌年不是中日衝突的年期，是中西衝突的年期。此年在中日關係史上的重要，全在於使日本謀中日親善。西洋各國瓜分中國，亦非日本之利。日本因有此覺悟而謀親善。卷三之最後一章，論門戶開放主義。一八九九年的門戶開放主義是很窄的，並且可與勢力範圍並行不悖。編者似乎未及詳細分析該主義初提時的實在意義。

「中國與日本」一書，就各章各節論，實稱完善。惟全書忽略了幾個緊要關鍵，致讀者仍不能明瞭六十年來中日關係的演變。這是此書美中之不足。

——選自「天津大公報文學副刊」第二百四十九期二十一年十月十日

最近三百年東北外患史

「最近三百年東北外患史」小引

這個小小的研究報告是二十年前寫的。原文登在清華學報第八卷第一期。因爲國人對於中俄關係及東北問題的看重，所以把這個研究報告作爲單行本刊印出來。

二十五年以前，我曾試對外交當局貢獻一點意見。我說過：「東北問題的重要不在不平等條約問題之下，而其困難反有過而無不及。我們應該早爲預備。」我那時在南開大學教書，不但未入政界，並且沒有意思參加政治。我的建議不過根據我的研究，提出來以供當局參考。

因爲我深感東北問題的重要，所以在我的研究工作中，東北佔主要位置。可惜在最近這十幾年中，我不能繼續有系統的研究。我原來希望搜集中外的史料，把咸豐以後的東北外患史也寫出來。現在好像找不到這樣一個機會。如果有學者願意擔負這種工作，我願意盡力協助。

廷黻民國四十一年九月十六日於紐約

最近三百年東北外患史（從順治到咸豐）

一、俄國的遠東發展

我族在東北的歷史雖變故多端，概括說，可分爲兩大時期。滿清以前，在東北與我族相抗的，不是當地的部落，就是鄰境的民族。其文化程度恆在我族之下。最近三百年的形勢就大不同了。從清初到現在，這三百年中，東北最初受了遠自歐洲來的俄羅斯之侵略，最近又遭了西洋化的日本之佔據，而其他列强亦曾插足其中。現在東北已成所謂世界問題。縱不說最近三百年的侵略者之文化高於我族，我們不能不承認他們的國力有非我們所能比抗。

俄國的歷史頗有與我相同的。在十三世紀，蒙古人一方面向南發展，併吞了華北的金及華南的宋；另一方面又向西發展，簡直席捲了中央亞細亞及俄羅斯，直到波蘭。我國受蒙古人的統治不滿百年，即由明太祖在十四世紀的下半光復了祖業。俄國終亦得到解放。惟蒙古人在俄國的施政並不如在中國那樣積極，而同時俄人民族的觀念亦不及我族發展之早。故俄國的光復運動到十五世紀始由馬斯哥王國率領進行，其完成尚在十六世紀宜番四世的時候。總計起來，俄國的光復比我國遲了二百年。

俄國反蒙古人的運動雖較遲，其發展之積極及持久反爲我們所望塵莫及。我族自明成祖以後，保守尙感不足，遑論進取。俄國則不然。俄人初越烏拉山而角逐於西北利亞者爲雅爾馬克；所帶隊伍僅八百四十人；其時在公曆一五七九年，即明萬曆七年。此後勇往直前，直到太平洋濱爲止。一六三八年——崇禎十一年——俄國的先鋒隊已在鄂霍次克（Okhotsk）海濱建設了鄂霍次克城。六十年內，全西比利亞入了俄國的版圖，其面積有四百萬方英里，比歐洲俄羅斯還大一倍。

俄國在西比利亞的拓展並未與我國接觸，所以無敍述之必要。但其經過有兩點足以幫助我們了解日後中俄初次在黑龍江的衝突，不能不略加討論。第一、俄國在西比利亞發展之速得了天然交通的資助。西比利亞有三大河流系統：即俄比系統（Ob River System），也尼賽（Yenisei）系統，及來那（Lena）系統。俄比、也尼賽、及來那三大河雖皆發源於南而流入北冰洋，但其支河甚多，且大概是東西流的。一河流系統之支河與其鄰近河流系統之支河往往有相隔甚近者，且二者之間有較低的關道可以跋涉。俄人過烏拉山就入俄比系統；由俄比系統轉入也尼賽系統；再轉入來那系統，就到極東了。

俄人在西比利亞所養成的交通習慣與日後中俄兩國在黑龍江的衝突有很大的關係。因爲黑龍江及其支河可說是亞洲北部的第四大河流系統。其他三大河皆由南向北流，惟獨黑龍江由西向東流而入海。所以在自然交通時代，黑龍江是亞洲北部達東海最便捷之路。並且俄人有好幾處可以由來那系統轉入黑龍江系統。黑龍江上流有一支河名石勒喀（Shilka）；石勒喀復有一支河名尼布楚（Nertcha）（尼布楚城因河得名）。尼布楚河發源之地離威提穆河（Vitim）發源之地甚近。威提穆河就是來那河上流之一支。這是由來那系統轉入黑龍江系統道路之一。黑龍江上流另有一支河名額爾必齊（Gorbitsa），其發源地與鄂列克瑪河（Olekema）之發源地相近，而鄂列克瑪河也是來那河的一支。這是由來那轉入黑龍江的第二條路。黑龍江的中流有一支河，我國舊籍稱爲精奇里河，西人稱爲結雅河（Zeya River）。精奇里發源於外興安之山陽，其流入黑龍江之處，在其東現在有俄屬海蘭泡，亦名布拉郭威什臣斯克（B'agoveshchensk），對岸稍南即我國的瑷琿。自來那河來者可溯雅爾丹河（Aldan）或鄂列克瑪河之東支而轉入精奇里河上流的支河。這是由來那系統入黑龍江系統的第三條路。在清初的國防上，這條路尤其要緊，因爲最毗近東北的腹地。

第二、俄國十七世紀在西比利亞拓展之速多因土人無抵抗的能力；俄人用游擊散隊就足以征服之。彼時西比利亞戶口稀少，土人文化程度甚低，政治組織尚在部落時代，其抵抗力還不及北美的紅印度人。比較有抵抗能力的要算俄比河上流的古楚汗國（Kuchum Khanate）。這國就是蒙古大帝國的殘餘。雅爾馬克（Yermak）於一五八三年奪取了其京都西比爾（Sibir）。西比利亞從此得名；馬斯哥王亦從這時起加上西比爾主人翁的榮銜。一五八七年（明萬曆十五年）俄人在西比爾附近建設拖博爾斯克大鎭（Tobolsk）。雅爾馬克原來不過是一個土匪頭目；他的隊伍大部份是他的綠林同志。立了大功之後，馬思哥王不但寬赦了他，且優加賞賜；爲國事捐驅之後，俄國教堂竟奉送他神聖尊號。雅爾馬克遂成了俄羅斯民族英雄之一。事實上，他無疑的是俄國拓殖西比利亞的元勳。自他在俄比河戰勝古楚汗國之後，直到鄂霍次克海，俄人再沒有遇着有力的抵抗。

雅爾馬克及其同志，論人品及作事方法，皆足代表十七世紀俄人在西比利亞經營者。歷十七世紀，先鋒隊大都是兇悍而慣於遊牧生活的喀薩克（Cossck）。他們數十或數百成羣自推領袖。在俄國政府方面看起來，喀薩克的行動，雖常不遵守政府的命令，確是利多而害少。他們自動的往前進：成功了，他們所佔的土地就算是俄國的領土，他們從土人所收的貢品幾分之幾劃歸政府；失敗了，不關政府的事，除非政府別有作用，可以置之不理。但是害處也有。這種游擊散隊只顧目前，不顧將來，只顧當地，不顧全局。喀薩克過於殘暴；因此土人多不心服，且被殺戮者就是當地的生財者。在西比利亞作慣了，到了黑龍江流域，他們依然照舊橫行，不知道這地的形勢有與西比利亞不同者。

俄人發展到來那河流域的時候正是明崇禎年間。在明成祖的時代，中國在東北的政治勢力幾可說是空前絕後。黑龍江全流域以及庫頁島皆曾入明之勢力範圍。到天啓崇禎年間，遼河流域尚難自顧，至松花江、烏蘇里江、及黑龍江更無從顧及。明之舊業快要亡了。但滿清遂乘機收歸己有。在清太祖及太宗的時候，滿人連年東征北伐。其戰爭及交涉的經過，我們無須敍述；但其收復的部落及土地不能不表明。因爲十七世紀中俄的衝突根本是兩個向外發展運動的衝突；俄國方面有新興的羅馬洛夫（Romanov）朝代，我國方面有新興的清朝：可說是棋逢對手。

茲將清太祖及太宗所收復的東北的部落及區域列表如下：

㈠窩集部（亦名窩稽達婦，魚皮達子）居牡丹江（亦名呼爾哈河，瑚爾哈河）及松花江下流兩岸，距寧古塔北約四百里其中心在現今之三姓。

㈡穆稜。居烏蘇里江及其支河穆倫河的兩岸。

㈢奇雅。居伊瑪河的上流。伊瑪河（Niman, Iman Imma, Ema）是烏蘇里江東的一支河。

㈣赫哲（亦名黑金，赫眞，額登）。居松花江與黑龍江會流之處到烏蘇里江與黑龍江會流之處。

㈤飛牙喀（亦名費雅喀）。居黑龍江下流。

㈥奇勒爾。居黑龍江口沿海一帶。

㈦庫葉（亦名庫頁）。居庫頁島。

㈧瓦爾喀。居吉林東南隅及俄屬濱海省的南部及海山威附近的熊島。

以上皆東境的部落。

㈨索倫，居布特哈（齊齊哈爾以北的嫩江流域）。

㈩達呼爾，居嫩江以東到黑龍江一帶。

⑪俄倫春。居黑龍江東之精奇里河兩岸。

⑫巴爾呼（亦名巴爾古）。居呼倫貝爾南。

以上皆北境的部落。

滿淸武功所達極北之點就是日後中俄相持的雅克薩城，俄人稱爲 Albazin。崇德四年（一六四〇年）將軍索海所征服的四木城之一，卽雅克薩。

入關以前，滿人的勢力雖已北到黑龍江及精奇里河，東到庫頁島，並未在邊境設官駐兵。被征服的民族有少數編入八旗，大多數仍居原地，按期進貢而已。直到康熙二十年，淸朝駐兵最近東北邊境者莫過於寧古塔。雖然，俄人入黑龍江的時候，除當地土人的抵抗外，尚有大淸帝國的後盾，其形勢與西比利亞完全不同。

二、中俄初次在東北的衝突

俄人到了來那流域以後，不久就感覺糧食缺乏的大困難。他們從土人聽說精奇里河流域產糧甚多。這種傳說形容未免過度，好像一到外興安的山陽就是一片樂地。俄國政府於一六三二年在來那河的中流設立雅庫次克城（Yakutsk），派有總管，俄人所謂 Voevod。一六四三年（崇禎末年）總管官彼得果羅文（Peter Golovin）派探險隊到精奇里河流域去調查眞像。隊長是波雅哥夫（Vasili Poyarkof）；隊員有喀薩克一百十二名，獵夫十五名，書記二人，引導一人。軍器帶有大砲一尊，鎗每人一桿。他們於是年七月中從雅庫次克動身，逆流而上，由來那河入雅爾丹河。十一月，未抵河源而河已結冰，不通舟楫。波雅哥夫在河邊築了過多的土房留了四十三個隊員及輜重，自己遂率領其餘隊員跋山而南。行了兩星期的旱路之後，他們找着精奇里的支河布連塔河（Brinda）。上流仍是一片荒土；到了中流，才發現少數俄倫春住戶。波氏派了七十人到村裏去搜糧食。村民起初尚以禮相待；俄人求入村；未蒙允許，就動武了。村民竭力抵抗；到了天黑，俄人空手而歸。在饑寒交迫的時候，喀薩克不惜執殺土人或互相殘殺以充饑。一六四四年春，留在山北的隊員趕上了，於是合隊而行，由精奇里入黑龍江。沿途的土人皆駡他們爲食人的野蠻人，有些逃了，有些就地防堵。秋季波氏到了黑龍江口，就在此過多，强迫奇勒爾供給糧食。

俄人入黑龍江的那一年正是滿人入關的那一年。受其擾害的俄倫春、達呼爾、赫眞、飛牙喀、及奇勒爾是否曾向其宗主求援；如果求了，滿人如何處置：這些問題，因爲史料的缺乏，無從答覆。在入關之初，就是東北邊境有警報來，清廷亦無暇顧及。波雅克夫此次的成績並不好，除了沒有發現新樂園以外，他留給土人永不能忘的壞印象。雖然，經過這次的失敗，雅庫次克的總管知道了傳聞的虛實，而波雅克夫仍不失爲第一個西洋人入黑龍江者。他在江口過多以後，由海道北返。幾年之內，雅庫次克的總管不再費事於南下的企圖。

一六四九年（順治六年）雅庫次克的一個投機的富商哈巴羅甫（Yarka Pavlov Khabarof）呈請總管許他用自己的資本組織遠征隊到黑龍江去。是時俄人已從土人探知由鄂列克瑪河的路比由雅爾丹河的路容易。總管佛蘭伯克甫（Franzbekof）對此事雖不甚熱心，但哈巴羅甫的提議既無須政府出資，萬一成功，政府反可借私人的力量收征黑龍江流域土人的皮貢，就允許了哈氏的呈請。其實政府的批准不過是一種形式；在呈請之先，哈氏已組織好了遠征隊，大有必行之勢。四月初，他率領隊員前進，溯鄂列克瑪河直到河源，於是跋山而轉入黑龍江的支河烏爾喀（Urka）。此河近額爾必齊，惟稍東。哈巴羅甫到黑龍江的時候，兩岸的村落已聞風遠逃。哈氏對所過的少數土人雖竭力巧言誘吸，土人總以喀薩克是食人的一語答之。除在土坑裏發現匿埋的糧食，其餘一無所獲。雖然，在其給總管的報告書中，哈氏仍誇大黑龍江流域的富庶及積糧之多。他深信有六千兵足以征服全區域；征服之後，雅庫次克的糧食問題可得解決，而皮貢的收入可大加增。

哈氏初次的遠征雖無直接的成績可言，他確親自到了黑龍江，知道了當地的實在情形。他決志組織第二遠征隊並改良行軍的方法。一六五〇年的夏季他就出發，所走的路線大致與第一次相同。這次他行軍極圖迅速，以免土人的遷徙。在雅克薩附近，他襲擊了一個村莊，土人與之相待一下午，終久弓箭不抵鎗砲，雅克薩遂爲所佔。土人乘夜携帶家眷牲口逃遁；哈氏卽夜派一百三十五人去追截。次晨就趕上了。一戰之後，喀薩克奪了一百一十七隻牲口，高興的返歸雅克薩。哈氏在雅克薩建築了防守的土壘，留下了少數的駐防隊，自己遂率領其餘隊員及鎗砲，乘用氷車，駛往下流。十天之後，於十一月二十四日，他遇着使馬的俄倫春。此處也是弓箭不抵鎗砲。一時土人惟有屈服，遵命賞送貂皮。哈氏的投機總算得了相當的收獲。於是回雅喀薩過多。

次年六月二日，哈氏帶着三百餘名喀薩克，配齊鎗砲出發往下流去。此次更求迅速，以圖攻人之不備。正隊以前，他預備了八隻小船以充先鋒。連行四日不見人煙。沿岸的村落皆遷徙一空。第四日晚間，在黑龍江折南的角段，發現尚未遷徙的吉瓜托村（Guigudar）。此處居民約有一千，並有五十名八八旗馬隊適在該處收征貢物。我國的紀載全不提及，故其虛實難明。哈氏乘夜進攻。據俄人的紀載，交火之初，滿人就逃了。次晨村落失守，土人欲逃不能。死於砲火之下者約六百六十人，女人被虜者二百四十三，小孩一百一十八，馬二百三十七，其他牲口一百一十三。俄人死四名，傷四十名。哈氏的得意可想而知。可惜我方關於此事全無紀錄以資對證。

哈巴羅甫在吉瓜托村約留了六星期。他派出的調查隊均說直到精奇里河口，土人早已遷徙，惟聞在河口尚有未遷徙的村落。哈氏乘坐小船趕到現在瑷琿城左右。土人事先全無所知：既不能逃，又不能戰；大部份都成俘虜。哈氏命土人的長老召集會議。到會者三百多人，均說剛向中國皇帝進了貢，餘存無幾，一時只能奉送貂皮六十張，以後當陸續補送。哈氏令土人以貂皮贖俘虜。他的投資又得着紅利了。土人竭力應酬他，好像他們已甘心投順喀薩克。但九月三日全村忽遷徙一空，僅留下兩個當質者及兩個老女人。此舉給哈氏一個很大的打擊。他原擬在此過多，不料周圍忽然變爲全無人煙之地。他把四個未逃的土人付之火中，遂開拔向下流去了。

九月二十九日，哈氏行抵烏蘇里江與黑龍江合流之處。此地現有哈巴羅甫城，即紀念哈氏之功蹟者，我方命名伯利。哈氏在此建築土壘，準備過多。赫眞人表示和好，因之哈氏不爲設防，時常派遣派員出外捕魚。十月八日，赫眞人忽乘虛進攻。相持之際，適外出的隊員歸來，加之軍器相差太遠，赫眞人大受挫敗。從此喀薩克作了當地的主人翁。

按俄國的紀載，黑龍江的土人受了兩年的擾害之後，均向中國求保護。我方的紀載亦提及此事，但不詳細。平定羅刹方略說：「駐防寧古塔章京海色率所部擊之，戰於烏扎拉村，稍失利」。俄國方面的紀錄說海色帶有二千零二十騎兵；至於戰爭的經過則各說不一。海色與哈巴羅甫的戰爭是中俄初次的交鋒。我國史乘從順治九年始有了羅刹之亂之紀載。按「羅刹」這名詞是索倫、鄂倫春、達呼爾諸部落給俄人的稱呼。這一戰，俄國方面的人數至多不過四百人；我方加入戰爭者必較多，但是否有二千餘名，頗難斷定。順治十四年，寧古塔設昂邦章京一員，副都統一員；康熙元年。昂邦章京改爲鎭守寧古塔將軍；十年，寧古塔副都統移駐吉林；十五年，寧古塔將軍移駐吉林，而於寧古塔設副都統。從這年起，吉林將軍領兵二千五百一十一名，寧古塔副都統領兵一千三百二十名。從此看出我國東北邊境駐軍，首重寧古塔，後移重心於吉林，惟順治十四年以前，究有兵多少，不容確定。戰爭的經過，我方的紀錄僅說「稍失利」。俄方的紀錄則分兩說。一說：

> 一六五二年三月二十四日（俄曆），黎明，滿洲兵到達俄國土壘之前，俄人正在酣睡之中。倘滿人不即施放火槍——他們放槍大概是要示威——哈巴羅甫或將不能生還。幸而他被槍聲驚醒了。即時設備。滿人把砲安置以後，就向土壘開火。不久打穿一個洞口。衝鋒者即向洞口猛進。俄人火速在洞口之後安置一砲，向衝鋒者開放極有效力的彈子。衝鋒者因此止住了而一百五十名俄人從營壘衝出來，以短兵相接。他們從滿人奪取了兩尊太近的砲。滿人的火槍大半被毀之後，俄人就成了戰場的主人翁。除上文所說的兩尊砲外，俄人尚得着十七桿火槍，八面旗幟，八百三十四馬及幾個俘虜。滿兵死者聽說有六百七十六人遺留在戰場之上；俄人僅死十名，傷七十名。

另一說則謂：

> 交鋒之初，中國人得了勝利。一時好像他們能把俄國營壘攻下來。後不知因何原故——或者因爲中國的主將過於自信，或者因爲他遵守訓令——在俄人受迫最緊急的時候，他忽然下令，要他的兵士不殺也不傷喀薩克，只活拿過來。這一戰的最要關鍵即在此。俄人了解這種形勢之後，決志不被活拿。於是一面宣誓，一面衝鋒，步步的把中國人趕退了。一個軍隊不能一面受敵人之火，一面又被禁還火，而保持其地位。中國兵從此喪失戰鬪精神，向後退避，留下十七桿槍，二尊砲，八面旗幟，八百三十四馬，及許多糧食。俄人死十名，傷七十八名。哈巴羅甫從土人——不可靠的來源——聽說中國兵死了六百七十六名。

這一戰，中國確是敗了，但先勝而後敗。致敗之由，除策略或有關係外，尙因軍器不及敵人。至於戰敗的程度，很難說了，此戰以後，俄國方面的報告多說喀薩克一聽見某處有中國兵，就戒嚴不敢前進。而且從這時起土人又敢抵抗了。

順治九年，烏扎拉之戰以後，哈巴羅甫率領全隊逆流而上，途中遇着雅庫次克總管派來的補充隊，共計一百一十七名喀薩克及軍需。八月，在精奇里河口附近，隊員內鬨，致分爲二隊，一隊二百一十二人仍服從哈氏，另一隊一百三十六人則自樹一旗。從此黑龍江上下有二隊喀薩克遊行搶掠。以往哈巴羅甫及雅庫次克總管給馬斯哥的報告已引起俄國政府相當的注意和熱心。當時擬派兵三千前來黑龍江，以圖永久佔領。同時俄國政府對喀薩克的暴行亦有所聞。遂決定先派小援隊並調查實況。十年，援隊抵黑龍江以後，哈氏返俄覆命，但一去未回。他從此就離開歷史武臺了。俄國政府亦未實行大隊遠征的計畫。

哈巴羅甫的繼任者是斯德班樂甫（Onufria Stepanov）。斯氏於順治十一年（一六五四年）的春天進松花江。五月二十四日遇着中國軍隊。喀薩克自己的紀錄說他們火藥用盡，故就退了。雖然，退的是時候，喀薩克心志慌亂大有草木皆兵之勢。從松花江一直退到呼瑪爾河口，就此築壘防禦。我國軍隊也追到這地。順治十二年春，遂圍呼瑪爾營壘，經三星期之久，無功而返。平定羅刹方略說：「十二年尚書都統明安達禮自京率師往討，進抵呼瑪爾諸處，攻其城，頗有斬獲，旋以餉匱班師」。「餉匱」是很自然的，因爲經過羅刹數年擾亂之後，地方居民已遷徙他處；且清廷又令土人行淸野之法，使羅刹不能就地籌餉；而呼瑪爾偏北，路途甚遠。這是當時在東北行軍最大的固難。

順治十三年及十四年，斯德班樂甫多半的時候在黑龍江的下流，松花江口以東。「十四年，鎭守寧古塔昂邦章京沙爾呼達敗之於尚堅烏黑；十五年，復敗之於松花庫爾翰兩江之間」。十四年的戰爭，俄國方面沒有紀載，尙堅烏黑不知在何處。十五年（一六五八年）的戰爭，俄國的紀錄也甚簡略，但其結果則言之甚詳。戰後，斯德班樂甫及二百七十名隊員不知下落。餘二百二十名逃散了。我方所得的俘虜，和上次在呼瑪爾所得的俘虜均按置於北京的東北隅，斯氏是否在內，不得而知。此後黑龍江上無整隊的羅刹，散隊則時見。「十七年（一六六〇年）巴海大敗之古法壇村，然皆中道而返，未獲剪除，以故羅刹仍出沒不時」。雖然，雅庫次克總管從此以後不接濟，也不聞問黑龍江的羅刹了。

在康熙年間，羅刹來自也尼賽，隸屬於也尼賽總管。從順治九年起，也尼賽的俄人常有小隊到拜喀爾湖以東，石勒喀河上。順治十二年（一六五五年）也尼賽總管巴石哥夫（Pashkof），根據這些私人的報告，呈請俄國政府許他在石勒喀河上設立鎭所，以便征服附近的部落。政府批准了他的提議，且即派他爲遠征隊的隊長。他於次年七月十八日從也尼賽城動身，帶有五百六十六人。他由也尼賽河轉其支河昂格勒（Angara），在河的上源，跋山而入石勒喀河。順治十四年的春天，他在尼布楚河與石勒喀河會流之處設立尼布楚城。這是俄人經營黑龍江上流的根據地。不久就缺乏糧食和軍火，而所派出尋覓斯德班樂甫的探員全無結果。順治十八年留了少數駐防隊遂回也尼賽。巴石哥夫所受的艱難未得着相當的收穫。

也尼賽總管在黑龍江上流的失望正如十二年以前雅庫次克總管在中流及下流的失望。當時雅庫次克因失望遂不願繼續進行，於是有私人哈巴羅甫出而投機。也尼賽亦復如此。此地的私人投機者是柴尼郭夫斯奇（Nikifor Chernigovsky）。柴氏是個盜匪頭子。因爲殺了一個總管官，他遂率領他的綠林同志跋山投雅克薩去逃罪。他在此地重築土壘，强迫土人交納貢品，且自行種植糧食，大有久居之意。同時其他喀薩克有在額爾古納河築壘收貢者，有在精奇里河上下騷擾者。我國邊民亦有逃往尼布楚而投順於俄國者。其中最著者莫過於根忒木爾。我國屢次索求引渡，俄人始終拒之。因此在康熙年間中俄的關係更趨緊張。

康熙帝原來不想以武力解決羅刹問題。他屢次派人到雅克薩尼布楚去送信，令俄人退去。同時俄國政府從順治十二年到康熙十六年亦屢次派使到北京來交涉。因路途相隔之遠，文書翻譯的固難，羅刹之不聽政府命令，及中國在邦交上之堅持上國的地位：凡此種種均使外交的解決不得成功。（戰前及戰後的外交留待下節敍述；本節限於軍事的衝突）。等到三藩之亂一平定了，康熙帝就決定大舉北伐。

康熙二十一年（一六八二年）七月，帝派「副都統郎坦，與彭春率官兵往達呼爾索倫，聲言捕鹿，因以覘見羅刹情形」。十二月又「命戶部尚書伊桑阿赴寧古塔督修戰船」。郎坦等的報告以爲「攻取羅刹甚易，發兵三千足矣」。康熙帝仍下諭曰

……朕意亦以爲然。第兵非善事，宜暫停攻取。調烏拉（吉林）寧古塔兵一千五百名，並置造船艦，發紅

衣砲，鳥槍，及教之演習者。於瑷琿呼瑪爾二處建立木城，與之對壘，相機舉行。所需軍糧取諸科爾沁十旗，錫伯，烏拉之官屯，約得一萬二千石，可支三年。且我兵一至，卽行耕種不致匱乏。……

康熙帝在籌畫此次征役的時候，最費苦心的莫過於糧食的接濟。他以爲往年的失敗都由餉匱，以致羅剎不能肅清。

二十一年算爲覘探敵情之年。二十二年起大事預備。築瑷琿城爲後路大本營；修運船戰船；通驛站；運糧食；調軍隊；聯絡喀爾喀的車臣汗：共費了三年。康熙二十四年（一六八五年）五月二十二日（我國舊曆）彭春始帶兵抵雅克薩城下。其部隊自吉林，寧古塔調去者三千人，自北京調去的上三旗兵一百七十人，自山東等省調去的官一百零五人，兵三百九十五人，自福建調去的籐牌兵三百餘人，索倫兵約五百人：總計不過五千人。此外尙有夫役水手。俄人說此次中國軍隊有一萬八千之多，與實數相差一倍以上。

俄人雖早已知道中國的軍事行動，且竭力預防，但等到兵臨城下，雅克薩的防守隊，連商人，獵夫，農民，及喀薩克部包括在內不過四百五十人，不到中國兵數的十分之一！我國軍隊與外國軍隊戰鬭力的比較，從康熙年間到現在，究竟有進步呢；還是有退步呢？彭春第一着發表康熙帝的招撫書：

前屢經遣人移文，命爾等撤回人衆，以逋逃歸我。數年不報，反深入內地，縱掠民間子女，搆亂不休。乃發兵截爾等路，招撫恒滾諸地羅刹，赦而不誅。因爾等仍不去雅克薩，特遣勁旅阻征。以此兵威，何難滅爾；但率士之民，朕無不惻然垂憫，欲其得所，故不忍遽加殲除，反覆告誡。爾等欲相安無事，可速回雅庫，於彼爲界，

> 捕貂收賦，毋復入內地搆亂，歸我逋逃，我亦歸爾逃來之羅剎。果爾，則界上得以貿易，彼此安居，兵戈不興。儻執迷不悟，仍然拒命，大兵必攻破雅克薩城，殲除爾衆矣。

城內的羅剎置之不答。彭春遂開始攻擊。

我方關於戰爭的紀錄甚簡略：

> 五月二十三日，分水陸兵爲兩路，列營夾攻，復移置火器。二十五日黎明急攻之。城中大驚。羅剎頭目額里克舍等勢迫，詣軍前稽顙乞降。於是彭春等復宣諭皇上好生之德，釋回羅剎人衆。其副頭目巴什里等四十人不願歸去，因留之。我屬蒙古索倫逃人及被擄者咸加收集。雅克薩城以復。

俄國的紀載大致相同，惟有數點可資補充。第一日的戰爭結果，俄方死百人。經數日後，數士率領居民向總頭目官額里克舍拖爾布殘（Alexei Tolbnsin）要求停戰。額里克舍見勢已去，遂允所請。他派代表到中國軍營議投降條件；所要求者即許俄人攜帶軍器輜重回國。我方接收，事實上有二十五人甘願留居中國。數目與我方的紀錄不同，未知孰是。雅克薩投降的俄人後亦按置於北京城內之東北隅。

羅剎退去以後，中國軍隊把雅克薩的城壘及房屋全毀了，但四鄉的禾苗並未割去，就全軍回瑷琿。雅克薩城不但不留防，且未設卡倫；甚至從瑷琿起，全黑龍江上流恢復戰前無主的狀態。清廷以爲羅剎問題完全解決了：足證我國受了四十年的擾害還未認清敵人的性質。

額里克舍的後退全由於勢力的單弱。其實在雅克薩戰爭的時候，也尼賽總管已派有援軍在途，共六百人，由普魯斯人拜丁（Afanei Beiton）率領。額里克舍退出雅克薩後，未滿一日，即於途中遇着援軍的先鋒隊百人，帶有十足的軍器。額里克舍到了尼布楚僅五天，拜丁的大援軍也到了。於是也尼賽總管派拜丁及額里克舍復整軍前往雅克薩。此次他們帶了六百七十一人，五尊銅炮，三尊鐵炮，均配足火藥；後面路續尚有接濟。他們到了雅克薩，一面收割四鄉鎮的糧食，一面從新建設防具。我國在康熙二十五年二月始得羅刹復來的報告。清廷即命薩布素及郎坦帶兵去攻。此次戰爭較久，較烈。六月，我軍抵雅克薩；十月底，俄人防軍僅剩一百一十五人，仍不退不降。適俄國政府是時派代表到北京，聲明公使在途，要求停戰交涉。康熙帝遂下令撤雅克薩之圍。中俄問題從軍事移到外交去解決了。

三、尼布楚交涉

從順治元年到康熙二十五年四十餘年中俄在黑龍江的衝突，在俄國方面，完全是地方人民及地方官吏主動；馬思哥至多不過批准；有時不但未批准，且欲禁止而不能。地方的動機，最高在圖開闢疆土以邀功，普通不過為發財而已。此外實際急迫的目的在圖糧食的接濟。彼時俄國中央政府亦想與中國發生關係，但其目的及方法完全與地方的不同。我們試一研究俄國屢次派使來華的經過就能明瞭其動機所在。東華錄載：

> 順治十七年五月丁巳：先是鄂羅斯察罕汗於順治十二年遣使請安，貢方物，不具表文。因其始行貢禮，賚而遣之；並賜敕，命每歲入貢。後於十三年又有使至。雖具表文，但行其國禮，立而授表，不跪拜。於是部議來使

不諳朝禮，不宜令朝見，却其貢物，遣之還。後閱歲，察罕汗復遣使齎表進貢，途經三載，至是始至。……

據此紀錄，則順治年間俄國曾三次派使來華：第一次在十二年（一六五五），第二次在十三年，第三次在十七年。此中有一誤會。第一次的使者是亞爾班（Seitkul Albin）。他不過是公使背喀甫（Theodore Isakovitch Baikoff）的隨員，先到北京來報信，所以「不具表文」。第二次的公使就是背喀甫。所以第一次及第二次實係一個使團。我們從俄國政府給背喀甫的訓令就能看出俄國對中國注意所在。俄王要背喀甫向中國皇帝轉達俄王的友誼及和好之善意：表示俄國歡迎中國公使及商人到俄國去；打探清廷對俄國的實在意志，是否願通使通商；調查中國接待外國的儀節；調查中國的國情如戶口，錢糧，軍備，城市，與鄰邦的關係，出產，以及中俄的交通。總而言之，主要目的在通商及交鄰。當時俄國以爲中國產金銀甚多。在重金主義（dullionism）盛行的俄國，以爲與中國通商便可用西比利亞所產的皮貨及俄國的尼絨來吸收大宗金銀及絲綢。背喀甫的出使，除得知中國一班國情外，完全失敗。其主要原因卽東華錄所謂「不諳朝禮」。換句話說，背喀甫不願以「貢使」自居——不肯跪拜，不肯遞國書於理藩院。次要原因卽羅剎在黑龍江的騷擾。因此，清廷頗疑背喀甫之來另有野心：不然，怎可一面通好，一面侵犯邊境？一六五八年，俄國又派亞爾班及浦爾費里葉甫（Ivan Perfilef）二人出使中國；一六六〇年（順治十七年）始抵北京，卽上文所謂第三次的出使。他們所帶的國書首述俄王祖先聲名的偉大及鄰邦如何皆畏服俄國；後半表示願與中國通使通商。東華錄繼續說：「表文矜誇不遜，不令陛見」。所以這次也無結果。

康熙年間，中俄的衝突轉移到黑龍江上流，這是上節已經說過的。除喀薩克的侵擾外，中俄之間又加上根忒木爾（Gantimur）問題。此問題的原委頗不易明。根忒木爾乃達呼爾頭目之一，原住尼布楚附近，曾向中國進貢，中國亦曾授以佐領職銜。俄人佔據尼布楚以後，根忒木爾遂率其部落遷居於海拉爾河及甘河左右。順治十二年，呼瑪爾之役，他曾率部助清，但臨陣不前，戰後，他回尼布楚降俄。康熙五年及九年，寧古塔的疆吏曾派委員至尼布楚索根忒本爾。俄人始終拒絕引渡，說他既原居尼布楚，就該算是俄王的臣民。雙方所以這樣重視根忒木爾的緣故，因爲他的向背足以影響當地一般人的向背。尼布楚的總管亞爾沈斯奇（Daniel Arshinsky）於九年也派了一位使者到北京來報聘。背喀甫出使的失敗足證當時中國如何不明世界大勢：這一次又表明俄國人之不懂中國國情。使者是米樂番樂甫(Ignashka Milovanoff)，一個不識字的喀薩克！亞氏給他的訓令更加可笑。大意謂各國之汗及王多求大俄羅斯，小俄羅斯及白俄羅斯的大君王，亞里克舍米海羅韋赤（Alexei Mikhailovich）的保護。大君王除慨予保護外，且優加賞賜。中國的皇帝也應求大君王的保護，並應時常進貢及許兩國人民自由通商。米樂番羅甫到北京以後，在理藩院被質問一番。他曾否執行訓令，理藩院得何印象，作何感想：我們無從知道。康熙許他陛見，但所行的是跪拜禮。最後清廷頒一封敕諭，要尼布楚的總管嚴行約束部屬，禁止他們侵擾中國邊境。這段往來好像兩個互不相識的人對說互不相懂的話。這樣的外交是得不着結果的。

康熙十一年，清廷又派人到尼布楚去送信，要求俄國送回根忒木爾。這信是用滿文寫的。尼布楚及馬思哥均無人能翻譯，但俄國政府，根據尼布楚的報告，以爲中國要求俄國派使來華交涉。康熙十四年（一六七五年）二月俄王遂派尼果賴罕伯理爾鄂維策斯巴費理（Nicolai Gavrilovich Spafarii）。斯氏有出使日記及報告與函件。這些材料不但是中俄關係史的好史料，且間接對當時中國的內政，如三藩戰役及天主教傳教士的地位，有不少新知識的貢獻。本文限於中俄在東北的衝突，故可從略。斯氏於康熙十五年六月抵北京。交涉共歷三月，絕無成績而返。中國對斯氏要求二事：送回根忒木爾及令喀薩克退出雅克薩；斯氏對中國的希望包括通商和通使。這是雙方的實在目的。但斯氏在北京的交涉可說未入正題就被種種儀節問題阻止了。最初斯氏堅持親遞國書於皇帝，後雖退步而呈遞於理藩院，但陛見的時候，不肯跪拜。正式交涉簡直未進行。在歸途中，斯氏曾致書於雅克薩的喀薩克，囑他們不再騷擾，但未見發生效力。

等到中國大舉進攻雅克薩的消息傳到馬斯哥的時候，俄國政府始知道黑龍江流域非西比利亞可比；土人之後，尙有一個大帝國須對付，而這帝國決不讓俄國佔領黑龍江流域。究竟黑龍江一帶的地理如何，俄國政府並不知道。與其出師於萬里之外來與一大鄰國爭一塊可有可無的土地，不若和好了事以圖通商之發展。在中國方面康熙帝素性不爲已甚。三藩戰役之後，中國亟須修養。且外蒙古尙有厄魯特問題；其他部落亦未傾心向我。倘我與俄爲已甚，則俄蒙可相聯以抗我。俄人軍器的利害及戰鬪精神的堅强這是康熙帝所深知的。所以在未出師之前，康熙帝對於軍備是愼之又愼，以策萬全的。外交雖已試過而未見效，康熙仍不絕望。所以他一面派彭春率師往攻雅克薩，一面又致書於俄國政府，一封由傳教士轉遞，一封由荷蘭商人帶去。俄國政府既已有言歸於好之心，康熙帝的信正爲外交的進行闢了大路。二十五年九月，俄國要求停戰的使者米起佛兒魏牛高（Nicefor Veniukov）及宜番法俄羅互（Ivan Favorov）到北京，聲明俄國願與中國和好，且已派有全權大使在途。康熙帝時即時下諭：「其令薩布素等撤回雅克薩之兵，收集一所，近戰艦立營，並曉諭城內羅刹，聽其出入，毋得妄行懷奪，俟鄂羅斯使至後定議」。換言之：這是無條件的停戰。

俄國所派的全權大臣是費要多羅亞列克舍維赤果羅文（Theodore Alexieviteh Golovin）。俄國政府於一六八六年初頒給果羅文第一次的訓令。根據此訓令：邊疆應以黑龍江爲界；如不得已，可以拜斯特爾（Bystra）及精奇里二河爲界；再不得已，則以雅克薩爲界，但俄人須能在黑龍江及其支河通商，並且通商，除納關稅外，不應有限制。如果羅文能使中國派公使及商人到馬斯哥更好。俄國政府派了一千五百兵同行，以備萬一，且教果羅文設法聯絡外蒙古以助聲勢。果羅文於一六八六年正月二十六日（俄曆）在馬斯哥起程；一六八七年（康熙二十六年）十月二十二日始抵拜喀爾湖南外蒙古邊境之色楞格。他在途中接到政府第二次的訓令：如通商能得便易，則全黑龍江流域包括雅克薩，可認爲中國領土；除非萬不得已，絕不可引起戰爭；倘交涉失敗，他可向中國提議雙方再派公使從新協議。

喀爾喀土謝國汗把俄人抵境的消息報告給北京以後，康熙帝遂令在雅克薩的軍隊退璦琿。次年年初，他派內大臣索額圖，都統公國舅佟國綱，尚書阿爾尼，左都御史馬齊，漢員二人張鵬翮及錢良擇，及護軍統領馬喇帶八旗前鋒兵二百，護軍四百，火器營兵二百，往色楞格去交涉，代表團帶有傳敎士二人，張誠（Jean Francois Gerbillon）及徐日昇（Thomas Péreyra），以助翻譯。索額圖等遵旨預擬交涉大綱如下：

察鄂羅斯所據尼布楚本係我茂明安部遊牧之所；雅克薩係我達呼爾總管倍勒兒故墟；原非羅刹所有，亦非兩界隙地也。況黑龍江最爲扼要，未可輕忽視之。由黑龍江而下，可至松蘭江；由松花江而下，可至嫩江；南行可通庫爾瀚江及烏拉，寧古塔，錫伯，科爾沁，索倫，達呼爾諸處。若向黑龍江口可達於海。又恒滾，牛滿等江及精奇里江口俱合流於黑龍江。環江左右均係我屬鄂倫春，奇勒爾，畢喇爾等民人及赫眞，費雅喀所居之地。不盡取之，邊民終不獲安。臣以爲尼布楚，雅克薩，黑龍江上下，及通此江之一河一溪；皆屬我地，不可棄之於鄂羅斯。又我之逃人根忒木爾等三佐領，及續逃一二人悉應索還。如一一遵行，卽歸彼逃人及大兵俘獲招撫者，與之劃疆分界，貿易往來；否則臣當卽還，不與彼議和矣。

康熙帝當時批准了這個交涉大綱。我代表團所負的使命全見於此。我們若以俄國給果羅文第一次的訓令與此大綱相比，則中俄的目的抵觸甚多，因爲雙方都要黑龍江的上流，從尼布楚到雅克薩；若以俄國政府第二次的訓令與此大綱相比，則雙方所爭者僅尼布楚城。

我使團於康熙二十七年五月初一日從北京起程，取道張家口、庫倫。適此時喀爾喀與厄魯特戰，路途被阻。索額圖等一面率領團員回京，一面派人往色楞格去通知俄國代表阻道的原委並要求改期改地會議。果羅文指定尼布楚爲交涉地點。次年（一六八九年）四月二十六日，我使團復由北京出發。此次代表中沒有阿爾尼及馬齊，但添了黑龍江將軍薩布素，都統郎坦，都統班達爾善，及理藩院侍郎溫達。此次所帶的兵有北京八旗二千人，黑龍江兵一千五百人；倘總計軍中夫役及官員的僕從，全代表的人數約在八千左右。中國外交史上出使之盛沒有過於此次者！康熙帝增加使團的兵數是否因為果羅文也帶有兵來，我們無從知道。不過當時的人，如我們一樣，覺在外交應有武力的後盾，但他們的後盾未免過於放在前面了！康熙帝對於軍備主積極，而對於交涉目的則主退讓。使團出發以前，曾擬議交涉大綱應仍舊，康熙帝大不以為然：

今以尼布楚為界，必不與俄羅斯，則彼遣使貿易無棲託之所，勢難相通。爾等初議時仍當以尼布楚為界。彼使者若懇求尼布楚，可卽以額爾古納河為界。

康熙帝的實在理由或者是因為厄魯特與喀爾喀的戰已起，中國應速與俄國結案，以便用全力來對付蒙古問題。涉大綱經此修改以後，實與俄國政府第二次的訓令無所抵觸。倘尼布楚的交涉失敗，則其故並不在兩國政府目的的懸殊。

六月中，我代表團抵尼布楚。俄人見我方軍容之盛不知我方實意在議和，抑在交戰。果羅文遲到二十天。因為雙方軍備均甚嚴，一時空氣頗緊張。應酬費了幾天功夫，遂決定開議形式，雙方可各帶七百六十兵赴會，但其中五百須留會場外二百六十可入會場，站在代表後面。會場形式豈不有點三國志演義的風味？

七月初八日初次會議。果羅文提議中俄兩國應以黑龍江為界，江左（北）屬俄，江右（南）屬華。索額圖則謂俄國應退至色楞格以西；以東的地方，包括色楞格、尼布楚、雅克薩皆應屬中國。雙方皆要價甚高，故相差甚遠。次日，中國代表首先減價：色楞格及尼布楚願讓歸俄國。這是遵守朝廷的訓令，也是我方預定的最低限度。果羅文付之一笑，以爲該二處無須中國之慷慨。七月初十日，交涉仍無進展。我代表遂提議雙方簽訂正式會議紀錄，以俾各返國覆命。這等於宣布會議決裂。次晨，果羅文派人來聲明接收此項提議，但要求再開會議一次。我方不允。張誠及徐日昇，得了代表的許可，以私人的資格往訪果羅文。張誠等的疏通，據其日記，有如下狀：

> 馬斯哥人實際渴望和平不在我們（中國代表團）之下。對於我兩人的訪問，他們表示愉快。我們起頭就對他們說：如果他們不願意放棄雅克薩及附近的土地，那末，他們用不着再費事了，因爲我們確實知道我們的大使曾得着明文的訓令非得此地不立約；至於尼布楚和雅雅克薩之間的地方，及黑龍江以北的地方，我們不知道大使們可退讓到什麼地步；馬斯哥的代表可一斟酌他們所希望在尼布楚及雅克薩之間的界線；我們的大使，因爲渴望和平，必竭其力之所能以促成之。
>
> 馬斯哥的全權代表回答說：既然這樣：他就請我們的大使把最後的決定通知他。

七月十二日，俄國代表一早就派人來問我方最後的決定。我代表團在地圖上指出額爾必齊河及外興安山脈，謂河以東及山以南應歸中國，河以西及山以北應歸俄國；此外則以額爾古納河爲界。俄人辭退後，我代表遂派張誠及徐日昇去探問俄方最後的決定，並聲明外蒙古及俄國的界線應同時劃清。果羅文以職權的限制，並以我國勢力未到外蒙古，拒絕交涉蒙俄界線。我方未堅持此點，但聲明等到厄魯特及喀爾喀的戰爭平定以後，蒙俄間的界線必須劃清。這個支節過去以後，俄方又提出一個要求：在額爾古納河以東的俄人可搬回國。這點我方於七月十三日就答應了。這樣，和議似乎已成。不料這時果羅文反要求雅克薩及其以西的土地應歸俄國。張誠及徐日昇面斥果羅文之無信義。在他們努力疏通之初，他們就說破倘俄國不願放棄雅克薩則不必費事；何以此時又舊話重提。張誠等向薩布素報告俄國盡反前議以後，我代表團卽時召集全體文武會議，決定當夜全軍渡河，以便包圍尼布楚城；同時一面派人去鼓動四週的蒙古人，一面調少數軍隊同雅克薩去剷除禾苗。俄代表見勢不佳，卽派人來，表示可讓雅克薩之意。我代表團復開會議。不進呢，恐俄人行緩兵之計；進呢，又怕因軍事行動斷絕和平的希望。代表團請張誠及徐日昇發表意見。他們答以身爲敎士，不便，也不能參與軍事。代表團終決定按原定計劃進行，惟對俄方則說移動人馬專爲求水草之方便！

七月十四日，我軍全抵尼布楚城下的時候，俄代表正式承認我方所提出之界線。薩布素等遂派張誠去作最後的交涉。次日，果羅文提出三種新要求。第一、中國以後致俄王的信應書俄王的全銜，並且信中不可有不平等的詞句。第二、兩國應互相尊重公使，並許其親遞國書於元首。第三、兩國人民如持有政府護照，應許其自由往來貿易。關於第一條，我代表等答以國書中的稱呼及詞句是皇帝所定，爲臣子者不敢擅允；關於第二條，我方答以中國向不派駐外公使；倘俄國派使來華，接待的禮儀必從優。至於而由通商一節，我方以爲無問題，惟買賣小事，似不必諸條約。果羅文得了自由通商的權利，實已完成其主要使命。此節他不能不編入約款。最後關於界線的東段，雙方發生稍許爭執。外興安脈之東段分南北二支：北支繞烏特河（Oud River）之北而直抵海濱；南支在烏特河之南而不到海濱。若以南支爲界。則近海一帶須另劃界；若以北支爲界，則烏特河流域將全屬中國，其地面積甚大，且產最上等的貂皮，而其海岸又多產魚。果羅文向我代表索解釋的時候，我方答以約稿係指北支。這是七月十八日的事。十九日，俄方竟無回音。我代表以爲是功虧一簣，頗爲之覺急：因爲烏特河流域非朝廷訓令所必爭；倘因此僨事，朝廷未必不責備。張誠從旁勸我代表不必堅持。於是薩布素等遂決派張誠去提折中辦法，把烏特河流域由兩國均分。適俄方亦派人來，帶有果羅文致我代表的信，懇求我方完成和議。信中也提出折中辦法，即暫不劃分烏特區域。我代表當時接收。和議算告成了。所餘者僅條文的斟酌及約本的繕寫。

尼布楚條約是康熙二十八年七月二十四日，公曆一六八九年九月初七日，俄曆八月二十七日簽訂的。中國代表在一份滿文，一份拉丁文的約本上簽了字，蓋了圖章；俄國代表在一份俄文，一份拉丁文的約本上簽了字，蓋了圖章。所以僅拉丁文的約本是由雙方簽了字蓋了章的。簽訂後，兩國代表起立，手持約本，各以其國主之名宣誓忠實遵守，並祈「無所不能的上帝，萬物之主，作他們意志忠實的監視者」。同時雙方軍隊鳴砲以資慶祝。張誠說，康熙帝曾有明令，要代表們以基督教的上帝之名宣誓，以爲惟獨這樣可以使俄人永遠遵守。所以這約的簽訂是經過鳴砲誓天的。

尼布楚條約，在我國方面，所注重的是劃界；在俄國方面，所注重的是通商。雙方均達到了目的，故此約得實行一百六十餘年。照這約，不但黑龍江、吉林、及遼寧三省完全是中國的領土，即現今俄屬阿穆爾省及濱海省也是我國的領土。根據此約，我們的東北可稱爲大東北，因其總面積幾到八十萬方英里，比現今的東北大一倍有餘；也可稱爲全東北因其東其南均有海岸線，有海口，其北有外興安的自然界線——國防上及交通上她是完全的。吾國當時所以能得此成績，一則因爲俄國彼時在遠東國力之不足，關於遠東地理知識之缺乏，及積極開拓疆土之不感需要，一則因爲康熙帝處置此事之得法，軍事上有充分之準備而外交上又替俄國留了餘地。其結果不但保存了偌大的疆土，且康熙朝我國在外蒙古的軍事曾未一次受俄國的牽制。「以往所有的爭執，無論其性質如何，今以後永遠忘記不計」！這是條文的第三款。這一層完全做到了：中俄兩民族曾未因十七世紀的衝突而懷舊怨。關於將來，此約雖未永久有效，基督徒雖亦不計「無所不能的上帝」的監督而不守信，但確立了一百五十多年的和好及友誼的基礎。在國際條約中，尼布楚條約算得一個有悠久光榮的歷史的。

四、東北一百五十年的安寧

康熙二十八年十二月，索額圖等關於尼布楚立約的奏報到了北京以後，康熙遂命議政王、貝勒、大臣集議東北邊疆善後的辦法。他們提議應於額爾必齊河諸地立碑以垂永久，「勒滿漢字及鄂羅斯、拉丁、蒙古字於上」，並於墨爾根及瑷琿設官兵駐防。這兩件事都實行了。可惜界碑是中國單獨立的。碑文不是條約全文，是條約的撮要。據俄國傳教士 Hvacinth 的實地調查，在額爾必齊河畔的碑上，匠人竟把「興安嶺以北屬俄國」誤刊爲「以南屬俄國」。俄人以爲是個好預兆。並且有幾個界碑實非立在邊界上。一八四四年，俄國國立科學會 (Academy of Sciences) 派了一位科學家米丁多甫 (A. Th. von Middendorf) 到遠東來調查。他發現中國所立的界碑，最北的不是在外興安的山峯，是在急流河（Gilu）與精奇里河合流之處；最東北的不是在外興安與烏特河及土格爾（Tugur）之間，中國自動的放棄了二萬三千方英里的土地！

至於駐防的軍隊，中俄戰爭的時候，中國以瑷琿爲大本營，設將軍鎭守。康熙二十九年（一六九○年）將軍移駐墨爾根；三十八年復移駐齊齊哈爾：步步的離黑龍江遠了。吉林省亦復如是：原來中心在寧古塔，已離邊境甚遠，後來中心復向內移至省城。雖然，以兵數而論，我們不能說清廷疏於防備。歷十八世紀，前後兵數雖略有增減，東三省駐防軍隊約在四萬左右，內奉天將軍所轄者一萬九千餘人，吉林將軍所轄者九千六百餘人；黑龍江將軍所轄者一萬一千四百人。黑龍江西境設有十二卡倫，每卡倫駐兵三十名，三月一更；北境設有十五卡倫，每卡倫駐兵二十名，一月一更。這些卡倫的目的在防止俄人越界，可惜大半離邊境甚遠，且恐是有名無實的。此外黑龍江將軍每年四五月間派委官佐，率兵二百四十名，分三路巡邊，「遇有越境之俄羅斯，卽行捕送將軍，請旨辦理」。惟巡邊實亦不到極邊。

我國政府所派人員實際到黑龍江極邊去的次數及地點頗難稽考。惟東華錄乾隆三十年（一七六五年）七月癸亥條載有將軍富僧阿的奏摺，內有關於巡查極邊的事情。這時因爲「俄羅斯近年諸事推諉，不能卽速完結，且增加稅額，以致物價昂貴」，所以停止恰克圖貿易。因爲停止貿易，乾隆帝恐俄國侵擾邊境，所以敎黑龍江將軍調查並整理邊防。富僧阿防的奏報如下：

據往探額爾必齊河源之副都統瑚爾起稟稱：自黑龍江至額爾必齊河口，計水程一千六百九十七里；自河口行陸路二百四十七里至興堪山（外興安）：其間並無人煙蹤迹。又往探精奇哩江源之協領納林布稱：自黑龍江入精奇里江至都克達（Dukda）河口，計水程一千五百八十七里；自河口行陸路二百四十里至興堪山：其地苦寒，無水草禽獸。又往探西里木第（Silimji）河源之協領偉保稱：自黑龍江經精奇里江入西里木第河口，復過英肯（Inkan）河，計水程一千三百五里；自英肯河行，陸路一百八十里至興堪山：地亦寒苦，無水草禽獸。又往探牛滿（Niman）河源之協領阿迪木保稱：自黑龍江入牛滿河，復經西里木第河入烏瑪里（Umalin）河口，計水程一千六百十五里；自河口行陸路四百五十六里至興堪山：各處俱無俄羅斯偷越等語。

查呼倫貝爾與俄羅斯接壤之額爾古納河，西岸係俄羅斯地界，東岸俱我國地界，處處設有卡座，直至珠爾特地方。現復自珠爾特至莫哩勒克河口添設二卡，于索博爾罕添立鄂博，逐日巡查。俄羅斯彌瑪斷難偷越。其黑龍江城(?)與俄羅斯接壤處有興堪山，緜亙至海。亦斷難乘馬偷越。第自康熙二十九年與俄羅斯定界查勘各河源後，從未往查。嗣後請飭打牲總管每年派章京，驍騎校，兵丁，六月由水路與捕貂人同至都克達英肯兩河口，及鄂勒布西里木第兩河間偏查，回報總管，轉報將軍。三年派副總管，佐領，驍騎校，於冰解後，由水路至河源興堪山巡查一次，回時呈報。其黑龍江官兵，每年巡查額爾必齊河照此，三年亦至河源興堪山巡查一次，年終報部。

這是乾隆年間東北邊境的概況及加添的邊防辦法，即每年小巡，三年大巡。但實行到何等程度，無從知道。

除立碑及邊防二事外，清廷直到光緒末年毫無柘植東省的計畫和設施。順治年間，多數滿人入關。在關內住慣了的，除因公事外，很少願意回去。乾隆年間，因北京旗人過多，朝廷曾遣少數到關外去開墾。彼時尚得着相當成效。後來滿人漢化程度高了，無論在關內生計如何困難，朝廷雖資遣之，總不願去，或去後不久復回。漢人在康雍二朝去的多半是山西商人及因犯罪而遣戍者。乾隆年間，因關內人多地少，原大可移民，但清廷反於此時禁止漢人出關。這種禁令自然難於實行，而官吏亦未必認眞實行，故雖無大規模的移民，零星去者亦復不少。惟吉林東部，烏蘇里江一帶，及黑龍江下流，旣未設官立治，地方人民，不分土居外來，是少而又少的。國家並未從東北邊疆得着任何實利，皇室及其附庸收了些貂皮及人蔘而已。

尼布楚條約以後，東北所以享了一百五十餘年的安寧，其原因不僅在我國防邊之嚴，此外還因為俄國彼時對遠東的消極。尼布楚訂約的時候正是大彼得（Peter the Great）起始獨攬政權的時候。從彼得起，歷十八世紀，俄國政府集中力量，北與瑞典爭波羅的海的東南境，南與土耳其爭黑海北岸，西與普魯斯及奧新抵亞爭波蘭。十八年世紀末年及十九世紀初年，歐西有拿破侖的戰爭，俄國也轉入那個旋渦。所以無暇來與中國爭黑龍江流域。同時在這百五十年來內，俄國起初得與我國在北京及尼布楚附近通商，後來改在恰克圖。為維持及發展中俄的貿易，俄國政府很不願與中國引起衝突。

雖然，在這一百五十年內，俄國政府及人民對於遠東亦未完全置之度外。十八世起初年，俄人佔據堪察克；以後繼續前進，過比令海峽（Bering Srrait）而佔領阿拿斯喀（Alaska）。就是在黑龍江流域，歷乾隆，嘉慶道光三朝，俄國獵夫，罪犯，軍官，及科學家違約越境者不知凡幾。乾隆二年（一七三七年）測量家邵比爾晉（Shobelzin）及舍梯羅甫（Shetilof）曾到精奇里河。他們在急流河流入精奇里河之處發現一國俄國獵戶的住宅；在精奇里河口以上約百里遇着幾個從尼布楚來的獵夫。次年，他們從黑龍江上流而下；路過雅克薩的時候，看見一名喀薩克及一家俄羅斯與通古斯合種的人在那裏居住。雅克薩以東六十里，他們又看見一家俄羅斯及通古斯的合種。十九世紀初年，嘉慶年間，少佐斯塔夫斯奇（Stavitsky）曾到雅克薩。同時植物學家杜爾藏寧羅甫（Turczaninov）調查了黑龍江上流沿岸的植物，到雅克薩為止。道光十二年（一八三二年）大佐垃底神斯奇（Ladyshinsky），為調查界碑，也順流到雅克薩。罪犯越境而有記錄可攷者在乾隆六十年有鄂西羅甫（Rusinov）及色爾可甫；在嘉慶二十一年有瓦西利葉甫（Vasilief）。瓦氏在黑龍江往來了六年，從河源直到江口，且留有遊記。道光二十一年，米丁多甫調查了黑龍江的下流及其北岸，他在江口也遇着一個逃罪的遊客。這皆是見諸紀錄的。

尼布楚條約以後，俄國科學家及官吏提倡再佔據黑龍江者亦不乏人。在十七世紀的前半，俄人初到來那流域的時候，因為感覺糧食的困難，就派人進黑龍江。在十八世紀亦復如是。得了堪察克以後，接濟發生困難。從雅庫次克到堪察克的路途太難，幾至不可通行；糧食的接濟多由雅庫次克運到鄂霍次克，再由海道運到堪察克雅苦斯克既乏糧食，而從雅庫次克到鄂霍次克的旱路又十分困難，所以俄人又想起黑龍江：若能從尼布楚經黑龍江運糧到海，再由海道，運到堪察克，則接濟問題就解決了。一七四一年（乾隆六年）西比利亞歷史家米來爾（Müller）曾發表著作提議此事。一七四六年大探險家比令（Bering）的同事齊利哥甫（Chirikof）提議俄國應佔據黑龍江口而立鎮。一七五三年（乾隆十八年）西比利亞巡撫米也梯雷甫（Myetlef）向政府提出由黑龍江運輸的具體計畫書。俄國貴族院接收了他的計畫，並囑外交部與中國交涉。俄國政府在未交涉前，令色楞格總兵雅哥備（Jacobi）

調查中國在黑龍江的軍備。雅氏的報告說中國在沿江各處留有四千的駐防隊；倘俄國要利用黑龍江，須秘密預備軍隊；中國若不許，卽可出其不意以武力佔之。此舉費用過大，俄國政府不願實行。與中國的交涉亦完全失敗：「乾隆二十二年八月庚申朔，俄羅斯請由黑龍江挽運本國口糧，上以其違約不許」。十八世紀的下半，一個法國探險家拿佩羅斯（Lapérouse）及一個英國探險家蒲鬧哈頓（Broughton）均由海外到黑龍江口及庫頁島；他們調查的報告均謂庫頁非島，乃半島；黑龍江口只能繞庫頁的東邊，由北面入，且江口堆有沙攤，航行不便。因此俄國對於黑龍江的航行權也就冷淡了一些。一八〇三年（嘉慶八年），俄國政府始又組織遠東調查隊，由庫魯孫斯德（Krusen stern）領導。庫氏建議俄國應佔據庫頁島南部之安義瓦灣（Aniwa Bay），以便再進而佔據吉林省之海岸線。同時俄國政府派果羅甫金（Golovkin）充公使來華交涉。政府的訓令要他向中國要求黑龍江的航行權及中俄沿界的自由通商權。如中國不允，則要求每年至少由黑龍江航行一次，以便運送接濟給堪察克及俄屬北美。如中國再不允，則根據尼布楚條約要求進內地通商及北京駐使。清廷得到果羅甫金出使的消息以後，就飭地方官吏預備沿途的招待。後庫倫辦事大臣蘊端多爾濟奏報俄使不知禮節，清廷就敎果氏自庫倫徑回本國，不許進京。所謂「不知禮節」究是何事，我們不知道。果氏出使的失敗，可算到了十分。他經過這次的失敗，深信俄國所希望的權利非外交家所能得到，必須一軍的軍長方能濟事。他以爲俄國無須佔領全黑龍江，只要得着下流及精奇里河與烏特河之間的土地就够了。伊爾庫次克的巡撫哥克尼羅甫（Kornilof），因果氏所得的待遇，亦憤憤不平，主張卽派艦隊進黑龍江以資恫嚇。俄國政府不允。一八四四年（道光二十四年），探險家米丁多甫走遍了精奇里河及烏特河區域；當地的形勢及中國在該處政治及軍事勢力的薄弱，他都調查清楚了。他的報告大引起俄國朝野的注意。

到了十九世紀的中葉，東北的外患又趨緊急。形勢的嚴重遠在十七世紀末年之上。因爲這時候正演着英美俄法四大强權爭北太平洋優勢之第一幕。是時英國是無疑的海上的霸主，且有方興未艾之勢。俄美法各國處處嫉英防英，鴉片戰爭的時候，英國在中國得着許多通商權利；美法卽步後塵，惟恐英國獨佔。中國的腐弱亦因此戰而暴露於天下。同時在北太平洋的東岸，各國的競爭更加劇烈。直到十九世紀初年，北美的西部尚未分界。北有俄國的屬地，南有斯班牙的屬地。兩國雖未分界，但兩國均不容他國置喙其間。但美國一方面由東向西發展，其西疆墾民如海潮一樣的前進；一方面波士頓，紐約，及非列得爾菲爾，爲發展中美的通商，派商船到北美西岸去搜羅海獺皮及到檀香山去收買檀香以便到中國廣州來交易。一八二一年，俄國政府宣布北美西部從比令海峽到五十一度都是俄屬的領土的時候，美國政府卽提出抗議並宣布門羅主義。結果俄國承認五十九度爲其南界。俄國所放棄的土地——當時統稱爲阿里根（Oregon）英美兩國又起爭執。最初定爲兩國共有；等到分界的時候，美國堅執五十四度四十分爲英美的界線。一八四四年總統選擧的時候，美國的急進份子至以承認「五十四度四十分或交戰」爲對英的口號。一八四六年，英美終定四十九度爲界線。英美的問題雖以外交解決了，義國與墨西哥則打了兩年，結果在一八四八年全加利福尼亞的海岸劃歸美國。北太平洋的東岸就由英美俄三國瓜分了。這時候因爲汽船的實用，太平洋上的交通大加進步。列强均感覺世界的歷史已到了所謂太平洋時期。因爲競爭之烈，各國都怕落後，都感覺我不取則彼將先取之。十九世紀中落，東北的外患實際就是列强的世界角逐之一隅。不幸這時正值中原多故，內有太平天國之亂，外有英美法三國的通商條約修改的要求。中國國運的艱難，除最近這一年外，要算咸豐年間。論物質文明，自十七世紀中俄兩國比武以後，俄國隨着西洋前進。不但軍器已完全改造，交通亦慣用汽船。咸豐時代的中國所用之軍器，軍隊，及交通完全與康熙時代的中國相同，而在國計民生上反有退步。這關之難過可想而知。

五、俄國假道出師與脅誘割地

在好大喜功的尼古拉一世（Nicolas I）當政的時候（一八二五年至一八五五年），俄國同時向三方面發展：近東，中央亞細亞及遠東。一八四七年（道光二十七年）他派了少壯軍人木里裴岳幅（Count Muraviev）爲西比利亞東部的總督。以前百數十年學者及官吏對於黑龍江的計畫和企圖，到了木里裴岳幅的手裏就見諸實行了。木氏第一步派軍官萬甘羅甫（Vaganof）帶喀薩克秘密越境來調查黑龍江沿岸的情形。萬氏曾隨米登多甫到過恆滾河及精奇里河。他此次越境以後，絕無音信。木氏反以罪犯越境誤被殺殘向中國交涉。黑龍江將軍竟代爲追究，將行兇的五人治罪。同時木氏又派海軍艦長聶維爾斯哥葉（Nevilskoi）從堪察克往南去調查黑龍江口及庫頁島。聶氏發現庫頁實係一島，與大陸隔一海峽可通航——證明前人的調查不確。他於一八五一年（咸豐元年）入黑龍江，並在其下流立二鎮所，尼可賴富斯克（Nicolaievsk）及馬隆斯克（Mariinsk），卽我國舊藉的闊呑屯。

木氏於是年春回到俄京，要求政府索性佔據黑龍江全北岸。在俄國外交史上，木氏是仇英派最力者之一。他以爲英國企圖稱霸北太平洋東西兩岸；如俄國落後，黑龍江必爲英國所佔，中國是不能自保其疆土的。咸豐元年四月初七日，俄國致理藩院的公文就代表木氏的思想：

> 敝國聞得有外國船隻屢次到黑龍江岸。想此船來意必有別情。且此幫船內尚有兵船。我們既係和好，有此緊要事件，卽當行知貴國。設若有人將黑龍江口岸一帶地方搶刼，本國亦非所願，黑龍江亦與俄羅斯一水可通……

此時俄國外長聶索洛得（Nesselrode）以爲近東問題緊急，不宜在遠東與中國起釁，力阻木氏的計畫。尼古拉一世採取了折中的辦法，黑龍江全北岸固不必佔，但已立的兩個鎮所亦不撤棄。俄國實已違約而侵佔黑龍江口，但北京不但未提抗議，且全不知有其事。

直到咸豐三年，俄國尚無侵佔黑龍江全北岸的計畫和行動。是年俄國致理藩院的公文只求中國派員與木氏協立界碑及劃分無界之近海一帶。此文明認「自額爾必齊河之東山後邊係俄羅斯地方，山之南邊係大清國地方」。我國經理藩院及黑龍江將軍議後，允計許派員協同立碑劃界，並未疑此中別有野心。

不幸這時近東問題竟引起戰爭。一八五三年，俄國對土耳其宣戰。次年，英法聯軍以助土耳其。口個所謂克里蒙戰爭（Crimean War）不但未牽制俄國在遠東的行動，反供給木里裴岳幅所求之不得的口實。我們不是說，倘西方無克里蒙，俄國就不會侵佔東北的邊境。細讀過本文前段的人知道俄國在遠東之圖往南發展是積勢使然。我們不過要指出克里蒙戰爭促進了木氏的計畫。是時俄國在堪察克的彼得洛彼甫羅甫斯克（Petropavlovsk）已設軍港，並駐有小艦隊。英法爲防止俄船出太平洋擾害海上商業計，勢必派遣艦隊來攻：近東戰事居然波及遠東！俄國爲應付起見，以爲惟假道黑龍江方足濟事。這擧固然不合公法，但「急須不認法律」。木氏在伊爾庫次克及尼布楚積極的預備了軍需，船隻及隊伍。咸豐四年春，他遂率領全隊闖入黑龍江。

木氏在未起程之先，曾致書庫倫辦事大臣，聲明他要派專差送緊要公文致理藩院。德勒克多爾濟以與向例不符，不允所請。其實木氏知道北京必不許其假道；與其費時交涉，不若先造成事實。但假道的請求，在形式上他也算作到了。咸豐四年四月二十五日他從石勒喀河起程，帶汽船隻，木船五十隻，木筏數十，兵一千。五月十三日抵瑷琿。他在此地所見的中國軍備有船三十五隻，兵約一千，大半背上負着弓箭，少數帶着鳥槍，少數手持木茅，全隊還有舊炮數尊。「二百年來，中國絕無進步」：這是當時俄人的感想。我們地方官吏如何應付呢？吉林將軍景淳的奏報說：

……查東省兵丁軍器一概不足，未便遽起爭端，止向好言道達，小船扯蓬。胡遜布欲待始終阻攔，恐傷和睦，當派妥員尾隨偵探……

盛京將軍英隆及黑龍江將軍奕格會銜的奏摺完全相同。概括言之，疆吏應付外侮的方法不外「好言道達，尾隨偵探」八字。中央的政策亦復相同。諭旨說：

……該將軍惟當密爲防範，豈可先事張皇。……即著嚴爲布置，不可稍動聲色，致啓該國之疑，……如果該國船隻經過地方，實無擾害要求情事，亦不值與之爲難也」。

在東邊海防緊急的時候，木氏正怕中國與之爲難。所以他教北京俄國教堂的主教巴拉第（Palladius）上書理藩院，代爲解釋。從這書中可以看見木氏要給中國什麼痲醉品：

……本大臣之往東海口岸也……一切兵事應用之項，俱係自備，並無絲毫擾害中國。……本大臣此次用兵，不惟靖本國之界，亦實於中國有裨。……如將來中國有甚爲難之事，雖令本俄羅斯國幫助，亦無不可。……

原來俄國此舉是友誼的，而且是慈善的！德勒克多爾濟在庫倫也得著一點痲醉品。他轉告北京說：

該夷……復又言及英夷惟利是圖，所有英國情形盡已訪聞。初意原不止構怨於俄國，併欲與中國人尋釁。且在廣東等處幫助逆匪，協濟火藥，甚至欲間我兩國之好。

英國是中國的大敵，俄國是中國的至友：從咸豐到現在，這是俄人對中國始終一貫的宣傳。「昏淫」的滿清並不之信，惟對於事實的侵略無可如何而已。理藩院給俄國的公文妙不可言：

此次貴國帶領重兵乘船欲赴東海，防堵英夷，係貴國有應辦之事，自應由外海行走，似不可由我國黑龍江吉林往來。

俄國的侵略當然不能以「似不可」三字抵阻之。咸豐五年俄國假道的人馬三倍於四年的。此外尚有墾民五百，帶有農具牲口。永久佔據的企圖已微露了。我們疆吏仍舊「尾隨偵探」及「密爲防範」。當時外交的軟弱和不抵抗主義的徹底雖可痛惜，吾人亦不可苛責。咸豐帝原來是主張強硬外交的。在即位之初，他就責貶穆彰阿及耆英，把他們當作秦檜，而重用林則徐，好像他是岳武穆。咸豐帝對外之圖抵抗實在是心有餘而力不足。當時太平天國聲勢的浩大還在現今共產軍之上。東三省的軍隊多數已調進關內。五年冬，吉林將軍景淳的奏摺把當時的形勢說得淸楚極了：

> 查三姓琿春寧古塔皆有水路與俄夷可通，距東海則各以數千里計。其間惟松花江兩岸有赫哲，費雅哈人等久居，餘則曠邈無涯，並有人跡不到者。控制誠難。……尋思該夷自康熙年間平定以來，歷守藩服。今忽有此舉動，陽請分界，陰圖侵疆；以防堵英夷爲名，俾可恣意往來。其不卽肆逞者，乃因立根未定耳。今當多故之秋，又乏禦侮之力，此中操縱，允宜權量。各處旱道，原多重山疊嶂，彼誠無所施其技。水路則節節可通。又就人力論之：黑龍江存兵固多，病在無糧；吉林既無糧而兵又少。再就官弁情志論之：此時皆知自守，誰敢啓釁？……查吉林額兵一萬一百零五名，四次征調七千名，已回者不及八百名。三姓，琿春，寧古塔刻下爲至要之區，三處僅止共存兵八百餘名。雖令各該處挑選閑散，團練鄉勇，究之爲數無幾。到城駐守，行資坐費，無款可籌。……

抵抗雖不可能，我國當時的外交還有一條路可試，就是根據咸豐三年俄國的來文與俄國趁早立碑分界。時人亦以此路爲利多害少。三年冬，景淳本已派定協領富呢揚阿爲交涉員。四年五月，木里裴岳幅超過三姓之後，富呢揚阿就去追他。行到闊吞屯附近，俄人告以木氏已到東海去打英國人。富呢揚阿見該處軍備甚盛，而其赫哲引導亦不敢前往，遂折回了。於是吉林、黑龍江、及庫倫的疆吏決定各派一人，等到五年春會齊前往與木氏交涉 。因時期及地點未預先約好 ，三處所派的交涉員東奔西跑，於八月內始在闊吞屯找着木氏。初十、十一、十二，木氏稱病不見。十三日，木氏要求將黑龍江左岸劃歸俄國。我方代表以其要求與舊約不符，且「黑龍江、松花江左邊有奇林、鄂倫春、赫哲、庫頁、費雅哈人等係爲我朝貢進貂皮之人，業已居住年久」，就當面拒絕。木氏給了他們一封公文以便覆命，交涉就完了。原來咸豐五年東北的情形已非三年可比。在咸豐三年，俄國尚無重兵在黑龍江一帶；俄國尚不明東北的虛實；俄國政府尚不願聽木氏一意進行。到了五年，這些情形都不存在了。所以三年，俄國尚要求根據條約來立碑分界；五年，則要求根本廢尼布楚條約。不過在五年，木氏尚未布置妥貼，實不願急與我方交涉。

克里米戰役於一八五六年結束。俄國在一八五四及一八五五年不但擊退了英法艦隊來犯東邊海岸者，且在黑龍江下流立了兩個重鎮。等到戰爭一停，俄國在黑龍江的行動就變更性質。以先注重運軍；現在則注重移殖農民；以先注重下流；現在則注重中流。呼瑪爾河口、精奇里河口及松花江口均被佔領，均設有鎮市。一八五七年，俄國想派海軍大將普提雅廷（Poutiatine）由天津進北京，中國不允，因爲以往俄人只准由庫倫、張家口進京。是年冬，木里裴岳幅回俄國，要求政府給他全權及充分接濟去强迫中國割地。俄政府概允所請。一八五八年春（咸豐八年）木氏回到黑龍江，帶有大部隊，準備與中國作最後決算。

是時黑龍江將軍是宗室奕山。在鴉片戰爭的時候，他曾充「靖逆將軍」，帶大兵到廣州去「討伐英逆」。英國兵打到廣州城下的時候，他出了六百萬元「贖城」的錢，並允將軍隊退去廣州城北六十里。但在他的奏摺裏，他反說是英人求和。木里裴岳幅把奕山當作勁敵，未免過於重視他了。

奕山於咸豐八年四月初五日由齊齊哈爾抵璦琿城。木氏的船已停在江中。初六日，奕山派副都統吉拉明阿去催開議。木氏故意刁難，說他如何匆忙，無暇交涉。「再四挽留」，始允開議。初十日，木氏帶通事施沙木勒幅（I. Shishmaref）及隨員上岸進城。木氏要求㈠中俄疆界應改爲黑龍江及烏蘇里江；㈡兩江的航行權屬於中俄兩國，他國船隻不准行走；㈢江左舊有居民率遷江右，遷移的費用由俄國出；㈣在通商口岸，俄國應與各國享同等權利，黑龍江亦應照海口例辦理。奕山答以界線應照舊，卽額爾必齊河及外興安山脈；至於通商，黑龍江地方貧寒，通商無利，且通商易引起爭執。這天的交涉「至暮未定而散」。

次日，十一日，木氏復進城交涉。他帶來滿文及俄文的約稿，其內容與初十日所要求者相同，惟江左舊居人民，北自精奇里河，南至霍勒木爾錦屯（Hormoldzin），可不遷移。經過若干辯論之後，木氏留下約稿逕回去了。奕山派佐領愛紳泰把約稿送還，以表示不接收的意思。木氏又送來。奕山又教愛紳泰帶約稿去，聲明須刪去黑龍江松花江爲界一句。木氏把約稿留下，「聲言以河爲界字樣斷不能刪改，其餘別事，明日進城再議」。

等了兩天，木氏全無動靜。十四日，他又帶原稿進城，要求奕山簽字。奕山拒絕了，且加上一層理由，謂烏蘇里江係屬吉林將軍所轄，他不能作主。「木酋勃然大怒，舉止猖狂向通事大聲喧嚷，不知作何言語，將夷文收起，不辭而起」。咸豐八年五月十四日是瑷琿交涉的大關鍵。奕山的奏摺說：

> ……先是木酋未來之前，有夷船五隻，夷人數百名，軍械俱全，順流而下，行數十里停泊。木酋來時，隨有大船二隻，夷人二三百名，槍砲軍械俱全，泊於江之東岸，尙屬安靜。自木酋忿怒回船後，夜間瞭望夷船，火光

明亮，槍砲聲音不斷。……」

飽受驚慌之後，十五日奕山就簽訂瑷琿條約了。此約僅二款，第一款論分界，第二款論黑龍江通商。疆界西面仍依額爾古納河；自額爾古納河入黑龍江之點起，直到黑龍江入海爲止，左岸全屬俄國，右岸（南岸）則分兩段，自額爾古納河到烏蘇里江屬中國，烏蘇里江以東算中俄共管。黑龍江及烏蘇里江只許中俄兩國船隻行走。江左自精奇里江至霍勒木爾錦屯的舊居人民「仍令照常居住，歸大清國官員管轄」。通商一款甚簡略：「兩國所屬之人永相和好。烏蘇里江、黑龍江、松花江居住兩國之人，准其彼此貿易。兩岸商人責成官員互相照看」。

瑷琿條約的嚴重在我國外交史上，簡直無可與比擬者。外興安以南，黑龍江以北，完全割歸俄國；烏蘇里江以東的土地，包括吉林省全部海岸線及海參崴海口，劃歸中俄共管，這是直接的損失。間接則俄國自瑷琿條約以後，在太平洋沿岸的勢力又進一步；列强的世界帝國角逐因之更加緊急，而現在的東北問題卽種根於此。且有了咸豐八年的瑷琿條約就不能不有咸豐十年的北京條約。

奕山所以簽訂這約的原故是極明顯的。第一、木氏的「勃然大怒」及「鎗礮聲音不斷」把他嚇壞了。第二、木氏爲他留了塞責的餘地。江左屯戶仍歸中國管理。烏蘇里江以東算中俄共有。作到了這種田地，奕山自己覺得他上可以搪塞朝廷的責備，下可以安慰自己的良心。第三、奕山全不明瞭所失土地的潛伏價值。江左屯戶既保存了，「此外本係空曠地面，現無居人」。前文已經說過，東北邊境除供給皇室貂皮及人參以外，與國計民生絕未發生關係。奕山的昏愚很可代表他的國家。這一年中國對俄外交所鑄的錯尚不止瑷琿條約。清廷及在天津交涉的桂良花沙納均錯上加錯。

奕山訂約的報告及瑷琿條約的約文於五月初四送到北京。朝廷並不加以斥責。諭旨說：「奕山因恐起釁，並因與屯戶生計尚無妨礙，業已率行允許。自係從權辦理，限於時勢不得已也」。不但奕山可以原諒，且他的辦理尚可實用於烏蘇里江以東的地方。諭旨繼續說：「卽著景淳（吉林將軍）迅速查明，如亦係空曠地方，自可與黑龍江一律辦理」。咸豐帝之所以承認瑷琿條約，並不是因爲他素抱不抵抗主義，也不是單獨因爲奕山之「限於時勢不得已」，是因爲是時中國的內政外交全盤「限於時勢不得已」。太平天國的平定到此時尚全無把握；此外又有英法的聯軍，及英美法俄四國通商條約的交涉。聯軍於四月初攻進大沽海口，直進天津。清廷急於北倉、楊村、通州設防。京城亦戒嚴。瑷琿條約送到北京的時候，天津的交涉正有決裂之虞。當時我們與英法所爭的是什麼呢？北京駐使，內地遊行，長江通商：這是雙方爭執的中心。這些權利的割讓是否比東北土地的割讓更重要；大沽及天津的抵抗是否應移到黑龍江上去：我們一擬想這兩個問題就可以知道這時當政者的「昏庸」。咸豐四年，西洋通商國家曾派代表到天津和平交涉商約的修改。彼時中國稍爲通融，對方就可滿意。清廷拒絕一切，偏信主張外交强硬論的葉名琛。葉氏反於全國糜爛的時候，因二件小事給英法興師問罪的口實。咸豐時代與民國近年的外交有多大區別呢？

桂良及花沙納在天津的外交策略不外離間敵人。他們知道英國最激烈，法國次之，美國及俄國又次之。法美俄三國亦知道只要有最惠國待遇一條，其他都可讓英國去作惡人。桂良等如何應付美法二國與本文無關，無須敍述；至於他們與俄國代表普提雅廷的交涉，與東北問題關係甚大，不能不詳加討論。

普提雅廷與英美法三國公使同到大沽，同進天津。他最初給桂良等的照會要求二事：㈠割黑龍江以北及烏蘇里江以東與俄國；㈡許俄人在通商口岸有與別國同等的通商權利。他的策略則在輸灌麻醉品，以期收漁人之利。照會的一段說：

> 以上兩條如不斥駁，大皇帝欽定，所有兩國爭競之事皆可消弭。俄國所求俟得有消息，竭力勸滅英佛（法）兩國，以期中國有益。……再閱貴國兵法器械，均非外洋敵手，自應更張。俄國情願助給器械，並派善於兵法之員前往，代爲操練，庶可抵禦外國無故之擾。

桂良等及清廷對於俄國這種意外之助是疑信參半的。但京內京外均以爲最低限度應使俄國不與英法合作，或在旁邊慫恿，所謂「助桀爲虐」，關於劃界，桂良等答以奕山已奉派負責交涉；關於通商，他們以爲已開口岸多一俄國亦無妨礙。所以他們與普提雅廷就訂了中俄天津通商和好條約。其第九款與邊界有關：

> 中國與俄國將從前未經定明邊界，由兩國派出信任大臣秉公查勘，務將邊界清理補入此次和約之內。邊界既定之後，登入檔册，繪爲地圖，立定憑據，俾兩國永無此疆彼界之爭。

有了這款，俄國便可要求劃分烏蘇里江以東的地方，我國全無法拖延。這是桂良等聯絡普提雅廷代價之一。北京承認瑷琿條約的諭旨，他們也抄送了一份。普氏卽要求決定烏蘇里江以東的土地歸俄國。桂良等也答應了，以爲這就是諭旨所說「與黑龍江一律辦理」。所以奕山在瑷琿爭得的共管之地，桂良等在天津實已贈送俄國惟條約尙待訂而已。

桂良等在天津與英美法所訂的條約許了外人兩種權利與以後東北問題有關係的：一種是牛莊開通商口岸，一種是外人得入中國傳教。這兩種權利，尤其是牛莊通商，促進了東北問題的世界化。

總之，中國在咸豐八年的外交全在救目前之急，其他則顧不到了。在瑷琿如此，在天津亦復如此。

六、俄國友誼之代價

等到英法聯軍一退出天津，目前的危急一過去，淸廷就覺得瑷琿條約及天津諸條約損失太大，非圖補救不可。天津通商條約的補救不在本文範圍之內，但有一點不能不指出。因爲中國要取消北京駐公使，長江開通商口岸，及外人在內地的遊行，所以引起了咸豐九年及十年的中外戰爭。有了十年的英法聯軍然後有中俄的北京條約。換言之，因爲到了十九世紀的中葉，中國還不圖在國際團體生活之中找出路，反堅持站在國際團體之外，俄國始得着機會作進一步的侵略。

瑷琿條約及桂良給普提雅廷的諾言之挽回當然困難極了。在東北邊境未喪失以前，我國覺得爲勢所迫，不得不割讓；割讓之後，要俄國放棄其已得權利豈不更加困難？中俄勢力的比較及世界的大局並未因英法聯軍的撤退就忽變爲有利於我；而我方之圖取消北京駐使，長江通商，及內地遊行更能使西歐與美國和東歐團結。這些國家雖是同床異夢，然我方的政策迫着她們繼續同床。咸豐九年及十年之最後努力不能不失敗這是很自然的。這種努力的發展、方法、及終止的原因是我國外交史的一幕大滑稽劇，同時也是一幕大悲劇。

瑷琿條約定後，朝廷原以吉林東邊空曠地方亦可照黑龍江左岸的辦法，但敎吉林疆吏去調查地方實際情形。我方尙未調查，木里裴岳幅已帶領人員入烏蘇里江。疆吏關於此事的報告於八年七月初一到北京。朝廷當日下的諭旨說：

> ……除黑龍江左岸業經奕山允許，難以更改，其吉林地方，景淳尙待查勘，本不在奕山允許之例。……儻該夷有心狡賴，卽行嚴行拒絕。……該夷此次駛赴天津，業已許其海口通商，並經奕山將黑龍江左岸，准其居住往來，卽吉林各處未能盡其所欲，在我已屬有詞，在彼諒未必因此起釁也。

從這道諭旨，我們可以看出淸廷在八月七月初已決定黑龍江左岸不能挽回，亦不圖挽回，但烏蘇里江以東之地則斷不割讓。七月初的態度已於五月初的不同。其理由幼稚極了。俄國既得了黑龍江左岸，更加要烏蘇里江以東的地方。朝廷的態度雖變了，疆吏尙不知道，所以七月初八日，黑龍江副都統吉拉明阿給了木里裴岳幅一個咨文，說：「烏蘇里江及海一帶地方應俟查明再擬安設界碑」。這明是承認中俄可以劃分烏蘇里江以東的地方。實際的劃分雖推延到查明以後，但推延不是否認，且與外人交涉，推延是大有時間限制的。

疆吏的調查報告於十二月二十日送到北京。他們說烏蘇里江一帶的地方南北相距一千四百餘里，

「俱係採捕參珠之地」；兩岸住有赫哲、費雅哈、「歷代捕打貂皮，皆在該處一帶山場，均屬大有關礙」；「且該處距興安嶺甚遠，地面遼闊，統無與俄夷接壤處所」。最奇怪的，他們的報告不提海山崴：足證彼時海山崴與東北關係之不重要。朝廷得此報告後，於二十一日下旨，說：

……該夷要求黑龍江左岸居住，奕山遽爾允准，已屬權宜，此次無厭之求，著該將軍等妥爲開導，諭以各處准添海口，皆係大皇帝格外天恩；因兩國和好多年，是以所請各事，但有可以從權者，無不曲爲允准；此後自應益加和好，方爲正辦；若肆意侵佔，擾我參珠貂鼠地方，是有意違背和議，中國斷難再讓。……

後三天復有一道諭旨責備吉拉明阿：

綏芬，烏蘇里兩處，與俄夷地界毫不毗連，且係採捕參珠之地，當時卽應據理拒絕。何以副都統吉拉明阿輒許木里裴岳幅於冰泮時馳往查明，再立界牌？

淸廷的態度雖較前强硬，反於此時從吉林調兵一千駐守山海關，從黑龍江調兵一千駐守昌黎樂亭以防英法之再來。可見彼時政府仍以防英法的通商要求比防俄國的侵佔疆土爲更重要，更急迫。

俄國爲促進烏蘇里江邊界之「登入檔册，繪爲地圖，立定憑據」，一面派人進京互換中俄天津條約的批准證書，並作進一步之交涉，一面由木里裴岳幅派人去測量烏蘇里江區域。疆吏既不敢違旨會同查堪，又不敢擋住俄人的進行，結果木比的委員伯多郭斯啓（Lt.-Col. C.B udogoski）於九年的春夏單獨測量和繪圖。俄國的公使丕業羅幅斯奇（Pierre Perofski）於八年冬抵北京。我國派戶部尚書管理理藩院事務肅順及刑部尚書瑞常與之交涉。九年三月中，批准證書互換以後，丕氏提出八項要求，其中第一項卽係關於劃界的事。可惜夷務始末不錄來文，只錄軍機處的答詞，但從這答詞中，我們可看出朝廷態度之又一變：

> 中國與俄國地界，自康熙年間鳴砲誓天，以興安嶺爲界，至今相安已百數十年。乃近年貴國有人在黑龍江附近海岸瀾吞屯等處居住。該將軍念兩國和好之誼，不加驅逐，暫准居住空曠之地，已屬格外通情。今聞欲往吉林地界。該處距興安嶺甚遠，並不與貴國毗連，又非通商之處，斷不可前往，致傷和好。黑龍江交界之事，應由我國黑龍江將軍斟酌辦理，京中不能知其情形，礙難懸定。

換句話說，軍機處仍認尼布楚條約爲中俄疆界的根據。雖未明文的否認瑷琿條約，等於否認了，因爲就是黑龍江左岸，奕山尙止「暫准俄人居住，吉林東部更談不到了。俄國於五月裏因他故改派伊格那提業幅來京交涉。伊氏在俄國外交界算一能手。他曾出使中央亞細亞的小邦，以能了解亞洲人的心理得名。我方仍由肅順、瑞常二人負折衝撙俎之責。肅順是咸豐末年的權臣，手段亦不凡。伊氏遇着他可說是棋逢對手。伊氏能强詞奪理，虛言恫嚇；肅順也能。在未敍述此劇之先，我們應說明疆吏的應付及中外大局的變遷。

咸豐九年五月，吉林疆吏的警報紛紛到京，說俄人如何已進到烏蘇里江的上流，並在該處蓋房屋，築礮臺。與之理論，他們總「恃爲約內有烏蘇里江至海爲中國俄國共管之地一語」。五月初十的諭旨要署吉林將軍特普欽「與之決絕言明，將前約中此語改去，方爲直截了當」。此時北京方明瞭禍根所在，所以五月十二日，又有一道諭旨：

綏芬，烏蘇里河地屬吉林，並不與俄國接壤，並亦非黑龍江將軍所轄地方。上年該將軍奕山，輕信副都統吉拉明阿之言，並不與俄國使臣剖辯明白，實屬辦理不善，咎無可辭。黑龍江將軍奕山著卽革職留任，仍責令將從前辦理含混之處辦明定議。革職留任副都統吉拉明阿著卽革任，並著特普欽派員拏赴烏蘇里地方枷號示衆以示懲儆。

「咎無可辭」當然是對的，但一年以前朝廷已有明旨認璦琿條約是出於「勢不得已」。並且何以吉拉明阿之罪反重於主政的奕山？朝廷也知道此中賞罰的不公，不過此舉是對外而非對內的。同日還有一道密旨給普欽：

……特普欽接到明發諭旨卽可宣示夷酋，告以烏蘇里等處本非俄國接壤，又與海路不通。奕山，吉拉明阿已爲此事身獲重罪。若再肆意要求，我等萬難應允。前此奕山等將黑龍江左岸借給俄國人等居住，大皇帝旣已加恩，自不至有更改。其未經議定之地，任意闖越，卽是背約。豈有吉林地界轉以黑龍江官員言語爲憑之理？……該酋見吉拉明阿獲罪已有明徵，自必氣餒，而特普欽等據理措詞當亦較易。……

這種對外方法確帶了亞洲人的特性在內。同時吉拉明阿以副都統的官職而枷號示衆於烏蘇里江地方，未免於天朝的面子不好看。宜乎木里裴岳幅對這套把戲不過付之一笑。

湊巧咸豐九年的五月中國對英法得了意外的勝利。自英法聯軍離開天津以後，朝廷卽命僧格林沁擔任畿輔的海防。大沽的砲臺加料重修；海河也塘塞了；沿海均駐軍隊。惟留了北塘以便各國公使帶領少數隨員進京交換天津條約的批準證書。英法美三國公使於九月五日抵大沽口外；英法公使帶有不少的海陸軍。他們決意要由大沽口進，不由北塘進。五月二十五日晨英法開始毀我方堵河防具。僧格林沁遂下令反攻。不但海軍大受損失，陸軍登岸者亦死傷過半。於是北京及東北疆吏對俄稍爲膽壯。

我們對英法的勝利影響了對俄的交涉。

伊格那提業幅於五月初十由恰克圖起程。他到北京的時候正在大沽捷音傳到之後。六月初，他提出草約六條，要求中國承認。其中第一條有關東：

> 補續一千八百五十八年瑪乙月（五月）十六日在黑龍江城所立和約之第一條，應合照是年伊云月（六月）初一日在天津和約之第九條：自後兩國東疆定由烏蘇里江，黑龍江兩河會處，沿烏蘇里江上流，至松阿察河會處；由彼處交界，依松阿察河上流至興凱湖及琿春河，沿此河流至圖們江，依圖們江至海口之地為東界。

伊氏要求的根據是璦琿條約和天津條約。璦琿條約明載烏蘇里江以東之地為兩國共管；倘根據此約來分界，應由中俄均分，不應由俄國獨佔，更不應由俄國佔據烏蘇里江流域以外的土地，如伊氏草約所擬。天津條約第九條只說兩國應分界繪圖立碑，並沒有規定劃分的方法。伊氏也覺得他的根據不充足，所以在其說明書內又引咸豐八年五月初四日桂良及花沙納給普提雅廷且的咨文，加上一段宣傳麻醉品：

> ……本國從東至西一萬餘里，與中國相交一百餘年，雖有大事，並未一次交鋒。若英吉利等，十餘年之間，常至爭鬪，已經交鋒三次。然逾數萬里地尚且如此，況離此相近乎，若英佛（法）兩國，往滿洲地方東岸，兵船火船，來時甚易。中國海界綿長，戰法各國皆不能敵。惟本國能辦此事。若中國與本國商定，於外國船隻未到彼處之先，先與本國咨文，將此東方屬於本國，我國能保不論何國，永不准侵占此地。如此中國東界，亦可平安。且須知我國欲占之地，係海岸空曠之處，於中國實無用處。且貴國使臣須知因本國官員到彼，並未見有中國管理此處官員之跡，我們業經占立數處。

在咸豐年間，英法雖曾攻下廣州、天津、北京，但均於和議定下退去。至於東北海岸，英法不但未曾佔領，且未曾有此擬議。伊氏也深知此中情形，不過故意作此謠語，以欺不明世界大局的中國人。這個當，軍機處是不會上的。答覆雖在法律上很難講過去，但用了彼之矛以刺彼之盾：

……中國與俄國定界，自康熙年間鳴砲誓天，以興安嶺爲界，凡屬南一帶流入黑龍江之溪河，盡屬中國，山北溪河，盡屬俄國所定甚爲明晰。至黑龍江交界應由黑龍江將軍與貴使臣木里裴岳幅商辦。其吉林所屬之處，並不與俄國毗連，亦不必議及立界通商。貴大臣所云恐有他國侵占，爲我國防守起見，固屬貴國美意，斷非藉此侵占我國地方。然若有別國占踞，我國自有辦法。今已知貴國眞心和好，無勞過慮。

軍機處與伊氏有了這次文書的往來，遂由肅順、瑞常負責交涉。六月二十三日初次會晤的時候，伊氏面請肅順等閱讀桂良及花沙納所發之咨文，內附有批准瑷琿條約的諭旨。肅順等不承認有此諭旨，但三日後又去一咨文，聲明雖有此諭旨，但與吉林東界事無關，所以伊氏帶來之稿本，「諒必因抄寫之誤」。六月二十八日，伊氏回答：「此等大事，不可有抄寫錯誤之處。本大臣懇乞貴大臣將桂良所奉諭旨原文，送交與我，以便查對錯誤之處」。肅順等答以諭旨原文存大內，不便機閱。適是時伯多郭斯奇帶烏蘇里區域的地圖來北京。伊氏遂要求按俄國新繪地圖，卽在北京定約分界。「不然，焉能得免侵占」。肅順等七月初一日的答文，措詞同樣的强硬。在乾隆時代，因俄國不講理，中國曾三次停止互市。乾隆年間作過的事，此時也能再作。如俄國此次不講理，中國不但要停止互市；「卽已經許借與貴國之黑龍江左岸空曠地方，闊吞屯、奇吉等處」，亦將不借與。「是貴國求多反少也。

總之，綏芬、烏蘇里江等處，是斷不能借之地。貴國不可縱人前往，亦不必言及立界。

雙方話已說到盡頭，條件相差甚遠。伊氏行文軍機處要求中國改派別人擔任交涉。軍機處告訴他說肅順、瑞常「皆係我大皇帝親信大臣」不能改派。伊氏仍不肯放棄，歷夏秋二季，屢次向軍機行文，均是舊話重提，空費筆墨。軍機處亦以舊話搪塞，但在十一月十六日的照會內，加上一層新理由，即吉林人民之不願。好像中國此時要援人民自決的原則。可惜這次人民的意志實在如何，我們無從知道。俄人在烏蘇里區域測量者均說當地的人歡迎俄人去解除他們從滿人所受的壓迫。至於軍機處所說的吉林人的反對割讓，全是北京閉門揑造的。十年正月十六日的諭旨顯露此中的實情：

> 現在俄夷以吉林分界一節，屢次行文曉瀆不已。當經覆以綏芬，烏蘇里等地界，奕山等妄行允許後，該處民人，以中國地方不應被夷人占踞，公同具呈控告，是以將奕山革職，吉拉明阿枷號；並未奉旨允准；儻該國前往占踞，該處民人出來爭論，反傷和好等語：藉以措詞，以冀消其覬覦之心。如該酋伊格那提業幅將此覆文知照木里裴岳幅，恐其向該將軍詢問，吉林人民，有無同遞公呈，不願該夷在綏芬，烏蘇里住居之事，著景淳，特普欽遵照前說，加以開導，以堅其信，勿致涉兩語歧，是爲至要。

伊氏於十年四月初一致最後通牒，限三日答覆。軍機處絲毫不退讓。照覆說：

> ……至烏蘇里綏芬地界，因該處軍民人等，斷不相讓，屢次遞呈，現已開墾，各謀生業，萬不能讓與他人。經該將軍等將此情節據實奏明。因恐貴國之人去到，該處人等不容，必致反傷和好。中國向來辦事，皆以俯順民情爲要，是以礙難允准。

伊格那提業幅接到此文以後，宣布交涉決裂，於四月初八離開北京。

這時木里裴岳幅在烏蘇里江一帶照其自定計劃，進行測量、開墾、設防。疆吏雖未抵抗，亦未與劃界定約，且似在火燃眉毛的時候，稍圖振作。吉林、黑龍江皆辦團練。吉林則略爲解放山禁，多招參商刨夫入山，「以資兵力」。在咸豐十年的春天，兩省的奏摺都有調兵設防的報告，好像他們準備抵抗。

不幸十年的夏天，我國另起了風波，把對俄的強硬都消滅了。英法兩國爲報復大沽之仇，加添要求，並厚集兵力於遠東以圖貫澈。伊格那提業幅適於是時交涉失敗後，憤憤不平的離開北京，直到上海、香港去挑釁。他見了英法的代表就大罵北京當局的頑固與不守信義。西洋各國應一致對付中國，並且非用武力不可。但他的行動亦被我方探知。五月中，暫署兩江總督江蘇巡撫薛煥的奏摺說：

……查俄國使臣忽然驟至，未審意欲何爲，連日亦未來請見。當飭華商楊坊等密探，旋據報稱……今因俄酋到此，極力慫恿英佛打仗，並云在京日久，訹及都門並津沽防堵各情形，言之鑿鑿。諄告普魯斯（Brnce）及布爾布隆（Bourboulon)不必誤聽人言，二三其見，竟赴天津打仗，必須毀去大沽砲臺，和議方能成就。而普酋，布酋爲其所惑，主戰之意愈堅。……………

我方知道了這種消息以後，當然設法預防。

六月初英法聯軍齊集於大沽口外。伊格那提業幅已先到，並帶有兵船四隻。美國公使華若翰（John E. Ward）亦帶有兩隻兵船在場。初四日，我方接到伊氏照會，詢問中俄天津條約何以尚未在各海口宣佈，並言「英佛與中國有隙，願善爲說合」。他的「說合」軍機處明知不可靠，但當危急的時候，又不敢多得罪一國。所以含糊回答他說：「今貴國欲為說合，足見貴使臣美意。在天朝並無失信於二國，又何勞貴國替中國從中調處」。伊氏頗為失望，遂轉告法國公使葛羅（Baron Gros）由北塘進兵的便利。七月中，英法聯軍已進天津，桂良與英法的交涉將要完成的時候，伊氏又來文，要求中國許他進京。軍機處還是怕他生事，所以回答他「暫可不必，應俟英佛二國換約事畢，再行進京辦理可也」。等到英法已經到了圓明園，預備攻安定門的時候，伊氏囑俄國教士向恭親王奕訢要求許他進京，我方依舊拒絕：「如果有意為中國不平，亦必在外代為調停；俟兩國之兵退後，即可照常來京」。此是八月二十二的事。可見我方防備伊氏到什麼程度。

英法軍隊於八月二十九日進北京；伊氏也跟進了。中國的外交到了這種山窮水盡的時候，伊氏的機會也就到了。九月初二日，咸豐帝自熱河行宮宣佈諭旨，「著恭親王等迅即飭令恆祺往見該夷（英法代表），仍遵前約，不另生枝節，即可劃押換約，以敦和好」。換言之，朝廷已決定接收英法的條件。伊氏於九月初五致信於法國公使葛羅，說他如何在北京力勸留守大臣迅速接收英法的條件。英法進攻的原意在強迫中國承認天津條約及宣大沽之恥，並不在占據北京。英法聯軍在北京的時候，咸豐帝已逃避熱河，北京官吏能逃者也逃散。倘和議不成，勢必須進兵熱河。那末，時季已到秋末，須等來年。倘英法壓迫太甚，清廷或將瓦解。列強在遠東的角逐很能引起世界戰爭。是時英法因為意大利的問題全盤關係已趨緊張。因為這些原故，英國公使額爾金（Lord Elgin）及法國公使葛羅均以為宜定和議，速撤軍隊，否則夜長夢多，枝節橫生。所以他們將賠款現銀的部份由二百萬兩減到一百萬兩。此中背景，恭親王及文祥——我方的全權代表——當然無從知其詳，而伊格那提業幅則完全知道。因此他又向我方冒功。

九月十一日及十二日英法北京條約簽訂之後，伊格那提業幅遂向恭親王要求報酬。我方代表的感想如何見於他們九月十三日所具的奏摺：

> 本日復接伊酋照會，以英佛兩國業已換約，仍以所祈之事，請派大員前往商酌等語。臣等復思英佛敢於如此猖獗者，未必非俄酋爲之慫恿。現雖和約已換，而夷兵未退，設或暗中挑釁，必致別生技節，且該酋前次照覆，有兵端不難屢興之語。該夷地接蒙古，距北路較近。萬一釁啓邊隅，尤屬不易措手。查前次該酋向崇厚等面稱，允給英佛等銀兩，尚可從緩，且可酌減，並不久駐京師，夷兵亦令退至大沽等處。現英佛議現銀一百萬兩。難保非該酋預探此語，有意冒撞。而此次照會內，頗有居功之意，心殊叵測。

是以恭親王，桂良，文祥並非覺得俄國有恩於我故必期以報之；他們不過覺得伊氏挑撥之力太大，非使其滿意不可。後英國軍隊因故退出北京稍遲數日，恭親王等更急了。他們九月二十日的奏摺說：「且英佛兩夷之來，皆屬該夷慫恿。儻或從中作祟，則俄夷之事一日不了，即恐英夷之兵一日不退：深爲可慮」。

伊氏所索的報酬除東北疆土外，尚包括西北邊界及通商與邦交的權利。恭親王既以速決爲要，所以九月二十三日中俄北京條約就議好了；十月初二日（西曆十一月十四日）簽字。這約的第一條就是規定東北的疆界的，也是全約最要緊的一條。條文如下：

> 議定詳明一千八百五十八年瑪乙月十六日，即咸豐八年四月二十一日，在瑷琿城所立和約之第一條，遵照是

> 年伊云月初一日即五月初三日，在天津地方所立和約之第九條：此後兩國東界定爲由什勒喀，額爾古納兩河會處即順黑龍江下流，至該江烏蘇里河會處，其北邊地屬俄羅斯國，其南邊地至烏蘇里河口所有地方屬中國；自烏蘇里河口而南，上至興凱湖，兩國以烏蘇里及松阿察二河作爲交界，其二河東之地屬俄羅斯國，二河西屬中國；自松阿察河之源，兩國交界踰興凱湖直至白稜河，自白稜河口，順山嶺，至瑚布圖河口，再由瑚布圖河口，順琿春河及海中間之嶺，至圖們江口，其東皆屬俄羅斯國，其西皆屬中國；兩國交界與圖們江之會處及江口相距不過二十里。……

這兩個條約——中俄瑷琿條約及中俄北京條約——在世界歷史上開了一個新紀念，即土地割讓的紀錄。我國在咸豐八年及十年所喪失的土地，其總面積有四十萬零九百十三方英里。現今的東三省，加上江蘇，比我們這兩年所喪失的土地只多一千四百方英里。法德兩國的面積，比我們這兩年所喪失的土地，還少六千五百三十一方英里。俄國從我國得着這大的領土不但未費一個子彈，且從始至終口口聲聲的說俄國是中國惟一的朋友。俄國友誼的代價不能不算高了！

咸豐以後的東北可稱爲半東北，殘東北，因其面積縮小了一半有餘，且因爲她東邊無門戶，北邊無自然防具——她是殘缺的。所以到這種田地的原由有三。第一是太平天國的內亂；第二是咸豐年間全盤外交政策的荒謬，爭所不必爭，而必爭者反不爭。比這兩個原由還重要，還基本的是在世界諸民族的競進中，我族落伍了。有了這個原由，無論有無前兩個原由，我們的大東北，全東北是不能保的。

附錄之一　資料評敘

中文著作中尚無一種與本文範圍相同的。西文中有三部著作其範圍與本文大致相同，其中兩部均因十九世紀中年俄國在遠東發展之速有所感觸而著的，兩部均是一八六一年出版的。①E.R. Ravenstein: The Russians on the Amur, its Discovery, Conquest, and Colonization (London, 1861)。著者用了不少俄國方面的材料，可惜甄別似欠功夫，且不詳細註明出處。書後附有簡略史料目錄。②C. de Sabir: Le Eleuve Amour-Histoire, Geographie (Paris, 1861)。此書與前書的範圍完全相同，資料大致相同。兩書著者均係地理學家，兩書前半皆敍歷史，後半講地理。③F.A. Golder: Russian Expansion on the Pacific 1641-1850。著者精通俄文，且專治史，他審查史料的嚴密遠在前兩個著者之上。書後附有詳細書目至爲可貴。此外尚有北平燕京大學徐淑希教授之。④China and her Political Entity (New York, 1924)。此書實即一部東北外交史。西文著作論東北問題而參用中西的材料，據我所知，以此書爲最早。

本文論「俄國的遠東發展」的一節不過作背景的敍述，故極簡略。欲作進一步的研究者應參看。⑤G. E. Mfiller: Sammlung russischer Geschichte, 9 vols. (St. Petersburg 1732-1764)。此書出版幾將兩百年。批評者，抄襲者，繼起者不少，但至今此書有讀的必要，因爲著者所見及所用的原料實不少。⑥J. E. Fiseher: Sibiriseh Geschiehte, 2 vols. (St, petersburg, 1768)。此書卽抄襲前書者之一，不過著者深知西比利亞的歷史，在重編前人著作的時候亦有所發明和糾正。關於滿人向黑龍江的發展，至今尚無專著。皇淸開國方略，太祖高皇帝實錄，東華錄，及盛京通志等官書皆記有某年某月伐某部族或某部落來貢一類的事實，但對滿人的武功不免誇耀過實，且所擧地名及部落名稱間有不可考者。何秋濤的朔方備乘收了他自己所著的⑦東海諸部內屬述略又⑧索倫諸部內屬述略。前書述淸太祖太宗征收牡丹江烏蘇里江，琿春河黑龍江下流，及庫頁島各部落的事跡；後書述同時征收黑龍江上流各部落的事跡。兩書皆根據咸豐以前的官書，不正確，甚簡略，但有系統。

「中俄初次在東北的衝突」的主要資料卽朔方備乘內的⑨平定羅刹方略。此亦官書之一，過於誇耀朝政，但其中保有幾件重要諭旨及奏摺。在事的人，如郎坦，薩布素諸人的傳見於淸史列傳，碑傳集，淸史稿的列傳類皆無聲無色，惟⑩八旗通志初集卷一百五十三之郎坦（亦作談）傳誠爲至寶之史料。⑪吳振臣寧古塔紀略（見小方壺齋輿地叢鈔）有一段紀「邏車國人造反」事，形容俄人砲火的利害，大可補官書之偏。著者隨其父在寧古塔戍所多年；其父亦被調往征「邏車」者之一，故所記皆親歷的事。

「尼布楚的交涉」的主要史料當然是張誠的日記。張誠卽康熙帝所信任的傳教士之一，原名 Jean Francois Gerbillon 其日記見於⑫J.B. du Halde: Description geographique, historipue, politique, et physique de l'Empire da la Chine et de la Tartarie Chinoise, 4 vols. (La Haye 1736)。康熙二十七年的日記（見卷四頁一零三至一九五）僅記路程，與外交無大關係；次年的日記（見卷四頁一九六至三零一）記尼布楚的交涉甚詳。張誠是耶穌會的會員，不敢也不願開罪中國，同時耶穌會正求俄國許其會員假道西比利亞來華，故亦不敢開罪俄國。他及徐日昇無疑的作了忠實的疏通者。不過日記言其調停之功過甚，因爲雙方政府最後的訓令並沒有衝突。八旗通志的郎談傳及平定羅刹方略大可補充張誠的日記。⑬Gaston Cahen: Histoire des relations de la Russie avec la Chine sous Pierre le Grand 1689-1730 (Paris, 1912)。著者是法國的一個俄國史專家，且專攻中俄的關係。俄國已出版的及未版的史料關於中俄這時期的往來的，他曾研究過，於書後備有詳細目錄。本書第一章論尼布楚交涉，其他各章論中俄在北京的通商。關於尼布楚以前的交涉，我國舊籍過於簡略，且多不實；最好的史料是⑭J.F. Baddeley: Russia, Mongolia, China, being some record of the relations between them from the be,ginning of the 17th century to the death of the Tsar Alexei Mikhailovich, A.D. 1602-1676, 2 vols. (London, 1919)。上卷大半是著者的敍論，說明俄國十七世紀以前的歷史，俄人入西伯利亞的經過，及西比利亞的地理；下卷則幾全爲史料，中有曾未出版者，內包括俄人出使中國的紀錄及報告（頁一三零至一六九，一九五至二零三，二四二至四二五）。書後有極好的目錄。⑮張鵬翮奉使俄羅斯行程錄（見小方壺齋輿地叢鈔）記康熙二十七年代表團的行程亦可資參考。

尼布楚以後，咸豐以前，東北的狀況，除盛京通志及吉林通志外，尙有⑯薩英額的吉林外記（光緒庚子年廣雅書局刊）及⑰西清的黑龍江外記（出版同上）兩書的敍述。吉林外記述事到道光初年止；黑龍江外記到嘉慶末年止。因其不爲體裁所拘，這二書的史料價值反在官書之上。至於十九世紀的前半，列強如何競爭太平洋的海權，我們從⑱Foster Rhea Dulles: America in the Pacific, a century of Expansion (New York, 1932) 可窺見一班。書後附有很詳的目錄。

咸豐一朝，中俄關於東北的衝突及交涉當以⑲北平故宮博物院出版的咸豐朝籌辦夷務始末爲主要史料。書共八十卷四十册，民國十九年出版。因此書的出版，在此書以前的著作均須根本修改。咸豐朝，我方主持中俄交涉者——奕山，景，特普欽，桂良，恭親王奕訢，文祥諸人——的文稿均於夷務始末初次發表。關於伊格那提業幅的挑撥，⑳Henri Cordier: L'Expedition de Chine de 1860–Notes et documents (Paris, 1906) 及㉑HenriCordier: Histoire des Relations do la Chine avec les Puissances Occidentales 1860–1900, 3 vols. (Paris, 1901) 之第一册第六章皆有不少的材料，可惜法國人不知伊氏的狡猾。

俄文的資料必甚多，可惜著者因爲文字的困難不能利用。在未直接利用俄方資料之前，我們談不到東北外患史的最後定論。

附錄之二　清太祖太宗征服的邊境民族考

草此文時，亟思參考人類學家的著作以決定所謂索倫及窩集諸部的種類，於是向清華同事史祿國教授（Professor S. M. Shirokogoroff）請教並參用了他的 Social Organization of the Northern Tungus (Commercial Press, 1929)。我們參考了幾張詳細地圖並審查了許多名字。我的結論大概如下。巴爾呼即西人所謂 Bargut 是蒙古種類的。索倫即 Solon，俄倫春即 Orochun，均是北通古斯種類的，達呼爾即 Dahur，其語言是蒙古語言的一種，其種類是蒙古種類或通古斯種類尚待考。窩集部的「窩集」實卽滿文的森林；此部支派甚多，按其風俗及區域大概是Goldi。奇勒爾卽Gilak；庫葉卽居庫頁島的Gilak。赫眞及飛牙喀大概也是Goldi。穆倫，奇雅瓦爾喀大概是 Udehe。

附錄之三　釋「俄羅斯察罕汗」

「察罕」或「察漢」並非任何俄皇的名字，亦非 Tsar 的譯音。二字實卽蒙古文之白色的「白」字。「察罕汗」就是「白汗」。這是當時蒙古人給俄皇的稱呼而我國抄襲之，正如蒙古人稱清朝皇帝爲 Bogdikhan 而俄人借用之。光緒年間總理衙門曾因 Bogdikhan 一字向俄國提出抗議。凡此足證中俄兩國最初的相識是以蒙古文及蒙古人爲媒介的。

附錄之四　尼布楚條約之條文考

現今最有權威的中國條約集是海關總稅務司所出版的 Treaties, Conventions, etc., between China and Foreign States, 2 vols. (Shanghai)。書中所載之尼布楚條約有中文，法文及英文三種。其法文稿錄自張誠的日記；中文稿錄自通商約章類纂。按類纂所錄者卽平定羅刹方略所記的界碑碑文。此碑文原用漢，滿，蒙，俄及拉丁五種文字，但所刊的並非條約全文，不過其撮要而已。具界碑並非中俄兩國共同設立，乃中國單獨設立，其無權威可知。舊外務部所刊的各朝條約有碑文，亦有條約全文，碑文錄自羅刹方略，約文係錄自黑龍江外記。著者西清明說（卷一頁十一）他得着條約的滿文稿，再由滿譯漢。所以中文的尼布楚條約僅有這外記所錄的。以外記的條文來比張誠日記的條文，不符之處頗多。原來尼布楚條約以拉丁文本爲正本，是兩國代表所同簽字的。這拉丁文本是張誠撰稿的；日記的法文本是張誠自己所譯的。所以最有權威的是拉丁文本；其次要算日記裏的法

文本。茲特從這法文本譯漢如下：（原文見 Du Halde, vol. IV, pp. 242-244）

大皇帝欽派：

領侍衞，議政大臣，內大臣薩額圖，

內大臣，一等公，都統，國舅佟國綱，

都統郎坦，

都統班達爾善，

鎭守黑龍江等處將軍薩布素，

護軍統領瑪喇，

理藩院侍郎溫達，

於康熙二十八年七月，在尼布楚城，附近會

同俄國全權大臣果羅文，

爲要禁絕那般越界捕獵及搶掠殺人滋事的不法之徒；並要確實劃淸中華及馬斯哥帝國的邊界；更要建立永久的和平及諒解，

雙方一意的議定下列諸款：

第一款。自北流入黑龍江的綽爾納河（Chorna, Shorna），卽滿文的烏魯木河，最毗近的額爾必齊河卽作爲兩國的邊界。處於額爾必齊河河源之上的，而且綿延到東海濱的山脈亦作爲兩國的邊界：從這山脈之南流到黑龍江的一切大小溪河及山脈峯脊之南的一切土地皆歸中華帝國所有，山脈之北的一切土地溪河皆歸馬斯哥帝國所有。但這山脈及烏特河之間的土地暫不劃分；等到兩國大使返國，得了決定此事的必須知識，然後或由大使，或由函札，再行決定。

此外流入黑龍江的額爾古納河也作爲兩帝國的邊界：這額爾古納河以南的一切土地均屬中華帝國，以北的一切土地均屬馬斯哥帝國。在眉勒爾甘河（Meritken）流入額爾古納河之處，在南岸已有的房舍均應遷至北岸。

第二款。馬斯哥人在雅克薩所建的城垣應盡毀滅。馬斯哥帝國的臣民在雅克薩居住的，連同他們的財物，應撤回到馬斯哥王的領土。

兩國獵戶，無論因何事故，均不得超越上面的疆界。如有一二小人越界遊行，或爲捕獵，或爲竊盜，應即行擒拿，送交兩國邊境的巡撫或武官。該巡撫審知罪情後，應給以相當的懲處。如十人或十五人以上聚羣携械，越界去捕獵，或搶掠，或殺對方的人民，應奏報兩國的皇帝。所有犯這類的罪的人，審明屬實，應處以死刑。但不得因私人的暴行引起戰爭，更不得因此而致大流血。

第三條。以往所有的爭執，無論其性質如何，今以後忘記不計。

第四條。自兩國宣誓成立本永久和約之日起，兩國絕不收納對方的逋逃。如有人從一國逃到對方國去，應即擒拿送回。

第五條。馬斯哥臣民現在中國者，及中國臣民現在馬斯哥國內者概仍留如舊。

第六條兩國之間既已成立本和好友誼條約，一切人民均可完全自由的從一國到對方國，惟必須携帶執照，證明他們是得允許而來的，他們並可完全自由交易。兩國邊境的爭執既已如此結束，而兩國之間既已成立忠誠的和平及永久的友誼，如雙方切實遵守本約明文所定的各款，以後不應發生任何爭執。

兩國大使，將本約蓋印後，互換兩本。並且兩國應將此約，用滿文，漢文，俄文，拉丁文，刻上石碑，在邊界上樹立，以作永久紀念，俾不忘兩國間現有的諒解。

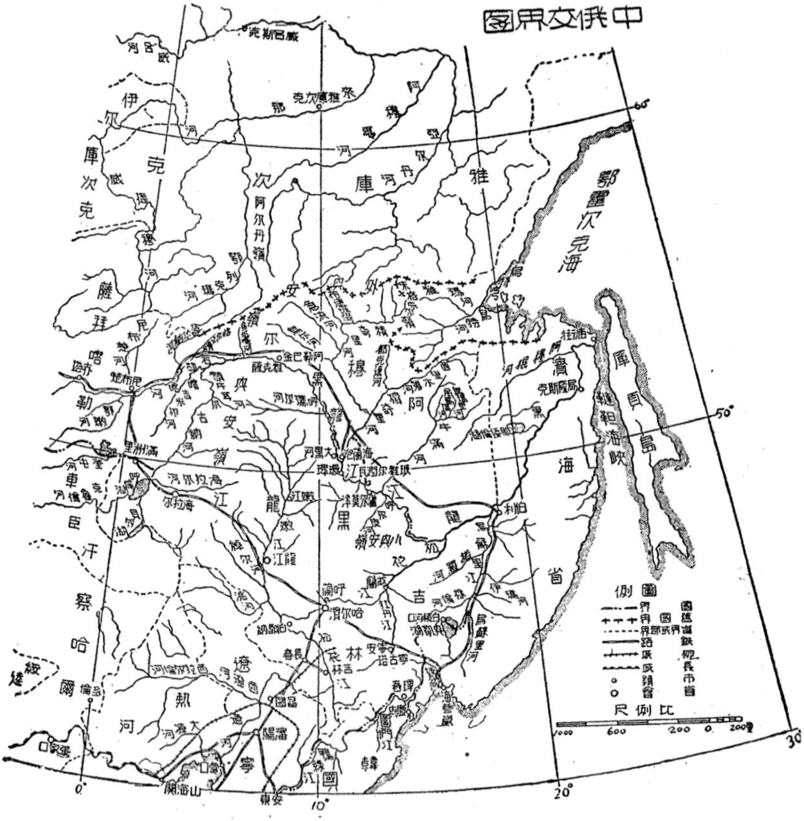
中俄交界圖
鄂霍次克海
庫頁島
韃靼海峽
黑龍江
哈爾濱
山海關
圖例
比例尺

東北問題的新史料

東北問題的新史料

六十年來中國與日本 卷四王芸生輯 天津大公報出版部發行 定價一圓

王芸先生這部著作的前三卷，我已在本刊第二百四十九期（二十一年十月十日）評論過。第四卷包括光緒二十六年到三十一年的中日關係。主要問題就是東北。這五年是東北問題的一整段，也可說是一部整戲。其第一幕卽庚子事變，八國聯軍，及辛丑條約的訂立。在這一幕中，日本不是主角。第二幕是俄國趁庚子事變佔領東三省，威迫盛京將軍增祺與之立約，日英美三國的反對，楊儒在俄的交涉，英日同盟的成立，及中俄交收東三省條約的簽訂。在這一幕中，俄國是臺上的主角，但日本在臺後的活動支配了臺上的表演。增祺條約之廢止，楊儒在聖彼得堡之拒絕簽字，及東三省交收條約之成立，在在皆受了日本活動的影響。第三幕是俄國違約不撤兵，日俄相對的交淡，日俄戰爭，及樸資茅斯的會議。這一幕，沒有問題，是以日本及俄國爲主角，英美法德諸國是扮場者，而中國則幾至處於觀劇者的地位。最後一幕是一九〇五年冬天的中日會議。日本把西洋的障礙取消了以後，然後到北京來要求中國承認他的分贓勝利。

這一卷的體裁完全與前三卷相同。其敍事之有條理及立論之精確，比前三卷，只有過而無不及。

在四卷之中，第四卷，沒有問題，是最有價值的，因爲前三卷殊少學術的貢獻，不過替讀者編好許多零散的材料；第四卷則有許多新知識的發現。其資料有二分之一是曾未出版過的，且皆是必不可缺的史料。第一，這一卷楊儒在俄國與威特 Witte 及拉姆斯獨夫 Lamsdorf 交涉的全部紀錄，得自中國駐俄使館的檔案。當時帝俄（威特主動）野心之大及如何避免列強的干涉，於此畢露。在楊儒以前，我國代表獨當一面與俄人折衝者，有咸豐末年的奕山，光緒初年的崇厚，及庚子年的增祺。拿他們來比楊儒，更使我們相信滿人末日已到而漢族的前途尚有布望。宜乎王芸先生稱之。第二，這一卷尚有一九零五年中日會議錄的全文。近二十餘年日本在東北的侵略，全以這次會議所訂的條約及記錄爲法律的出發點。其重要可想而知。

這一卷惟有幾點似須補充。楊儒拒絕簽字在光緒二十七年二月，李鴻章之死在是年九月。著者未說明此二時期中交涉之發展。事實上，此一段歷史關係頗大。楊儒拒絕簽字以後，中俄關於東三省的交涉已停頓，同時慶親王與李鴻章在北京與各國的交涉甚感棘手。爲求俄國的援助，李氏於六月中請威特派駐北京的代表 Posdneev 電問威特，中俄交涉是否可移至北京。威特允之。威特此時改變辦法。他要求中國與俄訂兩個條約，一個是兩國之間的政治條件，規定俄國交還東三省的手續，一個是中國與華俄道勝銀行訂的經濟合同，許銀行在東省有專利，包括鐵路及礦產。李初以專利辦不到，不但中國政府反對，列強亦將反對，因爲專利與門戶開放主義相反。當時政治條約由俄國駐京公使基爾斯（Giers）與慶親王及李氏談判；經濟合同由 Posdneev 與李談判。九月十七，李已允兩約同時簽字，惟須在兩星期以後，以便慶親王到行在去疏通。不料十日後，李就死了。無怪威特說李以死欺人，而日英美諸國則說李以死救國。

李氏去世的消息傳到聖彼得堡以後，威特卽致電 Posdneev，詢問以後如何辦法，是否能在中國大臣中另找一人如李氏之親俄者。Posdneev 答以自許景澄及李鴻章相繼去世以後，親俄派在中國無領袖，無勢力，其他大臣無人肯負責辦事。威特回電，囑其聯絡王文韶及袁世凱的左右。這種應酬，絕無結果。同時威特的分爲兩種條約的辦法似乎亦爲其他列強所偵知。一九〇二年陽曆二月三號，美國國務卿海約翰致俄國外交部一個照會，抗議道勝銀行在東三省所謀之專利，因其與俄國所承認的門戶開放主義不合。海約翰面告喀西尼的話更加顯明；美國以爲俄分期撤兵的辦法很近情理，但專利的企圖則不然。美國駐北京的公使與俄國公使的談話亦同此旨：美國及其他各國不反對俄國分期撤兵的辦法，但反對專利。著者述英日同盟成立的經過甚詳，這是很應該的，因爲英日同盟促進了中俄交收東三省條約的簽訂，並且是日俄戰爭主要原因之一。但當時美國的態度，從庚子年到樸資茅斯條約，亦與俄國的後退有重要關係。這一方面似應補充。

日俄戰爭的發生由於俄國於一九〇三年春違背一九〇二年的中俄條約。俄國所以出此，正因爲俄國沒有得到威特所企圖的專利。一九〇二年條約成立的時候，威特就說該約論方式及內容均不完善。李氏的朋友威特對中國的野心並不在俄國其他政治家野心之下。所以最近俄國史家羅曼諾夫 Romanov 在他所著的「帝俄與滿洲」一書中甚至說威特應負日俄戰爭的責任的大部份。此說似亦過當，因為威特深知世界大勢不利於俄，所以在一九〇二年他主張與中國訂立撤兵條約，一九〇三年他又反對俄國違約不撤兵而另提出種種要求。最後日俄交涉的決裂僅一部份有關東三省，其他部份——或者是最要部份——有關高麗。其關東三省部份是什麼呢？日本最後之要求（頁二百）即：（一）日本承認滿洲及其沿岸在日本利益範圍之外，但俄國應尊重保全滿洲領土之約，俄國不得於滿洲區域內妨礙日本及他國現享之條約利益及特權；（二）日本承認俄國在滿洲之特殊利益，並承認因保護此等利益所採之措置，為俄國之權利。日本這種立場與威特的計劃相差無幾。所以威特常自解曰：「我固請了客（那就是說，他領導俄國向東省發展），但我沒有教客喝醉，更沒有教客人喝醉以後胡鬧」。現在日本的行動豈不是像一九〇三年帝俄喝醉了以後的胡鬧？

（二十一年十二月十七日於清華園）

〔補誌〕我評論前三卷時，曾說著者不應不錄光緒十一年駐韓德國代表給李的意書見書。這是我錯了，該書實已錄入。黻。

——選自（民國二十二年一月四日）「天津大公報文學副刊」第二六一期

姚薇元「鴉片戰爭史事考」序

姚薇元「鴉片戰爭史事考」序

道光咸豐時代中國士大夫著書論當時的外交者共有四人：聖武記及海國圖志的著者魏源，夷氛聞記及粵海關志的著者梁廷枏，中西記事的著者夏燮，及朔方備乘的著者何秋濤。四人之中，在中國學術史上的地位最高者要算魏源；與鴉片戰爭之主要人物侯官林文忠公最接近者也要算魏源。是故他這聖武記裏面的道光洋艘征撫記自然值得我們的注意。

魏源號默深，湖南邵陽人，生於乾隆五十九年。他的父親魏邦魯終身在江蘇作小官。嘉慶初年作巡檢；到道光十年將死的時候還只作到寶山縣主簿。默深幼時就隨他的父親在江蘇過日子。他二十歲（嘉慶二十四年）中拔貢。二十三歲（道光二年）中順天舉人，清史列傳說他的順天鄉試卷進呈的時候，「宣廟手批嘉賞，名籍甚」。中了舉以後，他捐了個小小的內閣中書，得着機會閱讀內閣所藏的檔案和書籍。大概此時他的文名一定不壞，因爲我們知道道光五年江蘇布政使賀長齡聘他襄助皇朝經世文編的編輯。長齡是湖南善化人，所以與默深還有同鄉的關係。那時江蘇巡撫是陶澍，湖南安化人，又是一個同鄉。支偉成清代樸學大師列傳魏源傳說陶文毅公對默深「亦加禮重」。我們知道文毅於道光十年陞兩江總督以後曾大整理鹽政。他採用了默深的提議，於淮北試行票鹽。

這時在兩江與文毅同官的還有我國近代史上的偉人林則徐。文忠在江蘇作官的時期最久。道光三年、四年，他作江蘇按察使；署布政使。十一年，又調江蘇布政使；十二年，陞江蘇巡撫，一直作到十七年他陞湖廣總督的時候。文忠調湖廣以後，繼任江蘇巡撫者是陳鑾。十九年三月裕謙又繼陳鑾。陶文毅正於這時因病辭了兩江總督的位子。我想默深一定在這個時期與林文忠及裕靜節相識了。

鴉片戰爭的歷史用不着我講；不過這個戰爭怎麼又使魏默深和林文忠及裕靜節相遇於浙江，這一段故事我不能不講；因爲這故事能使我們更明瞭這本書的價值。我們知道在鴉片戰爭的時代，國內的輿論也分戰與和二派。當時稱主戰派爲「勦夷」派，主和派爲「撫夷」派。疆臣之中，主張勦夷最力者是林文忠和裕靜節；主張撫夷最力者是琦善和伊里布。道光十九年春至二十年夏是林文忠得勢的時候。迨定海於二十年夏失守，朝廷就不信任他。是年九月，朝廷派了琦善到廣東去替代林文忠；撫夷派就當權了。是年冬季，琦善的撫夷也失敗。二十一年春，宣宗於是一意主戰。他派了裕靜節爲欽差大臣，督辦浙江軍務。以圖收復定海。裕靜節一面聘請默深入其幕府，一面奏調林文忠來浙襄辦軍務。這三人因此得會集一處。文忠在鎮江不滿三月就遣戍伊犂；默深不久也辭職；靜節公因鎮江不守，以身殉國。此三人在鎮江並無成績可言。不過因此默深得知鴉片戰爭的內幕。且林文忠在廣州請人翻譯了一部四洲志，並搜集了許多關於西洋的材料。這些他都送給默深，後來編入海國圖志。

所以從學術上和經驗上看，魏默深實有作鴉片戰爭的史家的資格。他的這篇道光洋艘征撫記，是值得我們研究的。

確是同時我們不要忘記魏默深也是時代的產物。道光時代的大學者關於西洋的知識是很模糊的，雖然默深編了一部海國圖志。他們的歷史哲學仍舊是千餘年前的傳統見解：「褒貶善惡」、「資治通鑑」。因此默深的道光洋艘征撫記裏面屢屢說明「洋事轉機」，而史實的敍述却有許多很可笑的錯誤。

姚君薇元費了兩年的工夫來考訂這篇道光洋艘征撫記。他參考了很多的中西史料，把魏默深的原文逐句的加以研究。他的成績有兩件：第一他給了我們許多關於鴉片戰爭的正確知識；第二他告訴了我們道光時代一個大學者如魏默深究竟知道多少世界的事情。姚君這種工作，可算有功於史學了！

——選自姚薇元「鴉片戰爭史事考」

從日俄對敵到日俄合作

從日俄對敵到日俄合作

六十年來中國與日本第五卷王芸生輯 定價一元
天津大公報出版部發行

「六十年來中國與日本」的前四卷，我在本副刊（二百四十九期二百六十一期）已經評論過。其價值之大，久爲關心國事者所承認。近東鄰學者將此書譯成日文（見本刊第二百八十三期），足見彼邦也知道這書的重要。原來日本外交最守秘密；外務省所發表的文件亦極少。研究日本外交的人與其向日本政府出版品中找材料，不如多注意於日本私人的文集和傳記。此中的困難，日本的學者久已感覺。有賀須雄先生曾痛論之。我們往日大致相同。自九一八以後，情形就大變了。故宮博物院的「清光緒朝中日交涉史料」王希隱先生的「清季外交史料」及王芸生先生的「六十年來中國與日本」三書都是九一八以後出世的。前此出版的關於中日外交的著作，因此三書的出世，都歸自然淘汰了。王芸生先生的書既專論中日關係，且材料豐富，編輯精愼，自能受日本學者的歡迎。

在評論第四卷的時候，我已說過，這書前三卷的主要功勞在於編輯的有條理，使讀者能於史料中自然而然的找着中日關係發展的線索；第四卷則除編輯有功外，且發表重要的新史料。最近出版的第五卷，於新史料的貢獻，與第四卷幾相等。最重要的莫過於第四十六章，論新民屯至法庫門的鐵路，及第五十二章，論錦州至瑷琿的鐵路。前者是併行線問題的試金石；後者是日俄兩國完全拒絕他國資本投入東三省的成功。關於前者日本利用中日會議紀錄；關於後者，日俄運用當時的國際局勢。我國外交部關於這兩個問題的主要文件竟於此書中初次出世。我們在從此書纔知道清世昌唐紹儀錫良程德全諸人經營東北的苦心和失敗的慘痛。

第五卷所敍述的問題極繁雜，內有不少的尚待繼續的研究以得其底蘊。尤其是日俄兩方的內幕。我們徒知道他們某年某月向中國提出某某抗議，某年某月彼此締結某某公約和秘約。至於抗議和訂約以前，兩國政府是怎樣計議的，怎樣交涉的，我們尚不甚明瞭。日人從此書中可以窺探我們外交的底蘊，但我們不能從此書中窺探日本或俄國外交的底蘊。這種困難，大部份不是著者所能負責的，因爲日俄雙方所發表的公私材料實在太少了。同時有一小部份的困難是著者能替讀者解除的。

這一卷所討論的時期，起光緒三十二年，止於宣統三年（一九〇六至一九一一年）。除二辰丸事件及其所引起的排貨運動外，這六年中的中日問題都有關於東北。那末，在東北問題的歷史上，這時期的演變是從日俄對敵到日俄合作。我們把這個演變看清楚了，其他的問題都能看清楚。

在日俄戰前，日本對東北問題的立場完全與英美兩國一致，不過更加積極而已。日本彼時所標榜的政策，是列強在華通商的機會均等及中國的領土完整。換句話說，日本在戰前拿來號召全世界的就是門戶開放主義。因此美國雖爲傳統所限未加入英日同盟，羅斯福的政府實際也可說是日本的同盟者。俄國彼時的立場正與日本的針鋒相對。自戊戌以後，俄國一面拒絕他國勢力參入，一面誘迫中國割讓特殊權利與她；庚子以後，這種趨勢更積極。當時美國資本家的代表博石（Bush）曾設法在東省修鐵路，俄人很不客氣的教他停止活動。在日俄相對之中，不但英美，就是我國也與日本表同情。光緒二十九年三月，京師大學堂的學生上疏力主聯英日以拒俄。他們說：「故聯俄則有害而無利，聯英日則有利而無害」。

日俄戰後，這個局勢就大變了。日本在南滿一面擴充他的特殊權利，如向中國要求不修併行或競爭線，許他修安奉線、吉長線、及沿路開礦；一面排斥他國的勢力，如廢棄日美合辦南滿的協定，反對中國借外資修錦瑷路，反對滿洲鐵路中立化國際化的計劃，阻礙中國在大連的設關，及利用南滿路來偏袒日貨的輸入。戰後日本的立場與戰前俄國的立場完全是一樣：日本也企圖勢力範圍而反對門戶開放主義。這不一定可以證明戰前日本的外交是騙人的。其實戰前如俄國願接受門戶開放主義，日俄戰爭也可免了。不過戰前能滿足日本的慾望者，戰後就不能了。

戰後日本的積極計劃遇着兩種阻力。第一是來自中國的。中國這時忽然想開發東北。光緒三十三年我國在東北廢將軍制，設督撫制。第一任總督是趙爾巽；不滿兩月，換了徐世昌。徐是袁世凱一系的人。免趙用徐是否是袁系擴充地盤的計劃，是中國近代史上一個有趣的問題。趙徐及奉天巡撫唐紹儀的政策不外拿英美的經濟勢力來減殺日俄的政治勢力。這個政策是光緒初年李鴻章丁日昌及恭親王在高麗實行而後來未果行的。第二種阻力是美國少數資本家的投資熱。

日本的對策，就是與俄國合作。英日同盟前，日本原有一派主張聯俄者，俄國也有一派以為俄國遠東的發展不應也無須與日本為敵。戰後兩國均感覺日俄對敵徒使第三者佔便宜。於是在一九○七年成立初次妥協，一九一○年成立二次妥協。

中國的運氣眞不好。第一、中國初次有積極開發東北的政策和人物的時候，世界大勢忽轉不利於我們。是年——一九○七年——為應付德國起見，日法、英俄都妥協了。因此日俄在東北的發展，英法都不願反對。第二、中國彼時惟一的朋友——美國——還是一個不成熟的強權。論社會經濟，美國彼時並無向東北投資的必要；想投資的僅哈利滿一人。論外交手段，美國的傳統、政制、民情，都不許政府學英法日俄各國的處心積慮以聯友拒敵。在當時的形勢之下，惟獨德國可聯，而一九○八年德國的聯美政策竟遭美國的拒絕。所以在這六年之內，美國私人和政府雖提出了許多計劃，實在一事無成。第三、在宣統年間，中國忙於預備立憲和革命，對東北實無力進行。一九○八年，西太后去世，袁系失勢。繼徐世昌為東省總督的錫良，雖想繼續袁徐唐的政策，終為形勢所阻。

上面所講的發展線索，著者在第五卷內雖在各處零散講過，但似欠貫通。讀者倘能明瞭這六年的大勢演變，則這書中所供給我理的史料，更將有意義了。

——選自（民國二十二年七月三日）「天津大公報文學副刊」第二八七期

民國初年之中日關係

民國初年之中日關係

六十來中國與日本第六卷 王芸生輯 天津大公報出版部發行
民國二十二年八月十日初版 定價一元五角

本書的前五卷都論清末四十年的中日關係。此時期的外交史料，雖仍不完全，確已不少。公私各種的出版品如故宮博物院的光緒朝中日交涉史料，宣統朝中日交涉史料，王亮氏的清季外交史料，外交部的各朝條約，以及清末要人的文集，均卷頁浩繁，材料豐富的。加上編者王芸先生殷勤的收穫，其中最要的是駐俄使館的檔案，光緒三十一年中日會議的紀錄，及從日文書籍所譯的文件，清末四十年中日關係的問題大部份我們能從此書知其底細，其餘部份亦能知其梗概。時至民國，我們外交史的學術狀況就大不同了。基本文件已經出版者很少，且極零散。作外交部長者如王寵惠，陸徵祥，孫寶琦，顧維鈞，伍廷芳，伍朝樞，胡惟德，顏惠慶諸人，或未發表文集，或未到發表文集的時代。我方如此，日本方面亦大致如此。民國的外交史事實上現在不能有定本，不問著者是誰。所可能者僅史料的探討。有了數十人繼續數十年的努力，各人有些貢獻，然後我們纔能有科學的完備的民國外交史。

此書最近出版第六卷，我們只能拿這種眼光來批評。我們不能問其完備與否，我們只能問其有無新材料的貢獻。至於論斷根本談不到；至多我們能有假設。

這卷共分爲四章。第一章（全書的第五十七章）論「中華民國之誕生」。所採材料甚少（共十六頁），大部分是得自英美的出版品。正確雖無問題，然大致平常。眞正直接史料，無論中方或日方，條約除外，不見一件。所討論的問題確甚嚴重。在辛亥及壬子年間，革命黨對日本曾抱何種希望，得着何種援助；清朝與日本又有什麼往來；日本對民黨，對滿清曾定何種計劃？或者因鼎革之速，三方均未到講具體條件的時候？我們不能從民黨要人及日人素與民黨領袖接近者的文牘中找出些微蛛絲馬跡？這一章的成立似極勉强；編者留給後人努力的機會正不少。

第二章（本書的第五十八章）的新村頗可觀，其中最要的是民國三年孫中山先生寫給大限伯的信。編者名此章爲「二次革命」，我以爲應該改爲「中國朝野領袖的大競賣」。孫先生與大限伯是這樣講價的：

> 日本與中國地勢接近，利害密切，求革命之助以日本爲先者，勢也。……日本既助中國……可開放中國全國之市場，以惠日本之工商，日本不啻獨佔貿易上之利益。……中國恢復關稅自主權，則當與日本關稅同盟，日本製造品銷入中國者免稅，中國原料輸入日本者亦免稅。中國之物產日益開發，日本之工商業日益擴張。……（頁三五）

可惜我們不知大限伯的還價。或者他以爲孫先生的支票是不能兌現的，就不費事還價了。

同時在朝的領袖袁慰亮先生也在那裏與日本講價。三年八月外交部致駐日公使陸宗輿的電報有這一段：

前小番（代理公使）面告，日政府確有取締亂黨之意，望代達主座。日前又提議，中國如願日本實行，可提出希望條件，惟須有交換利益，日本方可對付，……（頁三八）

袁先生所出的代價大致與孫先生所出的相同。外交部另一個電報說：

……我政府正籌中日免除根本誤會，以圖經濟聯絡之法。……（同上）

孫先生的愛國是不成問題的。我想袁先生的愛國也是不成問題的。除本卷末章有許多證據外，孫先生給大隈伯的信就形容過袁先生的愛國：

現在之中國，以袁世凱當國，彼不審東亞之大勢，佯與日本周旋，而陰事排斥。雖有均等之機會，日本亦不能與他人相馳逐。近如漢治萍事件，招商局事件，延長煤油事件，或政府依違其間，而嗾使民間反對，或其權利已許日本，而翻授之他國。彼之力未足以自固，又憚民黨與日本親善，故表面猶買日本之歡心，然且不免於利用。……設其地位之鞏固過於今日，其對待日本必更甚於今日，可以斷言。……（頁三五至三六）

孫先生可算袁先生的知己了。

我引這幾段的意思並不在批評民國初年的偉人，而在指出這章書的價值和說明中國近代內爭的大隱憂。個人儘管愛國，但一旦加入政權的爭奪，免不了只顧目的，不擇手段，正如孫先生所說「勢也」。這樣的爭奪，久延下去，國家將賣盡了。我所以近來竭力提倡鞏固中央的地位，幾乎不顧中央是誰主政及主政的好壞。「設其地位之鞏固過於今日，其對待日本必更甚於今日，可以斷言」。國人要抗日而不圖鞏固中央的地位者，眞是椽木求魚。

第三章論日本侵略山東者的新材料不少，來自中國駐日使館的檔案。這一章所討論的時期是民國三年，就是歐戰開始的那一年。素靠國際勢力均衡以圖苟安的中國，遇着這掀天動地的惡戰，想避免患難，是勢不可能的。袁世凱的運氣比國民政府的還壞，因爲九一八時代的世界經濟恐慌究竟比不上一九一四年世界大戰的嚴重，何況袁氏彼時沒有國聯來替他號召世界的輿論。這一章最有興趣的新材料是關於袁氏避難的方法。他最初想聯日本及美國共同限制戰區，「使戰禍不致及於東方」。這個提議美國完全贊成。據我所知，英德亦完全贊成。日本雖援英日同盟而向德國宣戰，英國確不願日本自告奮勇，作不速之客。袁氏之提議終告失敗，完全由於日本要利用歐戰所給予千載一時的機會。袁氏又直接與德國交涉，要德國退還在山東的已得的權利。此舉也因日本的反對而告失敗。關於中德的交涉，可惜編者未能得着更多的材料。

本卷末章論二十一條者，無疑的是此書最大的貢獻。論篇幅，這一章佔全卷的五分之四，共三百二十頁，且此中材料十分之九是以往未發表過的。以往公私文件，關於二十一條者，雖發表不少，但是沒有一種出版品的貢獻可與這卷比較。第一，這卷有袁氏在二十一條上所寫的旁批和頂註：袁氏思想的精密於此畢露。第二，這卷有外交次長曹汝霖致駐日公使陸宗輿的四封信，皆絕頂的好材料，袁政府可敬可悲的掙扎於此無意中得着寫眞。第三，這卷有二十一條最初八次會議的紀錄，陸徵祥及曹汝霖的磨難及日置益的橫蠻均如同目見。我讀了這一章以後，覺得有許多誤會以後不應繼續存在。關於二十一條的交涉，袁世凱，曹汝霖，陸宗輿諸人都是愛國者，並且在當時形勢之下，他們的外交已做到盡頭。足證局外的人評論外交最易不公不平，尤其在國事緊張的時候；更足證爲中國的外交當局者不但對付外人難，對付國人尤難。

編者能於材料缺少的情形之下，替我們找着這多有價值的新材料，這眞是有功於學術。

——選自（二十二年九月十八日）天津大公報文學副刊第二九八期

「清季外交史料」序

「清季外交史料」序

清季外交史料這部書，論體裁，完全與「籌辦夷務始末」相同，而於編輯方法上略有修改；論時代，是道咸同三朝夷務始末的續編；因爲這書的文件是同治以後三十餘年的外交史料；論卷帙，等於三朝的夷務始末。這書出世後，清朝的外交，從鴉片戰爭直到滿清末年，幾全成爲公開的事實。學者如果要知道這段外交史，——中國近代史的最要方面——在史料上不應再感缺乏了。

夷務始末的出版是中國外交史的學術革命。以前研究中國外交史者雖不乏其人，但是他們的著作，不分中外，幾全以外國發表的文件爲根據。專憑片面證據來撰外交史，好像專聽一面的辯詞來判訟，那是不能得其公平的。不過以往中國外交方面的文件，不但出版者少，且極零星；就是學者要參考中國的材料亦感困難。有了「籌辦夷務始末」及清季外交史料二書，以前的著作均須大加更改，並這二書已引起全世界學者的注意，此後他們將逐漸知道中國材料的重要。

「清季外交史料」與「籌辦夷務始末」有一個大不同。前者是官書，是以政府的人力財力編成的；後者是私人的編纂是黃巖王弢夫先生及王布隱先生父子數十年繼續努力而成的。弢夫先生的原稿蒙布隱先生的好意，我曾借閱過月餘。看其式樣，似乎弢夫先生在軍機章京任內，將所有與外交（當時所謂洋務）有關的文件，條約也好，上諭也好，奏摺咨文照會也好，均鈔一份，久之遂成鉅冊。希隱先生承繼了這部稿子，又費了十餘年的工夫，加以補充和編次，然後學術界今天始得享用此書。二先生的苦心孤詣是我們應該敬佩的。我平素對於外交史的研究頗有興趣，又親切知道這部書出世的原委，所以我願趁這機會對輯者和編者表示一點敬意和謝意。

蔣廷黻於國立清華大學

中華民國二十二年十月

——選自「清季外交史料」（二十二年十月日北平出版）

中國與近代世界的大變局

中國與近代世界的大變局

「歷代備邊，多在西北；其强弱形勢，主客之形，皆適相埒；且猶有中外界限。今則東南海疆萬餘里，各國通商傳教，來往自如，麕集京師及各省腹地；陽託和好之名，陰懷吞噬之計；一國生事，諸國構煽：實爲數千年來未有之變局。輪船電報之速，瞬息千里；軍器機事之精，工力百倍；礮彈所到無所不摧；水陸關隘不足限制：又爲千年來未有之强敵。……」

這是同治十三年（西曆一八七四年）李鴻章對中國的國際地位之觀察，時人多以爲他言過其實；今人定覺得他的看法還不透徹。關於這一點，我們在下文裏當再討論。我們現在不過要指出：李鴻章的結論是不能否認的或修改的。中國近代所處的局勢確是「數千年來未有之變局」；中國近代所遇之敵人確是「數千年來未有之强敵」。

這個大變局的由來及其演化；中國對此變局的應付及其屢次的修改：這是本文所要討論的。

一

葡萄牙人在十五世紀末年發現了繞非洲經好望角的歐亞直接航路。這事在世界歷史上開了一個新紀元，也就是上文所謂大變局的起始。在這事以前，中西固早已發生了關係，但以前的關係與以後的關係根本不相同。原來歐亞兩洲雖境土相連，謂在烏拉山以南，喀斯便海以北，兩洲之間並無自然的分界，但在十六世紀以前，中國與歐洲之間，除蒙古帝國短期外，總有異族異教之人居中隔離。在這種環境之下，中西的關係不但要看雙方的需要及意志如何，還要靠中歐之間的區域有適合的情形。在這個條件不能圓滿的時候，中西的關係就完全斷了。即在這個條件能圓滿的時候，中西的關係大部份是間接的：貨物的交換及彼此的認識都是由第三者轉遞與介紹。嚴格說來，歷上古與中古中西各自成一個世界，一個文化系統。自歐亞直接航路發現以後，第三者的阻礙成爲不可能，其介紹亦成爲不必要。自十六世紀到現在，世界史的最重要方面之一是東西的溶化，或者我們應該說，是全世界的歐化。

爲什麼歐亞的航路到十五世紀末年始發現呢？這問題不是一言兩句所能解答的。就地理說，這個大發現之遲到很自然。中西的發展是背道而馳的。歐洲發展起始於東南而趨向於西北。歐洲最早的文化及政治中心是希臘，其次是羅馬，最後才是西歐，愈到後來愈離中國遠了。等到大亞洋沿岸的國家有了相當的成熟，歐洲的歷史始入海洋時期。中國的發展方向正與歐洲相反：中國的發展是由北而南的。我國的史家雖大書特書漢唐在西域的偉業，其實這不是我民族的正統。我國的政治勢力、文化、及人民渡長江而逐漸佔領江南以及閩粵，這一路的發展才算得我民族事業的正統。等到閩粵成熟了，然後我們更進而向南洋發展。明永樂及宣德年間的海外盟事不是偶然的，無歷史背景的。那時南洋，甚至印度洋，似乎是我們的勢力範圍。鄭和的時代就是葡萄牙航海家亨利王的時代。無怪乎中國與葡萄牙人初次的見面禮是在印度況沿岸舉行的。我們可以說，十六世紀以後的中西關係是數千年來雙方歷史的積勢所蓄養而成的。那麼自然會愈演愈密切而愈重要了。

在歐洲歷史未入海洋時期以前，西方沒有一個國家把提倡海外發展當作政府的大事業。西人來中國者多半爲個人的好奇心、利祿心、或宗教熱所驅使。他們的事業是私人的事業；他們沒有國家或民族作他們的後盾，就是歐洲中古最著名的東方旅行家——馬可孛羅——並未得着任何歐洲政府的援助。他的事業，在當時，與歐洲任何國家或民族的國計民生都沒有關係。到葡萄牙人發現好望角的時候，歐洲的局勢就大不同了。至少在西歐，葡萄牙、西班牙、法蘭西、英吉利已成立了民族國家。在十六世紀末年，荷蘭亦經革命而獨立。這些國家的國王和權貴無不以提倡海外發展爲政府及民族的大事業。那班在海外掠財奪土的半海盜半官商居然成了民族的英雄。文學家又從而贊揚之。在十六、十七世紀的歐人眼光裏，國家的富強以及靈魂的得救，都靠海外事業的成敗。個人冒險而到海外去奮鬪的，不但可以發大財，且得爲國王的忠臣、民族的志士、和上帝的忠實信徒。這種人的運動是具有雄厚魄力的。他們在歷史上發起了，推動了一個不可抑遏的潮流。

李鴻章所謂「數千年來未有之變局」就是這樣開始的。

二

葡萄牙的大航海家帝亞士（Bartholomew Diaz）於一四八六年，明成化二十二年，發現了好望角。十二年以後，明弘治十一年，甘瑪（Vasco de Gama）率領小艦隊直抵葡人百年努力的目的地印度。在印度西邊的各海口，甘瑪採買了印度土產如珍珠、胡椒、細布，及香料羣島所產的香料，滿載而歸。這一次的貿易獲利六十倍。弘治十五年甘瑪又率領第二次遠征隊到印度。他帶到東方的資本約值二百四十萬佛郎；歸國後，帶回去的東方貨物變價到一千二百萬。但歐亞貿易，在此以前，是由亞拉伯人及意大利人壟斷。他們自然不甘心坐視別人攘奪他們的利源。而葡人嘗了滋味以後亦自不樂歇手。正德五年（一五一〇年）的大戰決定了最後的勝利屬於新興的葡萄牙。

彼時葡屬印度總督阿伯克爾克（Albuquerque）具有絕大的野心。他想囊括印度洋及南洋各地，創立一個偉大的海洋帝國。正德五年，他佔據印度西岸的大市鎮果亞（Goa），且設總督府於此。次年，他的艦隊又滅了南洋咽喉的滿剌加（Malacca）。此擧開了中西衝突之端。原來滿剌加自明成祖於永樂元年（一四〇三年）派遣尹慶出使其地宣示威德以後，歷年謹修職貢；加上鄭和在南洋的活動，尤對中國順服。葡人滅滿剌加就是併吞中國的藩屬。中國如何應付這種侵略？明史滿剌加傳於無意中形容實在極了：

「後佛郎機強擧兵侵奪其地。王蘇端媽出奔……，遣使告難。時世宗嗣位，敕責佛郎機，令還其故土諭暹羅諸國王以救災恤鄰之義，迄無應者：滿剌加竟爲所滅」。

換句話說，明世宗僅發了幾篇紙上文章以塞宗主的責任。難怪葡人要繼續前進佔美洛居（Moluccas）。明史說：「地有香山，雨後香墮，沿流滿地，居民拾取不竭。其酋委積充棟以待商舶之售。

東洋不產丁香，獨此地有之，可以辟邪，故華人多市易」。此段文字雖帶浪漫風味，然離事實確亦不遠。美洛居亦名「香料羣島（Spice Islands），所產物品爲數百年來歐亞貿易的大宗，也就是葡人及荷蘭人在亞洲最注重的。葡萄牙在美洛居的侵略，中國更置之不理了。

西班牙的海外發展與葡萄牙同時；最初目的也是要到印度。因爲哥倫布不知美洲的存在，誤信了從歐洲向西直航爲達印度的捷徑。後來西班牙人在十六世紀初年發現了墨西哥及秘魯的金銀，才定美洲爲他們海外發展的範圍。所以馬奇倫（Magellan）雖於一五二一年，正德十六年，發現了菲律賓羣島，等到一五六三年（嘉靖四十二年）西班牙人始復來經營此地；再等七年，始佔呂宋。中國與呂宋的關係比與滿剌加或美洛居更密切。明史說：「先是閩以其地近且饒富，商販者至數萬人，往往久居不返，至長子孫」。西班牙人對於中國人實在是去留兩難：留之則恐華人勢力太大，致不能制；去之則島上經濟受損失。且中國人也去不盡，因爲「華商嗜利，趨死不顧，久之復成聚」。西班牙人採取了一個折中辦法：華人太多的時候驅逐些或屠殺些；平時則收重的人丁稅。萬歷二十一年（一五九三年），驅逐過一次。三十一年屠殺過一次：中外記載皆說死難者約二萬五千人。崇禎十二年（一六三九年），又屠殺過一次：彼時華僑共三萬人，死者佔三分之二。萬曆三十二年，中國尙移檄呂宋：「數以擅殺罪，令送死者妻子歸」。到崇禎年間，連一篇紙上文章都無暇發了。這樣的，我民族又喪失了在菲律賓的發展範圍。

荷蘭在爪哇也是這樣對付華僑的。

這三國及後來的英國的侵略也是南洋的大變局。在歐洲人未到南洋之前，華僑是那些地方的社會及經濟的最高層，甚至有執當地政府柄者。倘這種趨勢能繼續推演，則羣島未嘗不可成爲海外的新閩粵。可惜西人勢力到達南洋的時候，我國無以應付，僑胞遂永遠寄人籬下了。

有明一代，一方面閩粵的人民自動的冒萬險到南洋各地去謀生，一方面政府至少在永樂及宣德年間，似乎又極端重視中國在南洋的勢力。海外發展的條件豈不是齊備了？何以在十六世紀又這樣的拱手讓人呢？西人的船堅礮利及十六世紀的明廷之無遠略當然是要緊的原故。比這樣原故還根本的是當時中國的特殊國情。明代政府及人民的海外事業各有其動機，且彼此不相關的。歷有明一代，廣州市舶司提舉——即海關監督——的肥缺全是太監的專利。政府所派的代表到南洋去的，如鄭和、尹慶，又都是太監。他們的使命雖說得冠冕堂皇，什麼爲國家揚威富德，其實他們的目的豈不是爲太監們去招徠？近人談唯物史觀者，好以地主階級或資本階級的私利解釋中國的歷史。如要勉強用階級爭鬬來解釋歷史，我們以爲在中國應特別注重官吏階級。這個階級有其特殊的立場與主觀；雖出身是從地主或資本階級，官吏只爲官吏而施治，並不代表任何人，惟其如此，明朝政府始能一面派使出洋揚威富德，一面禁止人民出洋及坐視外人壓迫在外的僑民。實際在政府方面，明朝海外事業的動機就是太監的私利。這個動機那能促進民族運動呢？拿這種動機來與西人的動機比載，豈不是有霄壤之別嗎？

三

從滿剌加，葡萄牙人更進而到中國東南的洋面，初次在武宗正德十一年（西曆一五一六年）。此舉中國又如何應付呢？當時中國並不守閉關主義。在葡人未來之先，中國沿海的通商已有相當的發展。暹羅、占城、蘇祿、悖泥、爪哇、眞臘、錫蘭山、蘇門答臘，榜格蘭等國常有船隻往來中國。但同時我們沒有所謂國際貿易或通商條約，因爲中國的政治觀念，尤其自南宋以後，總以天朝自居，「一統無外，萬邦來廷」。根本否認有所謂「國際」者存在，所謂通商，就是進貢；市舶是隨貢舶來的。我的朋友張君德昌直稱明正德以前通商爲貢舶貿易時期。凡來通商的無不尊中國爲上國，而以藩屬自居。在藩屬方面，他們進貢以表示他們的恭順；在上國方面，我們許其貿易，並不因爲我們利其貨品或稅收，「不過因而羈縻之而已」。這是雙方條件的交換。因此，倘蕃邦偶不恭順，我們就「停市」。這是當時中國國際關係的理論。在此理論之上，我們設了各種法規，其中最緊要的是貢有定期，舶有定數。但是久而久之，這個理論及法規都成具文，其結果是貢舶其名，通商其實，甚至外人不到貢期或全不進貢的也來作買賣了。

此中原因複雜，容待下文討論。葡人初來廣州的是從滿剌加坐中國商船來的，貿易未發生困難。第二次，正德十二年，西人的記載說：華人初見其船隻之大及葡人的容貌奇異，要拒絕通商；後見其行爲和平，巡海水師又得重賄，就許了葡人在上川島停船貿易。從第三次起，正德十三年，中葡發生許多衝突。由衝突到妥協經過四十年；最後的妥協方案就是中國近代世界的大變局之第二步。

衝突的發生，第一由於葡人行爲凶暴。「剽劫行旅」、「掠買良民」、「恃強陵轢諸國」等形容詞屢見於當時的奏章。並且這些形容詞不是虛誣的；西人的記載可作參證。其實在十六世紀，歐人到海外去的可以作商客，也可以作海盜；當時道德觀念並未明定這兩種人的善惡，不獨葡萄牙人如此。至於給事中王希文所說的：「烹食嬰兒。犬羊之勢莫當，虎狼之心叵測」、及龐尚鵬所說的：「喜則人而怒則獸，其素性然也」。雖不免歷代言官的誇大，亦可表示當時一部份人的印象。葡人這種凶暴，不但危害了中葡關係，且影響了全盤中西關係，因爲時人當然把葡人當作西人的代表看待，而他們的行動容易使中國人以看待歷代夷狄的眼光來看待他們。初次的印象是不容易消抹的。

葡萄牙人大概從滿剌加的華僑及廣州沿海的商人探知了中國的貢舶貿易制度，所以他們初次到中國的時候，亦藉口進貢。但是進貢須朝廷許可，得列藩封以後始可執行。葡萄牙之滅滿剌加是她得進貢的資格的大障礙。正德十五年年底，御史丘道隆曾說過：

「滿剌加乃剌封之國，而佛郎機敢併之，且啗我有利，邀求封貢，決不可許。宜却其使臣，明示順逆，令還滿剌加疆土，方許朝貢。倘執迷不悛，必檄告諸藩，聲罪致討」。

葡萄牙的使者雖到了南京及北京，因滿剌加的原故及使團人員的失禮，於世宗嗣位之初（一五二一年），慘敗而歸：其舌人亞三伏法，正使 Thomé Pires 死於廣東監牢。

但是正德嘉靖年間的中國人的心理也不是這樣簡單。經過幾次的交戰，尤其是嘉靖二年（一五二三年）新會西草灣，二十六年漳州及二十八年詔安等役，我們知道了葡人火炮的利害。「御史何鰲言佛郎機最凶狡，兵械較諸藩獨精。前歲駕大舶突入廣東新會城，砲聲殷地」。西草灣之役，中國得了幾尊火砲，海道副使汪鋐送至北京，說其大者能擊五六里。明史加了一句：「火砲之有佛郎機自此始」。於是「佛郎機」又成了利砲的別名了。我們雖與葡人打了好幾次的仗，且是得勝了的，他們仍繼續前來。明史說：「吏玆土者（在廣東作官的人）皆畏懼莫敢詰」。

除威脅外，葡人尚可利誘。利有好幾種：有通商自然之利，法內之利，亦有法外之利。嘉靖八年左右：

「巡撫林富言互市有四利。祖宗朝諸藩朝貢外，原有抽分之法，稍取有餘足供御用：利一。兩粵比年用兵，庫藏耗竭，藉以充兵餉，備不虞：利二。粵西素仰給粵東，小有徵發卽措辦不前，若蓄船流通，則上下交濟：利三。小民懋遷為生，持一錢之貨，卽得展轉貿易，衣食其中：利四。」

林富所奏的是國計民生，法內之利；此外尚有官吏從互市所得的陋規。此種法外之利之大有非吾人所能想像者。因此地方官吏，在林富以前（及以後），「甚有利其寶貨，佯禁而陰許之者」。

林富論民生的一節也不透徹。據西人的記載，中國沿海的居民無不樂與外人交易，只要交易是和平的，朝廷儘管要閉關，士大夫儘管倡攘夷，平民能作買賣必定要作。久而久之，統治階級亦無可如何；卽清高者不過罵一句「奸商」或「漢奸」以了之。現代如此，十六世紀早已如此。在中外商業的開闢之過程中，中外的商人有許多時候是利害相同，因而互助的。正人君子，往往把這種互助當作狼狽為奸看，其實君子反自然，商民順自然。我國士大夫對「商」沒有正確觀念，所以我民族在應付近代世界的大變局之中有時不免自作孽了。

我們的傳統觀念既把正路堵塞了，中外的商人就不得不走邪路。天啓年間，荷蘭人想在廣州通商遭拒絕以後，用了一個新方法。明史荷蘭傳有這一段：

> 「海澄人李錦及奸商潘秀郭震久居大尼，與荷蘭人習。語及中國事，錦曰：『若欲通貢市，無若漳州。漳南有澎湖嶼，去海遠，誠奪而守之，貢市不難成也』。其酋麻韋郎曰：『守臣不許奈何』？曰：『稅使高寀嗜金銀甚。若厚賄之，彼特疏上聞，天子必報可。守臣敢抗旨哉』？酋曰：『善』」。

潘秀及郭震諸人於是負命回福建去運動。高寀不但甘願，且努力促成其事。他派了「心腹周之範詣酋，說以三萬金餽寀，即許貢市。酋許與之，盟已就矣」。但別的官吏或因分贓不均，或因不敢違旨開禁，不承認這個私約，事就作罷。

此種記載，倘無旁證，似難可信。幸而英國東印度公司亦有同類記錄。這時英商企圖在華通商苦無門可入。東印度公司日本經理柯司（Richard Cocks）於是聯絡長崎華商會的會長替他運動。一六二一年（元啓元年）一月，柯克司報告公司說：「中國老皇帝已傳位於其子，新皇帝已許我國每年派兩隻船去過商。地點定在福州。現在所缺的只是當地督撫的許可」。幾個月後，他又寫信給公司說：「中國商會會長負責交涉通商權利者已返平戶。他說特許狀已得到了。他又說他費了一萬二千兩的運動費。如公司的經理現在不理他，他必致破產」。這個商會的會長似乎是個買空賣空的投機者，因爲這種活動沒有先疏通北京而後再來對付地方官吏的。

我們近代對付西洋的方法不外採用西洋的槍砲及雇用西洋的軍人。西人近代對付我們不外學我們疏通衙門的秘訣，且雇用漢奸替他們跑衙門。雙方均在那裏倣效對方的長處。

現在我們應能了解十六世紀中西互市問題的上層理論及法規，和下層的事實。究竟促成互市的動機大於禁止互市的動機。因這種基本的趨勢，當時雖有許多人反對，皇帝終發明詔許葡人在廣東通商。

最初明令特許的通商地點是浪白滘。葡人最初在此島旁就船爲市，後來移居島上。嘉靖十四年（一五三五），都指揮黃慶「納賄請於上官，移舶口於濠鏡」，由葡人「歲輸課二萬金」。「濠鏡」就是澳門的別名。葡萄牙與澳門的關係是這樣發生的。黃慶爲什麼要替葡人出力，他「納賄」的錢從那裏來：中籍無明文的紀載。西籍則說葡人善於運用金錢與中國官吏周旋。嘉靖十四年中國還只許葡人在澳門停船：

「三十二年（一五五三年）蕃舶託言舟觸風濤願借濠鏡地暴諸水漬貢物，海道副使汪柏許之。初僅蔆舍。商人牟奸利者漸運瓴甓榱棟爲屋。佛郎機遂得混入。高棟飛甍，櫛比相望。久之遂專爲所據」。

當時的官吏既然一面畏懼「佛郎機」，一面又利其互市，還是讓葡人在澳門居住爲最方便。況且官吏很能自圓其說：如果在島上，則「巨海茫茫，奸宄安詰，制禦安施」；一旦移居澳門，則「彼日所需咸仰給於我，一懷異志，我則制其死命」。原來澳門面積甚小，與內地的交通僅靠蓮花莖一路：倘有衝突，中國只須抽退工人，斷其接濟，就「制其死命」了。這是我國官吏在十六世紀從經驗得來的一個極省事而又極靈效的「馭夷」秘訣。葡人移居澳門等於把生命財產搬進一個葫蘆裏而讓中國看守葫蘆口。為守口嚴密起見，萬曆二年（一五七四）中國築了一道閘牆橫斷蓮花莖，牆中留門，啓閉由中國駐防軍隊主持。中國在澳門又立稅關，置縣丞；葡人年納地租五百兩。此外中葡並沒有別的關係。葡人好幾次派代表到北京，中國看同琉球暹羅的貢使，葡人亦未抗議。這樣，中國保存了「天朝」的尊嚴，而地方人民和官吏以及葡萄牙都作了他們的好買賣。這個妥協方案既顧到了上層的理論和法規，又適合於下層的事實及慾望。這是我們應付近代世界的大變局之第二步。明史說：「……終明之世，此番固未嘗為變也」。

四

終明之世，葡人所以未為大患，不僅因為中國有了「馭夷」的秘訣。此外有別的原故在。葡人在澳門雖受中國種種限制，但中國貨物除由華商運到南洋及日本，再由荷商或英商運到歐洲外，餘概須經過葡人之手始能到歐洲。這種中國與歐洲貿易的壟斷每年給葡人百萬兩的淨利。果亞總督給葡人商船來澳門的特許狀價值多到七十萬兩。所以葡人自得澳門後，不但不想進取，反竭力的聯絡中國來避免第三者的分潤。且葡萄牙的帝國政策最注重的香料羣島及印度，並不是中國。其國內的經濟政策不好；在海外所得的財富不經過葡人之手，終流到英荷法諸國。一五八〇年（萬曆八年），其本國且爲西班牙所兼併。因此荷蘭及英國與西班牙爲敵者亦與葡萄牙爲敵。葡屬殖民地一部份就被英荷瓜分了。葡萄牙海上稱雄僅在十六世紀；到了十六世紀末年，她已自顧不暇，更談不到進取。

西班牙也是十六世紀的大海權國，但是天主教皇在分派海外區域的時候，把中國劃歸葡萄牙去發展。所以中國與西班牙沒有要緊的關係。

荷蘭與英國的海外事業的起始同在十六世紀末年。最初兩國合作以抗西班牙。兩國在亞洲都設有專利的東印度公司。這兩個公司初到中國來通商的時候，葡萄牙人竭力慫恿廣東官吏反對，因此英荷兩國初來通商所遇着的困難反比葡萄牙更多。荷蘭東印度公司在廣州及澳門失敗以後，就於天啓二年（一六二二年）向東北去佔澎湖，以圖與福建通商。「守臣懼禍，說以毀城遠徙即許互市。番人從之。天啓三年，果毀其城移舟去。巡撫商周祚以遵諭遠徙上聞。……已而互市不成，番人怨，復築城澎湖」。後任福建巡撫南居益與荷人屢戰，並嚴斷接濟；荷人遂棄澎湖而專意經營臺灣。

彼時臺灣雖未入中國版圖，國人在那裏墾荒的已經不少。嘉靖末年，海盜林道乾曾據其地。天啓初年海盜顏思齊和鄭芝龍在此地住過。崇禎中年，芝龍降於福建巡撫沈猶龍，並受了明朝的官職。適福建大旱，芝龍就提倡移民於臺灣。「鴻荒甫闢，土膏憤盈，一歲三熟，厥田惟上上。漳泉之人赴之如歸市」。荷蘭人不過在安平、鷄籠、淡水建立貨棧和堡壘。「荷蘭專治市舶，不斂田賦，與流民耦俱無猜」。明亡，芝龍降於滿清，其子成功不從，據廈門一帶的地方與清對抗。順治十七年（一六六〇年）成功進攻南京失敗以後，遂率領部隊去佔臺灣，也可說去收復祖業。荷蘭人死抗，但在爪哇的公司接濟不上，臺灣遂於順治十八年完全變爲中國人的土地。從此荷蘭人與鄭氏爲仇而偏袒滿清，想趁機得與中國通商。康熙二年（一六六三年）施琅奪取厦門的時候，荷蘭東印度公司曾派船來協助。康熙帝還賞了「荷蘭王」緞匹銀兩。從此公司得在厦門通商。

荷蘭東印度公司除以武力協助滿清消滅明朝餘黨，藉以得通商權利外，又屢次派使進京以資聯絡。中國當然以「請貢」待之。順治十二年「請貢」的時候，世祖曾以「特降敕諭賜其國王」，其中有一段極有趣的話：

「至所請朝貢出入，貿易有無，雖灌輸貨貝，利益商民，但念道里悠長，風波險阻，舟車跋涉，閱歷星霜，勞動可憫。若朝貢頻數，猥煩多人，朕皆不忍。着八年一次來朝，員役不過百人；止令二十人到京。所攜貨物，在館交易，不得於廣東海止私自貨賣。爾其體朕懷保之仁，恪恭藩服，愼乃常賦，祗承寵命」。

荷蘭人儘管恭順，他們與中國的貿易仍不能脫貢舶色彩。在十七世紀的前半，荷蘭雖曾稱雄海上，但其所注重地點是南洋羣島和印度。所以荷蘭反明助清的行動雖饒有歷史興趣，中西全盤的關係並沒有受荷蘭的影響。

英國東印度公司在十七世紀前半對中國的態度更加消極。荷蘭在澳門失敗了，英人就覺得無試驗的必要。駐日的經理雖曾聯絡長崎華僑商會的會長，但以後怕上當，遂未前進。所需中國貨物，英人在南洋或日本從華僑商購置以了事。

東印度公司對中國的消極頗引起英人的批評。一六三五年，國王查理一世偕同少數資本家另外組織一個團體，來專營中英之間的貿易。次年，這個團體派了威得爾上尉（Captain John Weddell）率領四大船二小船來華；一六三七年（崇禎十年）六月駛抵澳門。葡人既不願英人來分其利，心中又怕威得爾以武力對付，只好虛與委蛇，威得爾急了，就直向虎門駛進。中國官吏的反對，他全置之不理。雙方於是備戰。八月十二武山砲臺——虎門砲臺之一——開始射擊；威氏竭力反攻。交戰僅半小時，臺上兵丁盡逃了。英兵於是上岸佔了砲臺，懸上英國的國旗並把臺上的砲位搬到船上。所謂虎門的天險，在十七世紀已不能限制西人。九月十日中國放了許多火箭噴筒以圖焚毀英國船隻。這種火攻之法也沒有發生效力。威氏說：「謝謝上帝，我們沒有一人受傷」。以後他大事報復：燒了好幾個中國水師船，毀了一個村莊，並從村裏「拿走了三十頭猪」。經過這些硬仗之後，官吏和葡人都知道總須想個收場的辦法。終究威氏作了點買賣，但他也擔保不再來中國。

不久英國發生革命。革命以後，東印度公司於一六六四年（康熙三年）派船一隻來華。那時適經大亂之後。澳門景象十分蕭條。葡人口口聲聲的訴苦，說「韃靼」人如何蠻横，船一進口便不許出。這船白納了二千兩的船鈔，原貨皆裝回去。與中國直接通商既然這樣困難，公司改在臺灣設法。一六七〇年，公司居然與「國姓爺」鄭經定了通商的協定：公司得在臺灣及厦門通商，但須輸進若干火藥及砲位。五年以後，公司在厦門設立總棧，在臺灣分棧。除供給軍火外，尚派人教練鄭氏的砲兵。雖然，買賣仍舊不能發達，因爲鄭氏在大陸上所轄土地有限，並且年年縮小。到了康熙二十年（一六八一年）鄭氏失廈門，大陸上就無寸土了。二十二年，鄭克塽薙髮投降，臺灣也入了清朝的版圖。東印度公司駐華經理之失望可想而知。最奇怪的，英人並未因協助鄭氏而以後吃虧，正如荷蘭人之未因協助滿清而佔特殊便宜。

其實在十七世紀，英荷海權澎漲的時候，中國與西歐的關係並無新發展。在明末清初的時候，英荷兩國雖同爲通商對中國的內戰有所偏袒，但並沒有影響以後的關係。在這百年之內，近代世界大變局，在東南方面，進了一個凝滯時期。

近年因爲紀念徐文定公，國人對於明末清初的傳教事業特別注意。當然，在十七世紀，外國傳教士能在中國居官受爵，著書立說，中國高層的士大夫竟有信奉天主教者，這都是饒有興趣的事實。但是在朝廷方面——無論是明是清——外國傳教士的地位是一種技術專家的地位。朝廷所以用他們，不過因爲他們能改良曆法及製造佛郎機砲及紅衣砲。士大夫與傳教士接近者究竟不多，信教者更少。且這少數信教者豈不是因爲那時的天主教加了濃厚的儒教的色彩？我們從乾嘉道咸時代的藝術著作裏能找出多少西洋科學方法及科學知識的痕迹呢？十七世紀的傳教事業雖然帶了不少英雄的風味，究未在我國引起一種精神運動；我國的文化依然保留了舊觀。倘若沒有近百年的發展，這事業在我國歷史上不過如景教一樣而已。

十七世紀的大變動，不在傳教或沿海的通商，而在全亞洲北部之更換主人翁。

五

俄國人於一五七九年（萬曆七年）越烏拉山而進侵西比利亞。此後勇往直前，直到太平洋濱爲止。一六三八年（崇禎十一年），其先鋒隊遂在鄂霍次克（Okhotsk）海濱建設鄂霍次克城。六十年內，全亞洲北部入了俄國的版圖，其面積有四百萬方英里，比歐洲俄羅斯還大一倍。

中俄在黑龍江流域的戰爭和交涉，我已撰有專文（最近三百年東北外患史，原載清華學報，中央日報社近有影印本）討論此事。這裏我僅須指出有關於中國國際地位者。

第一、俄國未佔西比利亞以前，中西的接觸僅在東南沿海一帶；佔領以後，中西的接觸加添了北疆的長線。從歐亞關係史看，我們可以說，自十七世紀起，歐人分兩路侵略亞洲。一路自海洋而來，由南而北，其侵略者是西洋海權國；一路自陸地而來，由北而南，其侵略者是俄羅斯。兩路的侵略，合起來，形成剪刀式的割裂。全亞洲，連中國在內，都在這把剪刀口內。這是亞洲近代的基本形勢，誠數千年未有的變局。

第二、當時人雖不知道這個變局的重要，但在應付上，他們的成功是中國近代外交上空前絕後的。根據康熙二十八年（一八六九年）的尼布楚條約，不但黑龍江、吉林、及遼寧三省完全是中國的領土，即現今俄屬阿穆省及濱海省也是我國的領土。尼布楚條約的東北是大東北，因其總面積幾達到八十萬方英里，比現在的東北大一倍有餘，也可稱爲全東北，因其東北南都到海，都有海口，其他有外興安嶺的自然界線——在交通上及國防上，那時的東北是完全的。

我們在十七世紀能得這種成績，一面是因爲機會好，一面是因康熙皇帝處置得當。彼時西比利亞的交通極不方便；俄國在遠東的國力極其薄弱；俄人對遠東的地理知識亦極缺乏；俄國最大的希望是與中國通商：因此，我們的外交困難並不甚大。同時康熙皇帝在軍備上不遺餘力，在外交上則不爲過甚。尼布楚的交涉方式最值得我們注意。事前，代表團得着皇帝批准的確切的訓令，所以交涉的目的是固定的。在交涉的時候，我方代表全未以上國的使者自居；中俄雙方概以平等相待。尼布楚條約是中西最早的條約，也是中西僅有的平等條約。彼時三藩之亂已經平定，清朝的江山已經穩固：何以康熙帝獨於此時放棄「一統無外，萬邦來庭」的態度呢？若說滿人在那時尚未完全接受漢人的傳統，所以能以平等待外人，那末在順治年間，滿人的漢化程度更低，應該更能以平等待人。順治年間給荷蘭人的「勅諭」，我們在上文裏已經引過：其態度的高傲也就夠了。並且順治十三年，俄國特使背咯甫（Baikoft）到北京的時候，因「行其國禮，立而授表，不跪拜；於是部議來使不諳朝禮，不宜令朝見，却其貢物，遣之還」。十七年，俄國使者又因「表文矜誇不遜，不令陛見」。在順治年間，俄國已期意與中國和平交涉，無奈這些體制問題把交涉的路堵塞了。康熙的態度誠難解釋，但此態度是外交順利的一個成因，這是毫無問題的。

尼布楚條約的第六條也表示康熙時代朝廷態度的特別。這一條說：

「兩國之間既已成立本和好友誼條約，一切人民均可完全自由的從一國到對方國，惟必須攜帶護照，證明他們是得允許而來的。他們並可完全自由交易」。

平等對待及自由貿易可解釋尼布楚外交成績的大部份。中國外交史上的大成績是由平等對待及自由貿易中得到的：不是從獨自尊大，閉關自守的傳統中得來的：這件事値得吾人的深思。

六

康熙二十二年（一六八三年），三藩之亂平定了，臺灣也收復了，從此清朝統一了中國。於是清聖祖不但下決心來解決黑龍江一帶的中俄問題，且在沿海通商制度上，闢了一個新局面。以先在軍事時期，清廷曾禁人民下海，甚至强迫沿海居民遷居內地，以免他們接濟「叛逆」。康熙二十三年，聖祖下明詔開海禁。這個諭旨雖准許了國人下海，並沒有明文的許外人進口，但是事實上無論那國人要到廣州、厦門、福州、寧波來通商者，中國一視同仁。所以在十七世紀末年及十八世紀來中國通商的，如奧國（雙鷹國）、普魯斯（單鷹國）、丹麥（黃旗國）、美國（花旗國）、比利時、法蘭西均沒有遇着葡萄牙在十六世紀及英荷在十七世紀初年所遇着的困難。

同時清廷正式設海關監督，規定粵海關由內務府派，閩海由福州將軍兼，浙海關的由各省巡撫兼。按法律，中國的舊關稅制度完備極了，公道極了。聖祖的訓諭說：「各省關鈔之設，原期通商利民以資國用」；「國家設關榷稅，必征輸無弊，出入有經，庶百物流通，民生饒裕」。世宗的旨趣相同：「國家之設關稅，所以通商而非累商，所以便民而非病民也」。高宗也說過：「朕思商民皆爲赤子，輕徭薄賦，俾人民實沾惠澤，乃朕愛養黎庶之本懷」。戶部頒有稅則，其平均率不到百分之五，比南京條約以後的協定稅則還要低廉。防弊的法令也極森嚴：

「一、各關征稅科則，責令該管官詳列本榜，豎立關口街市，並責令地方官將稅則刊刷小本，每本作價二分，聽行戶頒發遵照。倘該管官將應刊本榜不行設立，或書寫小字懸於僻處，掩以他紙，希圖高下其手者，該督撫查參治罪。地方官將應刊稅則不行詳校，致有舛漏，或更扶同徇隱者，並予嚴參。」

「一、各關應征貨稅，均令當堂設櫃聽本商親自塡簿，輸銀投櫃驗明放行。其有不令商親塡者，將該管官嚴加議處。」

很明顯的，中國自十七世紀末年起，已有了法定的、公開的海關稅則。

實際上，中國海關收稅的情形不但離高尚道德甚遠，且與法律絕不相符。直到鴉片戰爭，外商不知中國的稅則的模樣。歷康雍乾嘉四朝，外人索看海關稅則多次，每次概被衙門拒絕。關稅分兩種：船鈔與貨稅。照戶部的章程，船鈔應丈量船的大小而定：大船約納一千二百兩，中船約九百六十兩，小船約五百四十兩。實際除船鈔外，還須「官禮」。在十七世紀末年，官禮的多少，每次須講價。到康熙末年，十八世紀初年，官禮漸成固定：不問船的大小，概須送一千九百五十兩，比正鈔還多。貨稅也有正稅及「陋規」。陋規最初也是由收稅者及納稅者臨時去商議，到康熙末年，大約已達貨價百分之六，比正稅亦大。雍正初年，楊文乾以巡撫兼關監督的時候，官禮報部歸公，於是官吏在貨稅上加了百分之十的陋規，名曰「繳送」。正稅及各種陋規總起來約當百分之二十，這是中國實行的稅則。

這種稅則雖重，但在十八世紀尚未發生困難。彼時進口貨小，出口貨多。中國的稅收百分之八十來自出口貨。這種貨物，因中外市價的懸殊，能納重稅。英國東印度公司在廣州出銀二十兩買茶一擔，納出口稅不過三兩八錢（其中正稅僅二錢），到倫敦即能批發到四十兩以上。且同時英國茶葉的進口稅比中國的出口稅還重。

通商的地點的選擇，在法律上雖自由，實際無自由。浙閩粵三省的官吏雖都歡迎外商，但各處都有特殊權利的華商壟斷市場，卽所謂「皇商」、「總督商」、「將軍商」、「巡撫商」等等。這班人是商人想借用政治勢力以圖操縱市場呢？還是官吏利用走狗來剝奪商利呢？還是官商狼狽爲奸呢？在厦門，康熙四十三年（一七〇四年），「皇商」組織公行，行外之人概不許與外人交易。從此厦門的市價全由公行操縱，外商苦極了。寧波（實際交易在珠山）不但有特殊權利商人，有時官吏簡直自定價格，强迫外人交易。在十七世紀末及十八世紀初年，外商只能從各口彼此競爭佔點便宜。最初他們側重厦門，後來側重寧波，最後側重廣州。康熙十五年以後，中外通商實際只有廣州一口，因爲廣州市面較大，官利的貪索亦比較有分寸。

廣州嘗了專利的滋味以後，絕對不肯放手。所以乾隆二十年，英商復想到厦門及寧波的時候，廣州的官吏及商人聯合起來，在北京運動。他們達到了目的；從乾隆二十一年起（一七五六年），廣州成了法定的惟一通商地點。

從十八世紀中年起，外人的通商不但限於廣州且限於廣州的十三行。十三行的專利實由于環境的湊迫。第一、與外商交易者總是資本比較大的華商；此中有一種自然的專利。第二、外人嫌中國海關衙門納稅的手續過於麻煩，所以常把納稅的事務委託中國商人去辦。官吏于是指定少數更殷實的商家擔保外人不漏稅走私。這個責任甚大，保商沒有團結不足以當之，倘團結而沒有專利亦是得不償失。得了專利以後，官吏又覺得保商應負更大的責任，於是保商不但要擔保外人不漏稅走私，且要擔保外人安分守己，換言之，管理外人的責任也到了十三行身上去了。在十八世紀的下半期，廣州外商及外船的水手逐漸增多而雜。中國官吏所定的禁令也就多而且嚴了。

這些禁令的煩瑣簡直是現在的人所不能想像或理解的。「番婦」不得來廣州。「夷船」開去以後，「夷商」不得在廣州逗留，他們必須回到澳門或隨船回國。「夷商」出外遊散只能到河南花地，每月只許三次，每次不得過十人，並須有「通事」隨行。「外夷」不許坐轎。「外夷」不許學習中文，購買中國書籍。「外夷」移文到衙文必須由十三行轉，必須用「稟」，祗許用「夷」字，不許用漢字。「外夷」只許租用十三行；僕役有限數，且須由十三行代雇。每年開市之初（秋末），官吏把這些禁令宣佈一次，並訓令十三行好好的開導那班不知禮義廉恥的外夷。禁令的實在用意不外三種：（一）防止外人開盤據之漸；（二）防止外人通悉中國政情以俾官吏的奸弊無從告發；（三）防止外人熟悉中國的商情，以便行商得上下物價。行商執行這種禁令的方法不外勸免疏通：倘不行，則宣佈停止貿易；再不行，則撤退外人的僕役，斷絕接濟。因這種利器用了多次，每次都見了效，官吏遂以爲「馭夷」易如反掌。

我們在十八世紀末年應付近代世界的大變局，又放棄了十七世紀末年康熙皇帝的比較開明態度而回到明末的模樣。

七

幸而在十八世紀與中國的通商的最要的對手是英國東印度公司，公司的政策由股東決定，股東的目的在紅利。東印度公司在中國買賣既大賺錢，其他一切也就將就過去了。又幸而在十八世紀，中國很像一個强大的帝國，而印度適於是時瓦解。英國的注視是在印度與法國的對抗。所以英國只想用外交的方法來修改中國的通商制度。

是時在廣州的外商覺得他們所受的限制和壓迫多半出自地方官吏，非皇帝所知道，更非皇帝所許可。倘若在地方交涉，通商的制度是不能更改的；倘若由政府派公使到北京去交涉，或有一線的希望。一七八八年（乾隆五十三年）英國外交部遂採納這個辦法。不幸英國這次所派來的公使在中途死了，使團也就折回去了。次年，兩廣總督福康安授意東印度公司的經理們，希望公司派代表到北京去賀高宗的八旬萬壽。經理們一則恐怕此中有奸謀，代表或將被扣留爲質，二則怕見皇帝的時候，必須三跪九叩禮，遂未接受福康安的意思。後來公司的董事以爲經理們失了一個絕好的機會，於是決計假補行祝壽爲名再派公使來華。

在籌備這使團的時候，英國人費盡心力，要使團在可能範圍內迎合中國人的心理，同時作西洋文明——尤其是英吉利文明的活廣告，使中國人知道英國也是禮義之邦，且是世界大帝國之一。外交部給馬戛爾尼（Lord Macartrey）的訓令不過講交涉大綱，其細則由馬氏臨行斟酌。大使所行的禮儀應表示中英的平等，不卑不亢，但不可拘泥形式。交涉的目的在擴充通商的機會和聯絡邦交。第一、英國想在中國沿海得一小區域如澳門一樣，俾英商可以屯貨在家，主權可以仍歸中國，但警察權及對英僑的法權應歸英國；在租借區域內，英國可不設軍備。第二、中國不願租地，就加開通商口岸及減少廣州的限制。第三、英國可以遵守中國的鴉片禁令。第四、希望英國可派公使駐北京，或間來北京；如中國願派公使到倫敦，英政府十分歡迎。這是十八世紀末年英國對華外交的方法及目的。

馬戛爾尼的使節，在中國方面，自始就另作一回事看待。東印度公司的董事長百靈（Frarcis Baring）在乾隆五十七年的夏季，先發一信給兩廣總督，報告英廷派使的意思。這封信由十三行的通事譯成中文，送呈署督郭世勳，郭氏隨奏摺送到北京。這信原文第一句是：

The Honorable the President and Chairman of the Court of Directors under whose orders and authority the Commerce of Great Britain is carried on with the Chinese Nation at Canton to the High and mighty Lord the Tsontock or Viceroy of the Provinces of Quantong and Kuangsi Greeting.

譯文變爲：

「英吉利總頭目官管理貿易事百靈，謹稟請天朝大人鈞安，敬稟者」。

原文第二句是：

These are with our hearty commendations to acquaint you that our most Gracious Sovereign His Most Excellent Majesty George the Third King of Great Britain, Franee andIreland etc., etc. Whose fame extends to all parts of the world having heard that it had been expected his subjects settled at Canton in the Chinese Empire should have sent a Deptuation to the Courtof Pekin in order to congratulate The Emperor on his entering into the Eightieth year of his age, and that such Deputation had not been immediately dispatched His Majesty expressed great displeasure thereat.

譯文變爲：

「我國王兼管三處地方。向有夷商來廣貿易，素沐皇仁。今聞天朝大皇帝八旬萬壽，未能遣使進京叩祝，我國王心中惶恐不安」。

英人費盡了心力要表現平等者的相敬；通事反把琉球安南的口氣加在這信上。當時的通事不能也不敢實譯，而當時的官吏之所以禁止外人學習中文及用中文移書往來，一部份就佔這個紙上的便宜。這種外交是幼稚而又滑稽。

清高宗度量頗大，虛榮心亦大，馬戛爾尼快要到天津的時候，高宗吩咐直隸總督梁肯堂及長蘆鹽政徵瑞如何招待。

「……應付外夷事宜，必須豐儉適中，以符體制。外省習氣，非失之太過，即失之不及。此次英吉利貢使到後，一切款待固不可踵事增華，但該貢使航海往來，初次觀光上國，非緬甸安南等處頻年入貢者可比。」

高宗對招待雖願從優，對禮節則極重視。他教徵瑞預爲佈置：

「……當於無意閒談時，婉詞告知，以各處藩封到天朝進貢觀光者，不特陪臣俱行三跪九叩首之禮，即國王親自來朝者亦同此禮。今爾國王遣爾等前來祝嘏，自應遵天朝法度。雖爾國俗俱用布紮縛，不能拜跪，但爾等叩見時，何妨暫時鬆解，俟行紮縛，亦屬甚便。若爾等拘泥國俗，不行此禮，轉失爾國王遣爾航海遠來祝釐納贐之誠，且貽各藩部使臣譏笑，恐在朝引禮大臣亦不容也」。

馬戛爾尼深知中國人重視禮節，也知三跪九叩首必成問題，所以對徵瑞的婉勸和要求早有準備。馬氏並不拒絕行三跪九叩首的禮，但他有一個條件：中國須派與他同等級的大臣在英國國王的像前作三跪九叩的答禮。他說他所爭的不是他自己的身份；他對中國皇帝願行最敬的禮節；他所爭的是中英的平等，是英國國王的尊嚴，是要表示英國不是中國的藩屬。他把他的辦法和苦衷函達當時的首揆和珅。中國拒絕了他的條件，他就決定以見英王最敬的禮來見中國皇帝。

馬戛爾尼於乾隆五十八年八月十日及八月十三日在熱河行宮兩次見了高宗，兩次都未跪拜。高宗雖敷衍了，賞了他及他的隨員不少的東西，心中實在不滿意，要官吏暗中設法諷令英人早回國，他所提出的要求，高宗以一道勅諭拒絕一切。

馬氏的外交失敗是由於中西的邦交觀念之不相容。我們抱定「天朝統馭萬國」的觀念，不承認有所謂「國際」者存在；西方在近代則步步的推演出來國際生活及其所須的慣例和公法。馬氏的失敗證明中國絕不願意自動的或和平的放棄這種傳統觀念。因此中國外交史有一大特別：除康熙親政初年外，中外曾無平等邦交的日子。在鴉片戰爭以前，中國居上，外國居下；鴉片戰爭以後則反是。

由現代中國人看來，馬氏出使中國毫無直接的成績可言，這已經夠奇了，但連間接的影響也沒有，這更奇怪了。馬氏在中國境內逗留幾及半年。在這時期內，中國官吏與他往來的也不少。有意反對他的如徵瑞、前任粵海關監督穆騰額、前任兩廣總督福康安，我們不必說。據馬氏的日記對他感情甚好的大吏也不少。直隸總督梁肯堂與他一會於天津，再會於熱河。軍機大臣松筠陪他遊萬樹園，以後又陪送他到杭州。松筠曾辦過中俄的交涉，馬氏亦曾出使俄國，所以他們甚相得。浙江巡撫陞任兩廣總督的長齡陪他由杭州經江西到廣東。就是當時主持朝政的和珅與他見面好幾次。這些人——其他官階更卑的如天津道及天津鎮不論——馬氏均說對他個人有相當的好感，尤其是松筠和長齡。何以這些人沒有因為認識馬氏而對外人的態度稍有變更呢？馬氏所坐的兵船——比中國的水師船大五倍——

及所送高宗的砲位和模型軍艦當時也有許多中國人看過。何以他們對西洋軍備無絲毫的驚醒呢？英國這次所送的渾天儀實屬十八世紀西洋科學及工藝的最精品。何以國人（滿漢均在內）沒有發生一點覺悟呢？馬氏文化使命的失敗足證中國絕不會自動的接收西洋的科學和工藝。

馬戛爾尼在中國的那一年正是法國革命國會對英國宣戰的一年。從一七九三年到一八一五年（嘉慶二十年），大英帝國的精力都集中對法的作戰。遠東通商制度的改良只好暫時擱置。同時中國這方也是變故多端。嘉慶元年，湖北教匪起事，蔓延四川、河南、陝西、甘肅，至八年始告平定。閩粵海盜蠭起，聚衆到八九萬人，船三百多隻。西人被海盜架去而以重價贖回者有好幾次。官吏如何虛報勝仗，如何「招撫」：在廣州的外人知道很清楚。內亂多，軍費就多，十三行的捐款也就多了。外人覺得通商的困難日見增多。等到拿破崙戰爭一終止，英國政府遂決計再派使來華，以求通商情形的改良。

嘉慶二十一年，羅爾美都（Lord Amherst）的使節簡直是個大慘敗。因跪拜問題，仁宗竟下逐客之令。由北京返廣州的時候，沿途的官吏多以白眼相待。西洋人從此知道，要變更中國的通商制度，和與中國建立平等的邦交，和平交涉這條路走不通。

八

到了道光年間，中西都有大變動，使舊的中西關係不能繼續存在。

第一、英在十八世紀的下半期有所謂工業革命。在手工業時期，英國出品運至外國者不多，適宜於中國市場者更少。到了拿破崙戰爭以後，在海外闢市場成了英國新工業的急需要。

第二、自由貿易的學說隨着工業革命起來了。以往各種貿易的限制和阻礙，英人視為家常便飯者，到了十九世紀，英人看為野蠻黑暗，非打倒不可，中國的通商制度亦在內。

第三、經過十八及十九世紀初年的戰爭，大英帝國毫無問題的是世界的最强的帝國。英人往年廣州所能忍受者現在覺得萬不能忍了。並且這個帝國以印度為中心。要侵略亞洲別部，英國有印度為大本營，出發地。為維持及發展在印度的利益，英國覺得有進一步的經營亞洲別部的必要。

第四、在十九世紀以前，歐人到海外去傳教者全是天主教徒。在十九世紀初年，耶穌教徒也發現他們有傳佈福音給全世界的神授使命。在廣州的傳教士，對於中國各種禁令的憤慨尚在商人之上。

我們試看道光元年（一八二一）至二十年，外人在澳門所發表的刊物，及他們寫給政府的請願書或給親戚朋友的信，我們發現一個共同的要求：解放！他們，不分商人及傳教士，都覺得解放的日子應該到了，已經到了。

在東印度公司的末年，駐華經理中之後輩就主張與中國算總賬。以往公司的經理只求大事化小事，小事化無事；現在這船商人尚惟恐天下無事。在道光十二三年的時候，外商已自動的，不顧中國的禁令，到福建、江蘇、山東，甚至奉天及高麗去賣鴉片，和新的機製紡織品；傳教士也跟着他去傳教，去施醫藥。實際上，沿海官吏就無可奈何。林則徐在江蘇巡撫任內，遇着一個這樣的犯禁的船，也無法對付。

道光十三年，東印度公司在中國的通商專利取消了。這種專利也是貿易不自由時代的產物；牠的取消就是時潮的表現，取消以後，新來的商人多而且雜。他們對於中國的舊制度無經驗，也無了解，只覺得這種制度之無理。同時，公司取消以後，保護商業的責任由英國政府負責。以前買賣是公司作的，要辦交涉和打仗，費用也是公司出的；以後買賣是商人作的，交涉及打仗都是政府的事情了。所以大決裂的機會就多多了。並且責任既由英國政府直接負擔，英國必須派代表常川駐華。這個代表要執行他的職權必須得中國的承認——承認他是外國政府的代表。那時，中國只知道有貢使，不知道有公使、領事。這種承認等於承認中英的平等。我們知道，在乾隆末年及嘉慶末年，中國絕無放棄傳統觀念的傾向。在道光年間，中國還是舊中國。事實上，在東印度公司取消以後，中英必須發生平等的近代的邦交；而中國的體制絕不容許這種邦交的發生。道光十四年，中英因此就以砲火相見。那次英國代表不久因病去逝，這問題就成爲一個大懸案。

換句話說：在道光年間，我們的通商制度及邦交觀念是十九世紀的世界所不能容許的。同時，英國人的鴉片買賣也是我們覺得不應該容許的。

這個鴉片買賣的發展有其商業的自然性。歷十七及十八世紀，中國的國際貿易總是有很大的出超，因之白銀源源的從歐洲、南北美及印度輸進來。西商所苦的是找不着可以銷售的進口貨。在嘉慶年間，他們始發現鴉片推銷之易，但是這種買賣的大發展尚在道光年間。在道光元年，鴉片進口的尚不滿六千箱，每箱百斤；到了道光十五年，已過了三萬箱；道光十九年（一八三九年）——林文忠到廣州去禁煙的那一年——過四萬箱。中國在道光六年初次有入超，從此白銀起始出口：西商的困難也從此解決了。倘若英國的工業革命提早百年；倘若英國的工業在十八世紀就能大量的輸入中國，那末英商無須鴉片來均衡他們與中國的買賣；那末，中英可以不致有鴉片戰爭，只有通商戰爭；那末，我民族可以不受鴉片之毒至如此之深，但我們的農民家庭附屬手工業的崩潰又要提早百年。換言之，無論如何，我們是不能逃避外來的壓迫的，除非我們的現代化也提早百年。

鴉片買賣的發展，除了有其商業的自然性外，還有一個很重要的政治理由，那就是印度財政的需要。英國自十八世紀中年戰勝法國以後，就成了印度的主人翁，就着手整理印度的行政。整理的方法不外多用英國人爲官吏。其結果有兩個：一個是行政效率的提高，一個是行政費及軍費的提高。印度因此發生財政問題。鼓勵鴉片之輸入中國是英屬印度解除財政困難方法之一，即所謂開源者也。其用心之苦——如中國吸鴉片者的嗜好的探討，價錢的適合，裝包箱之圖便宜等——不亞於任何現代的公司推銷任何其他貨品。

宣宗可說是個清教徒。他不但要禁煙，且禁唱戲。他的儉樸是有名的，連朝服尚不願換新，只肯補綴。無疑的，宣宗的禁煙是出於至誠的，下了決心的。可是當時官吏的腐敗不是一個皇帝，雖有生殺之權，所能挽回的。所以愈禁煙而煙之輸入愈多。我們若參看美國近年禁酒的經驗，道光年間禁煙之失敗似很自然了。

宣宗及少數的同志爲什麼要禁煙呢？他們一則覺得鴉片傷害身體，二則因爲煙癮妨害平民職業，三則因爲煙癮減降軍隊的戰鬪力。我們若以道光年間的諭旨及奏章爲憑，他們禁煙最大的理由還是因爲鴉片進口，白銀就出口。那時國家沒有統計（鴉片按法不能進口，故更不能有進口的統計），他們又怎能知道鴉片進口及白銀出口的數目呢？他們的知識一部份得自傳聞，因爲鴉片買賣已成了公開的秘密，一部份得自推測。他們知道在嘉慶年間，每兩銀子可換制錢一千文，在道光中年，可換至一千六百文。他們的結論是：銀價的提高是因爲銀子流出外洋。這個結論不盡可靠，因爲在道光年間，中國各省鑄錢太多，且錢質也太壞。他們所得的傳聞往往亦言過其實。正因爲他們的運動沒有科學的基礎，他們的熱忱反而加高。

當時在廣州有少數留心時務的士大夫共同探討鴉片問題。順德人何太青曾主張這個辦法：

「紋銀易煙出洋者不可數計。必先罷例禁，聽民間自種鶯粟。內產旣盛，食者轉利値廉，銷流自廣。夷至者無所得利，招亦不來；來者則竟弛關禁而厚徵其稅。責商必與易貨，嚴銀禁罪名。不出二十年，將不禁自絕。實中國利病樞機」。

監課書院教吳蘭修很贊成這個主張，自己作了一篇「弭害論」以資宣傳，並請了學海堂同事們出來提倡。這些人都是粵東道臺許乃濟的朋友，他也相信這個主張是惟一可能的辦法。在道光十六年他作太常寺少卿的時候，他就奏請禁白銀出口，不禁鴉片進口但加稅，且許人民種煙，希望拿國貨來拉制外貨。許乃濟及他的同志都知道這個辦法是下策，但是他們認清禁煙雖是上策，可惜是不能行的上策。

御史們如許球、朱嶟、袁玉麟都反對開禁，以爲事繫天下風化，萬不可爲，且如能禁白銀出口，就能禁鴉片進口。許乃濟的辦法就打銷了。

十八年，黃爵滋奏請治吸煙者以死罪，這是煙禁加嚴的大呼聲。宣宗令各省將軍督撫討論。大多數的人都以爲死罪太重；因爲太重，地方官吏反不執行了；他們以爲販賣者的罪實大於吸食者。惟獨湖廣總督林則徐完全贊成。宣宗於是決定吸食與販賣同時都禁，並派林則徐爲欽差大臣，到鴉片貿易大本營的廣東去禁煙。

九

林文忠於道光十九年（一八三九年）春天到廣州。

廣東的中外煙商對於朝廷及官吏的禁煙實是司空見慣毫不在乎。他們以爲文忠一定是和別的官吏一樣，初到任時，排個架子，大講禁煙；架子愈排的大不過表示要錢愈多。他們想拿對付別的官吏的法子來對付文忠。不幸文忠是中國官場的怪物，那就是說，他居然辦事認眞，說到那裏，就作到那裏。他下令要煙商完全把鴉片交出來。煙商不聽令，他就撤退十三行的僕役，斷絕接濟，派兵封圍十三行。這個辦法不是文忠獨創的；廣東幾百年來「馭夷」的方法就是這樣。他爲什麼不派兵船到海上去拿煙船呢？因爲他知道中國兵船的力量不够。他爲什麼不分好壞把外商都封鎖起來呢？一則因爲好壞難分，二則因爲三百多個外商之中，只有幾個人從來沒有作過鴉片買賣。他爲什麼把英國商業監督義律（Charles Elliot）也封鎖起來呢？因爲中國與英國沒有邦交，不承認有所謂商業監督存在。林文忠全用傳統的方法，因爲他不知道有別的方法。他是中國純粹舊文化的產物。他的特別是他忠實的要行孔孟程朱之學，不但口講而已。

義律知道了沒有法子可以對付這個橫蠻的欽差，於是以英國政府的名義令英商把所有的鴉片交給他，由他發收據。英商喜出望外，因爲他們可以向政府追索財產或其賠償。這一舉是林文忠的大幸，也是他的大不幸。有此一舉，他得了兩萬多箱的鴉片煙，簡直一網打盡。他的報告到了北京的時候，宣宗批諭說：「朕心深爲感動，卿之忠君愛國，皎然於域中化外矣」。同時因爲義律玩了這套把戲，他交出的鴉片已不是英商的私產，是英國政府的公產。因此這問題更加嚴重。

鴉片收了毀了，朝廷陞他爲兩江總督了，普通官吏大可就此收場。林文忠則不然。他要辦到底。他令外商具一甘結以後不再鴉片買賣，如作而被發覺，貨則入官，人則處死。不具甘結者，他要他們回國不再來。義律率領英商既不具甘結，也不回國。他的實在理由是要等英國政府的訓令然後再作處置。林文忠則以爲義律與煙狼狽爲奸，從中取利。所以他就下令禁止沿海人民接濟淡水食物，因此在這年秋季中英就兵火相見了。

在義律方面，他這年秋季及次年春季所有的武力僅兩隻小船，其餘都是商船臨時應戰。他與林文忠兩次的衝突，他不敎戰爭（War），只稱報復（Reprisat）。文忠的軍事報告不免言過其實：這不是水師提督關天培蒙蔽他，就是他有意欺君。不幸關天培頗負時譽，林文忠的官聲素好，所以時人就信他們是百戰百勝的。文忠於軍備的努力亦言過其實。他買了一隻外國舊商船，改作水師練船。他又買了些外國小砲，在虎門口，他按了一根大鐵鏈子，以防英船的駛進。他令沿海居民辦團練，他是相信可以利用「民氣」以禦外侮的。他自信很有把握，最可惜的，時人也相信他有把握。到二十年的夏季，英國水路軍隊到了中國洋面的時候，他們不攻廣州，反攻珠山。文忠及時人的解釋是英人怕他的軍備！

英國的目的有兩個：一個是要得鴉片賠款，一個是要大修改通商制度。英國以為打仗應在北邊，交涉更應近北京，不然，不能收速效。所以佔了珠山以後，英國交涉員就率領艦隊到天津去，在天津負責交涉者是琦善，他對英國武備加以研究以後，就認定中國絕不能與英國戰，於是不能不和。適英國政府致中國宰相書為琦善開了講和之路。該書要求條款甚多，沒有一條是當時中國所能接受的。但要求的理由就是林文忠禁煙方法的橫暴。琦善把這個交涉當作一場官司辦：英人既說林欽差欺負了他們，那末查辦林則徐豈不可以了事？以中國皇帝的命令去查辦中國的疆吏不但無損國體，反足以表示中國的寬大。義律以琦善的態度開明，交涉不能失敗，就答應率艦隊同廣州再議。林則徐撞出大禍，致定海縣失守；琦善憑三寸之舌把英軍說退了，宣宗就罷免林則徐派琦善去查辦。

琦善到了廣州，義律又舊話重提。琦善仍主和。英國政府給代表的訓令要他們要求中國割一島；如中國不願割地，則加開通商口岸。這點選擇是中國外交惟一的機會。琦善看到了這個機會，主張不割地，只加開通商口岸。清廷不許割地，也不加開通商口岸；義律則一心要香港。於是主和者的琦善也與英人決裂了。軍事失敗，以後就訂穿鼻條約，割香港與英國。清廷得信以後，就把琦善革職拿問。宣宗從此一意主戰。

既然主戰，宣宗就應該復用林則徐。文忠自告奮勇，願到浙江去收復失地。在浙督師的裕靖節亦竭力保他能勝任。於是宣宗令文忠到浙江去戴罪立功。不料二十一年夏季，英國新軍將到浙江的時候，宣宗臨時又把文忠遣戍伊犂。是以這位自信能「剿夷」，時人也信他能「剿夷」的林則徐終於沒有機會可以一現他的本領。

因此，我們的鴉片戰爭雖敗了，大敗了，時人絕無絲毫的覺悟。他們不認輸。他們以爲致敗之理由，不在中國軍備之不及外人，是在奸臣誤國，使林文忠不得行其志。好像兩個球隊比賽。甲隊的導師臨時不許其健將某人出場，以後敗了，其咎當然在導師，不在球隊。在道光年間，中西文化如要比賽的話，無疑的，中國隊員的自然隊長是林則徐。則徐未得出場，國人當然有以自慰。因此中有這個大波折，國人又酣睡了二十年。

十

負責辦理戰事善後者是伊里布及耆英。伊里布秉承琦善的衣鉢，而耆英又秉承伊里布的衣鉢。他們是「撫夷」派。他們撫夷的方法見於他們所訂的中英南京條約和虎門條約、中美望厦條約及中法黃埔條約。

我們戰爭的目的沒有達到，因為英國雖不反對禁煙，但反對中國再用林徐則用過的方法。這樣一來，禁等於不禁，因為以中國的國力及國情，用文忠的方法尚有一線之望，不用則全無禁煙的希望。英國戰爭的目的完全達到了。通商制度大加修改了。我們現在把南京、虎門、望厦、及黃埔諸條約當作最早的不平等條約看，因為這些條約裏有領事裁判權、協定關稅，及片面的最惠待遇。雖然，我們不可就結論這些不平等條款是帝國主義壓迫我們的工具。道光時代的人看法完全與我們的兩樣：他們不反對領事裁判權，因為他們想以夷官按夷法來治夷人是極方便省事的。他們不反對協定關稅，因為他們想把稅則一五一十的訂在條約裏可以免許多的爭執，並且耆英所接收的協定稅則比中國以往國定的稅則還要高。他們不反對片面的最惠國待遇，因為他們想不到有中國人要到外國去；其實當時的法令禁止人民出洋。至於租界制度並不是根據任何條約起始的，最早的租界是上海英人居留地（Settlement），由上海道與英國領事訂的。原來外人初到上海的時候，他們在城內租借民房，後來中國地方官吏感覺華洋雜居，管理不易；外人亦感覺城內衞生不好，交通不便。為外人劃出一特別區或為其居留地是出於雙方樂意的。時人並不反對。他們，不論撫夷派或剿夷派，不知道，亦無從知道這些條款之主權的及經濟的損失，剿夷派所痛恨的是賠款和五口通商。他們認賠款是輸金以養夷，使夷力坐大。他們以為有了五口，那就防不勝防了。其實這五口，上海除外，都是康熙年間曾經有過通商的地點。

最奇怪的，英人認南京條約是中英平等的承認及保障，因為條約規定中英官吏可以平等往來。這一條是剿夷派所不甘心的。

南京條約以後，中國以兩廣總督（最初是廣州將軍）兼欽差大臣負責處理夷務，而以兩江總督副之。我們可以說，在道咸年間粵督是中國的外交總長，江督是次長。此外北京並沒有專辦外交的衙門第一任總長是伊里布；不滿一年他就死了。繼任的是耆英。鴉片戰爭以後的通商制度幾全成於耆英之手。他撫夷的技術很值得我們的注意：

「……其所以撫綏羈縻之法，亦不得不移步換形。固在格之以誠，尤須馭之以術。有可使由不可使知者，有示以不疑，方可消其反側者；有加以款接，方可生其欣感者；並有付之包荒，不必深與計較，方能於事有濟者。……夷人會食，名曰大餐。……奴才偶至夷樓夷船，渠等亦環列侍坐，爭進飲食，不得不與共杯勺，以結其心。且夷俗重女，每有尊客，必以婦女出見。……奴才於赴夷樓議事之際，該番婦忽出拜見。奴才跼蹐不安，而彼乃深爲榮幸。此實西洋各國風俗，不能律以中國之禮。儻驟加訶斥，無從破其愚蒙，適以啓其猜嫌。……」

耆英所謂「馭之以術」，就是肯與外以交際。這沒有什麼了不得。但清議罵他「媚外」，因爲清議要死守「人臣無私交」的古訓。換句話說，鴉片戰爭以後，時論乃不許中國有外交。

耆英最感困難的是廣東民情與夷情之調濟。鴉片戰爭以後，廣東人特別仇恨外人，而外人的氣燄自然亦比戰前亦高，於是發生許多私鬪暗殺事件。耆英不惜以嚴刑處置暗殺者。御史們罵他「抑民奉夷」。在這種空氣之下，發生廣州入城問題。廣州人堅執不許外人入城，好像城內是神聖之地，不容外夷沾染。英人把這種態度看作侮辱，堅要入城，以不許入城爲違約。耆英左右爲難，對人民則竭力開導，對英人則勸其不着急。到了道光二十七年，英人太不能忍了，於是以武力要挾。耆英不得已與之定約，許兩年後進城。清史稿說「耆英知終必有釁，二十八年請入覲，留京供職」。這個解釋頗近情，因爲耆英離開廣州以後，官運尙好：「管理禮部兵部，兼都統，尋拜文淵閣大學士」。這樣，耆英的脫離外交，似乎不是因爲宣宗不信任他了，是因爲他自己畏難而退。

十一

雖然，這個解釋也有困難。宣宗訓令他的繼任者說：

「惟疆寄重在安民：民心不失，則外侮可弭。嗣後遇有民夷交涉事件，不可瞻徇遷就，有失民心。……總期以誠實結民情，以羈縻辦夷務，方爲不負委任。」

這就是批評耆英的政策。並且繼任者是徐廣縉。廣縉也是佩服林文忠者之一。他繼任之初，就請教文忠馭夷之法，文忠答以「民心可用」。其實耆英的下臺及徐廣縉的上臺不是尋常官吏的調動，是撫夷派的下野和剿夷派的登朝執政。徐廣縉秉承林文忠的衣鉢，而葉名琛以後又秉承徐廣縉的衣鉢。可惜徐廣縉是個小林則徐，而葉名琛又是個小徐廣縉。英法聯軍禍根就種於此。

徐廣縉繼任一年以後，耆英二年後入城的條約到期，英人根據此約要求進城。廣縉與名琛於是聯絡地方紳士大辦團練，「共團勇至十萬餘人，無事則各安工作，有事則立出捍衞，明處則不見荷戈持戟之人，暗中實皆折衝禦侮之士」。廣州官民同心以武力抵抗。英人終覺因入城問題而作戰，未免小題大做。於是聲明保留權利，以待他日。廣縉遂以英人怕百姓，放棄入城之舉報告北京。宣宗高興極了，賞了廣縉子爵，名琛男爵，並賜廣州人民御書「衆志成城」四字。剿夷派外交的起始總算是順利。

文宗卽位（道光三十年正月）以後，剿夷派的勢力更大。大學士潘世恩及給事中曹履泰等均謂應該起用林則徐，「庶幾宋朝中國復相司馬之意」。文宗亦有此意。三十年十月，他手筆下詔宣布撫夷派的罪狀。咸豐朝的對外態度於此畢露了。

這時適有太平天國的革命，滿清的江山幾乎不保，但京內外的潘夷政策並不因此稍改。在廣東葉名琛自以爲很有把握，文宗亦十分信任他。咸豐四年（一八五四年）英法美三國共同要求中國修改通商條約。三國代表到兩江及天津去交涉的，地方官吏均答以修約之事只有葉名琛能主持，但是他們到廣東去的時候，名琛總是託故不見，最後又回答他們只知守約，不知改約。是時英法正聯軍助土耳其抵抗俄國，而急於修約的英國亦以爲不如等中國內亂之勝負決定後再議，於是擱置修約問題。名琛不知道這個內幕，反自居功，以爲他得着馭夷的秘訣了。

其實外人，尤其是英國人，這時已十分不滿意舊約。他們以爲商業不發達是由於通商地點太少，且偏於東南沿海，長江華北均無口岸；他們又覺得中國內地的通過稅太繁，致貨物不能流通。外國代表對葉名琛的辦事方法也十分憤慨，以爲邦交制度非根本改革不可。外人氣燄之高，很像鴉片戰爭以前的樣子。

葉名琛於此時給外人以啓釁的口實，咸豐六年，廣西西林縣殺了一個馬神父。法國代表要求處置，名琛一事推諉。這時拿破侖三世欲得教皇的歡心以維持他的帝位。有了馬神父的懸案，他就師出有名了。同時葉名琛因捕海盜事，與英人起了衝突。於是英法聯軍，首攻廣州。名琛不和不戰，終爲英人所擄。八年，聯軍由大沽口進據天津。清廷恐京師受擾，於是派桂良及花沙納到天津去修約。

天津交涉最嚴重的問題，第一是北京駐使。士大夫簡直以此事爲荒謬絕倫，萬不可許。第二是長江開通商口岸及內地遊行；這樣遍地都有外夷，簡直防不勝防了。至於減低關稅及改內地各種通過稅爲二五子口稅，時人倒覺得不值得爭。桂良及花沙納（天津人說，那年桂花不香）以爲不簽字，則外人必置逼京師；簽字則外軍可退，中國可徐圖挽回。天津條約實在可說是城下之盟了。

簽字以後，北京就教桂良到上海去「挽回」已失權利。清廷知道若否認條約必致引起戰禍，於是有所謂「內定辦法」：中國以後完全不收關稅，外人放棄北京駐使，長江通商及內地遊人。時人以爲外夷既惟利是圖，以利誘之，他們必就範。桂良到了江南，地方官吏均反對這個內定辦法：不收關稅則軍餉無來源，萬一外人接受了這個便宜而同時又不放棄新得的權利，那又怎樣？桂良費了九牛二虎之力，疏通英國，結果允不派使駐京。他覺得此外不能再有所得，只好批准天津條約。

次年，各國派使到北京去交換批准證書。北京也爲他們預備了公館，以便接待。但各國疑心甚大，所以派兵船護送公使北上。清廷於八年派了僧格林沁在大沽設防，以免外人再據天津。中國願意堵塞海河交通，留北塘一路出入，則外人不能武裝進京。外人見了大沽不能通行，遂以為中國有廢心約。他們把中國軍備看得太輕了。一戰的結果，外人大失敗。於是英法要復大沽之仇。

咸豐十年，我們的外交一誤於北京不給桂良全權證書——時人以為惟獨皇帝可以有全權，再誤於捕拿外國交涉員。終至聯軍入京，毀圓明園，而天津條約以外又有所謂北京條約了。

勦夷派外交的代價不能不算大。

十二

上文已經說過，俄國佔了西比利亞以後，中國的國際地位加了一路的侵略。但尼布楚條約終久實行一百六十餘年。到了十九世紀中年，歐人自水路來者的侵略復行積極的時候，自旱路來者的侵略也積極了。剪刀在那裏活動了。

俄人最初假道黑龍江出師，以防英法的侵略；次則實行佔據江北。等到佈置好了，然後與黑龍江將軍奕山開始交涉。咸豐八年，簽訂瑷琿條約，將黑龍江以北的土地劃歸俄國。九年，中國想否認該約。等到英法聯軍進了北京以後，中國不但無力取消瑷琿條約，反又訂北京條約，把烏蘇里以東的土地讓給俄國。我們的大東北縮小了一半，而且俄國得了海參崴，可以角逐於北太平洋。

俄國沒有費絲毫之力就得了三十萬方英里的土地：其對華外交的靈敏可說遠在英國之上。而且俄國自始至終以中國的「朋友」自居！

十三

咸豐十年的大挫折終於喚醒了一部份的中國人。在八年九年，文宗的親弟恭親王奕訢是頑固派之最頑固者，首先提議捕殺外國交涉員的就是他。文宗逃往熱河的時候，派他留守北京。咸豐十年的經驗給了他及他的助手文祥兩個教訓。他們從此知道外國的槍砲實非我們所能敵。同時他們發現外國人也講信義：與外人訂了約以後，他們果然遵約退出北京。於是奕訢與文祥決心自強，並且知道中國還可利用外國專門人材以圖自强。

適此時曾國藩、李鴻章、左宗棠諸疆吏因與太平天國戰，免不了與外人發生關係。他們也得了同樣的教訓。這五人的努力造成了同治中興的局面。

他們是中國的第一流政治家，知道中國所處的局勢是數千年的變局，而且圖以積極的方法應付之。他們的大政方針分兩層：以外交治標，以自强治本。這個治本之策是步步發展的。最初不過練洋槍隊；繼則買製器之器、以圖自己造船；終而設學校，派留學生，以圖自己能製這製器的器具。等到光緒年間，他們進而安電線、開煤礦、修鐵路、辦海軍、設招商局、立紗廠。我們現在以爲他們的事業不够，可是我們如知道他們的困難，我們也不批評他們了。時人多怪他們以夷化夏，多方反對。加以事權不一，掣肘者多。政府沒有整個的計劃，事業的成敗要靠主辦者個人的勢力。

至於治標方面，奕訢及文祥創立一個總理各國事務衙門來負外交的全責。總署拿定注意謹守條約以避戰禍。但是十九世紀的後四十年，外來的壓迫節節加緊。這時工業化的國家也多了，各國都須在海外找市場，不像以往只有英國。同時西洋人把達爾文的學說應用於民族之間：優勝劣敗既然是天理，强者有助天淘汰弱者之責。所謂近代的帝國主義的狂瀾充滿了全世界。加之這時在已有的兩路的侵略——剪刀式的夾攻——之上，又來一個從東面臨頭砍殺的日本。治標沒有治好，治本也不足濟事。甲午之戰是自強運動的失敗。

十四

自强失敗以後，就是瓜分；瓜分引起民族革命。這是甲午以後，我們對世界大變局的應付。（中略）。

無疑地：經過三十餘年的革命，我們的民族意識大有進步。無疑的，這民族意識是我們應付世界大變局的必須利器。現在的問題是：這民族意識能否結晶，能否具體化。我們是否從此團結一致來禦外侮；我們是否因爲受了民族主義的洗禮而就能人人以國事爲己任：這些條件會決定我們最後對這個大變局的應付的成敗。

近代中國外交史資料輯要中卷

「近代中國外交史資料輯要」中卷自序

本書的上卷已出版三年了，爲甚麼中卷到今天始付印呢?其實中卷初次的付印遠在九一八以前的兩個月，到淞滬戰爭將起的時候，中卷已進了商務的裝訂室。以後這書就隨着商務的一切，於一二八同歸於盡了。

這書的稿子已經修改過好幾次。初稿是七年前編的，南開曾油印發給同學，所選的材料全得自舊籍。第二次稿是五年前編的，清華及北大均曾鉛印，比初稿的大不同是加上了夷務始末的材料。第三次稿是三年前編的，可稱爲「一二八」稿本。稿本及將問世之書今均不見了，我所保留的僅一詳細目錄。我得着商務遇災的消息以後，原意擬就此罷休，不再受一次編撰的煩苦。不料近三年來，新史料源源出版，而於舊籍中亦時有重要文件的發現。於是我的興頭又起來了。這第四次稿比較的合乎我的意思。舊文件——「一二八」稿本有的——删去了四分之一，而以新文件補上。這些新文件的主要來源是北平故宮博物院出版的中日交涉史料及中法交涉史料和黃巖王氏編的清季外交史。所以一二八事件，在我這本小書的歷史上，可說有不幸中之幸。

這中卷起自同治初年，止於光緒乙未馬關條約之年。這三十五年在我民族史上佔何等重要地位!東西洋各國的使者初次羣集於我們的京都，商人、傳教士、遊歷者走遍了全國;而我們的「欽差」亦遠到聖彼得堡、倫敦、華盛頓。這誠是李鴻章氏所謂古今中外之大變局。我們以現在的眼光，來回顧這三十五年的歷史，我們看得很清楚：這三十五年的歷史是我民族眞正近代史的初期；在這一期內，我民族的大事業就是應付這個古今中外的大變局。現在我們知道：同光時代的方案是「自强」。甲午之戰不但是我們軍事的失敗；比這還要緊的，是我們「自强」的失敗，應付這大變局的失敗。在日本那方面，甲午之戰是日本「自强」的成功；近代化的成功。我們試同想我們這幾千年的歷史，有那一戰其重要可比得上中日甲午之戰呢？

我們讀這一期的外交史的時候，免不了要時常責備前人。青年們恐怕開口就要加上「昏庸」的罪名。那時候的人的世界知識固極有限，但他們得世界知識的機會亦極有限。無論如何，「昏庸」兩字不能作他們的頭銜。現在我們一讀郭嵩燾、曾紀澤、張佩綸、張之洞、陳寶琛、薛福成、馬建忠諸人的外交文件，我們不能不感覺他們人人都是絕頂聰明的人。一個曾紀澤穿上中國的舊式袍服，略識英文，從倫敦跑到巴黎，從巴黎跑到聖彼得堡，與當代的英法俄的外交家周旋，一面不辱使命，一面又得外人的敬佩。一個袁世凱，二十多歲，隨着軍隊到朝鮮，幾年之內，就獨當一面。俄國人、日本人、鮮朝人、德國人、美國人，凡在朝鮮秘謀侵害中國的權利者，袁世凱一個一個的把他們打敗了。至於那班少年文人政治家，在光緒六七年初露頭角者，如張佩綸、張之洞、陳寶琛之流：他們雖倡高調，但他們總不倡小調；他們有時雖以文詞代理論：深信文詞幾乎就是理論和見解，然而他們的文章究竟是激昂慷慨，今人讀之尚不能不為所動；他們似乎太好出風頭一點，但是他們的確敢以天下爲己任；他們對世界大局雖然只有一知半解，他們的主張及其理論的根據也有獨到之處。這些人的前輩和領袖，如曾國藩、李鴻章，那更不要說了。李是這期的中心人物。中國歷史上的偉人有幾個能與他比？那一個創辦了像他那樣多的事業？直到現在——他死了已經三十三年——中國最大的海軍是他辦的；最早開的新式煤礦是他開的，最早築的鐵路是他築的；最早按的電線是他按的；招商局是他提倡的。談到外文，我們只要注意一件事：這三十年年之內，一列緊要外交問題沒有一個沒有他參加意見的，有幾個不敬佩他？他所最佩服的又是那一個？是日本的伊藤博文。他的知人之明總算不錯罷！這個李鴻章自己又是個什麼人呢？他是個翰林而有軍功。論他的出身和教育，他是個純粹中國舊文化的產物。外國文字他不懂；近代科學他未入門。七十以前他不曾出國門一步。曾國藩更加無須討論。我們只要看他辦天津教案的精神就够了。他不顧時人的誹議和外人的威脅，抱定宗旨，爲國家，爲主義，鞠躬盡瘁，死而後已。曾文正不但是中國舊文化的產物；他是中國幾千年文化的結晶。

這一卷書是研究這些人的外交的。難怪我的興頭不能爲一二八的慘痛所壓沒。他們的外交誠有可批評之處；這書內各章節的引論可以證明我不是盲目崇拜的。不過我們要記得，這些人實配作我們的文化的代表。我們批評他們，就是批評我們的文化。他們的失敗就是我們文化的失敗。

這樣的說法豈不是太勉强嗎？離本題太遠嗎？外交與文化有什麼關係？這不是一個難答的問題。每一個時代有一個時代的外交。爭什麼，怎樣爭法都是時代的反映。每一個國家有一個國家的外交，不但因爲各國所處的地位不同，還因爲各國有其文化的特殊傳統。索賴爾（Sorel）氏的歐洲與法蘭西革命之所以成爲外交史的絕頂佳着，正因爲他把外交的文化背景看透了。倘若我們以爲外交史的資料限於條約換文及照會，我們的看法未免太膚淺了。倘若我們以為辦外交只須知道國際公法，他們也是把外交看的太容易了。我們雖然辦了將近百年的外交，國內學者對於外交史的研究，從夏變的中西紀事算起，雖亦將近七十年，我們似乎還未了解外文與文化的關係。別的不說：我們總以日本的亞洲孟羅主義為日本外交官的口頭禪。倘僅是口頭禪，且限於日本的外交官，那所謂亞東問題就不存在了。不是的，這主義是日人所謂「大和民族的使命」。因為日本的外交有這個文化信條為背景，所以中日問題才這樣的嚴重。除非我們的外交得着相當文化信條為其後盾，我們的外交也是不會有力的。

蔣廷黻於國立清華大學（民國二十三年六月十七日）

近代中國外交史資料輯要中卷各章節引論

第七章　立新約及修舊約

第一節　中普（德）立約

引論

咸豐末年，因通商條約的修改，英法曾於八年十年兩次聯軍來强迫我們，其結果就是八年的天津條約和十年的北京條約。英義法俄四大國於是得了新的通商權利，內包括加開通商口岸、內河航行、內地遊歷、子口稅的規定、鴉片公賣、北京駐使。加上舊有的協定關稅、領事裁判權、及租界制度、天津條約及北京條約可謂集不平等條約之大成。我在本書上卷裏已經說明這些權利喪失的經過。道咸時代的人士並不甘心把權利送給外人；他們並不抱不抵抗主義。南京、南京、及北京諸條約都是長期戰爭，大規模戰爭的結果。道咸時代的人士的毛病不是在於不抵抗，更不是在於有心賣國。他們的毛病在於不明世界大勢，不知道國際公法所謂主權及國際通商的經濟利害。他們因此爭了不應當爭的而放棄了所應當爭的。譬如：在道光年間，國人以五口通商爲莫大的國恥，反以協定關稅、領事裁判權、及租界爲行政的便利。在咸豐年間，國人也不爭法權及關權，反竭力拒絕北京駐使及內地通商。

到了十九世紀的中葉，國人尚不圖在國際生活中求出路，換句話說，求平等及進步，反想在國際團體之外求孤立的虛榮和閉關的安逸。這是道咸時代的大毛病。以歷史的眼光來觀察，我們一方面須承認這個毛病的自然，同時另一方面須看清這個毛病的代價之大。

四大國——英美法俄——得了新權利以後，其他東西的各國都想均霑。所以我國所立的通商條約，以同治年間爲最多。下列的表足備一覽：

與立約國家	年代
普魯斯	咸豐十一年（同治帝已即位）
葡萄牙	同治元年
丹麥	同治二年（未交換批准證書）
荷蘭	同治二年
西班牙	同治三年
比利時	同治四年
意大利	同治五年
奧斯馬加	同治八年
日本	同治十年
秘魯	同治十三年

表中所列的條約都是和平交涉的；我們主持交涉者都是所謂同治中興的人物。除中日及中秘兩約當另作別論外，其他交涉的經過都大同小異。第一、這些國家的地理給了我們外交家不少的困難。普魯斯及其所領率的關稅同盟之內的二十八國尤其是當時的人所不能了解的。第二、在同治年間，我們還覺得北京是一種神聖之地，不應讓外人輕易的出入。所以未與立約國的代表，沒有事先的特許，不能進京；條約的簽訂，我們總願意在天津或上海，不願意在北京；外國派使駐京的事情，我們總想拒絕，不能拒絕的話，我們就設法使其不能在短期內實現。第三、——這是我們最應注意的——同治年間的外交家也不重視協定關稅、領裁權、及最惠待遇。

總而言之，同治時代的人物雖比道咸時代有進步，究竟仍是道咸時代的後裔。

第二節　中英修約

引論

咸豐八年（一八五八年）的中英天津條約載明十年之後，海關稅則及通商條例是可以協商修改的。所以同治七年（一八六八年）就是修約之年。總理衙門記得咸豐末年修約所引起的嚴重衝突，所以在同治六年就起始預備修約的交涉。總署對修約是如何的畏懼，（1）形容得十分清楚。（2）及（3）表示總署心目中的嚴重問題及解決的困難。（4）（5）（6）是當時最開明的督撫對些問題的意見；（7）是守舊派的代表。（8）及（9）述交涉的經過。總署這次採納了赫德的提議，拿條件的交換作外交的手段。以後英國商人反謂其公使上了當，要求英國政府不批准修改後的新約。這個經過和平交涉，本着彼此互讓的精神所成立的條約，竟因英國商人的反對而變爲廢紙。

第三節　中日立約

引論

中國與日本立約的前後，兩國同爲不平等條約所縛束。中日彼此應該怎樣對待呢？加之中日是同文同族同洲的國家。所以中日初次立約比不得中英或中美的立約。

這次的立約由日本發動：足證明治維新初年的日本對世界的認識已超過同治中興的中國。在日本外務省給總理衙門的照會裏，開頭兩句話簡直是這種認識的正式宣布：「方今文明之化大開，交際之道日盛。宇宙之間，無有遠邇矣」。（1）（3）（4）表示總署對日本此舉的懷疑與躊躇。（5）是一個頑固份子的感想和對策：日本就是明朝的倭冠。（6）及（7）是開化明政治的方案，值得讀者再三的研討。（8）是日本對這方案的反感。在（9）號內，李鴻章不免逼人太甚。（10）是日本再圖挽回的表示中國所能通融的限度。（11）是一個日本政治家與一個中國政治家的泛談。

在立約的時候，日本希望中日互給最惠的待遇，換句話說，日本在中國享受歐美各國已得的通商權利，中國也在日本享受歐美各國在日本已得的通商權利。我國的政治家，在通商方面，要加上幾種限制，在邦交方面，又要進一步的聯絡。他們的辦法及其理由值得我們特別注意。

第四節　覲見問題

引論

在近代國際關係之中，公使覲見所在國的元首是最平常的事情。但是在同光時代的中國，覲見反變爲最嚴重的問題了。因爲君臣是中國五倫之一；覲見的禮節就成了倫常問題，人生哲學問題。同時我們的儒教，至少自宋朝起，認眞的，在思想上，把中國的皇帝當作天下的共主看待；所以覲見的禮節又成了政治哲學問題。總起來，我們可以說這個覲見問題就是中西文化的衝突問題。表面上看起來，這個問題似乎無關外交實際；其實這個及其他所謂體制問題阻礙了我們外交的進行。總理衙門的組織及「全權」二字的特異解釋是同類問題的好例子。讀者在本卷中將一再發現我們的「體制」破壞我們的外交。

第八章　教案

引論

自天津條約訂立以後，外人始得入內地傳教的權利。因此在同治年間，總理衙門最感困難的莫過於所謂教案。從元年到十三年，幾乎年年有教案，處處有教案。本章第一節首論當時中央政府之政策。這個政策是條約及情勢兼顧的。雖然，教案仍舊發生，可見這政策必有未行或不能行的根本原因：這是讀者應特別研討的。第二節論江西教案。我所以選這個案子有幾層理由。一則因爲這案是最早發生的案子。二則因爲這案有夏燮的詳細記錄。夏燮曾身與其事，並且他的態度是十分客觀的。在他的記錄中，我們可以窺見士大夫階級的激昂及知識的淺陋。三則因爲當時的江西巡撫是沈葆楨。沈文肅是林文忠的女壻，且有文忠的風度。因爲他是個忠實儒者，所以他很愛民，愛惜士大夫，愛護儒教；因此他覺得排異教者的志向是可嘉的。四則因爲這案曾引起郭嵩燾的干涉。郭氏也是一個忠實儒者，不過因爲他在此以前曾有點外交經驗——在咸豐末年，他曾跟着僧格林沁對付英法聯軍——又因爲他不像一班士大夫好客氣用事，所以江西教案一起，他就大聲疾呼的，不顧時人的輿論，反對倡高調者。同光時代中國的大不幸是郭氏的同志太少了；而這少數人又不能得政權。他的養知書屋文集至今有披閱的價值。第三節論天津教案。這是在庚子以前最大的教案。當時的直隸總督就是曾國藩天津府縣都是他的得意屬員。他的辦法，據我看來，是最正當的，確是他同時得罪了中國士大夫政外國的外交官與傳教士。足見教案的麻煩。

第九章　邊省與藩屬

引論

人類的歷史沒有一頁不見帝國主義的踪跡的。無論是石器時代，遊牧時代，農業時代，工業時代，沒有一個民族不圖侵佔外族的土地或利源。雖然，自十五世紀以來，帝國主義到了一個新階段。已往的舞場是一較小區域；近代則以全世界爲其表演所。近代史是世界史，不像已往那樣可分爲地中海流域史亞東平原史等。在這個大階段內，一千八百七十年，即我國同末光初之際，又可算一個小分界。在這時候，德意志及意大利都統一了；統一以後，即加入世界競爭。因爲競爭者多了，於是競爭的程度也就高了。並且在一千八百七十年以前，全世界只有一個工業化的國家，那就是英國。彼時英國是全世界的工廠，而全世界是英國的市場。在這以後，美德法俄意亦逐漸工業化了，美德的進步尤爲驚人。於是國際市場的搶奪成爲各國的大政。加上交通工具的進步，世界極偏僻的地方尙逃不脫這種搶奪的光顧。

同時在西洋發生一種有力的思想潮流，大可鼓勵帝國主義的推演。達爾文在一千八百五十九年，即咸豐九年發表他的大創著生物種類的來源。少數言論家不加考慮，就把達爾文的學說，引用於國際政治。「優勝劣敗」——那末，勝者必優，敗者必劣。以優秀民族來統治劣族不過是助天工的自然淘汰。白人之中誰優誰劣，雖有問題，但一切白人較優於一切色族，在白人的心目中，這是毫無疑問的。因此色族的統治及他們的土地的瓜分不但是白人的經濟需要，簡直是白人義不容辭的責任！

以上是一千八百七十年以後的大趨勢。在中國方面，還有一層特殊情形。中國的國際地位原來很像剪刀口中之被割裂者。這把剪子的一面是由旱路自北而南下的俄羅斯，其他一面是由水路自南而北上的英法美德諸國。在十九世紀的末後三十年，這把剪子的作用更加積極，這是用不着說的。但我們情形的特別，倒不在乎此；我們的特別是在十九世紀末年又加了自東來的，向我們正面砍殺的一把屠刀——日本。

光緒年間的政治家固有許多地方使我們不滿意的，但是他們確比前人有進步。無奈他們築堤一寸，外來的潮漲了一尺。

讀者認識了這種根本形勢，然後能了解以下各章的具體事實。

第一節 臺灣問題

引論

臺灣問題的發生有兩個根本理由。一個是日本正面所殺的開始；一個是世界大勢不容一個弱國如中國空享主權而不盡主權者的責任。

這一節有幾點是我們應該注意的。第一、日本進攻臺灣的消息，我們最初得自西人，且半信半疑。第二、沈葆楨受命辦理臺灣海防以後，只好臨時抱佛脚。第三、中國彼時就好找西洋各國來處置中日兩國間的問題。第四、日本特使大久保乘機大敎訓我們如何主權與責任不能分離。第五、因臺灣問題，我們想起新式海軍之必要；於是我們的派軍自始卽以日本爲理想之敵。第六、日本進兵臺灣，我們不但未抵抗，反出錢以誘其撤退。別的國家豈不願效尤？第六、臺灣問題的解決方法使日人以爲中國默認琉球是屬於日本。

第二節　馬加理案

引論

因爲英國想從緬甸進西南，以免法國佔先着，於是有馬加理案的發生。在道光年間，英國借林文忠焚毀鴉片的事情來樹立新通商制度。在咸豐年間，英國利用亞羅案子來擴充在華通商的權利。那兩次英國都成功了。馬加理案本是小案。因爲雲南地方官吏的敷衍，英國公使威妥瑪得師故智借題要挾。於是小案變成大問題了。

究竟馬加理是誰害殺的，直到煙臺定約的時候，中英尙各有各的說法。李鴻章致沈葆楨的信(13)似乎證明英國的說法是對的。

這案的解決條件之一是由中國派使者到英國去道歉。公使就是郭嵩燾。中國從此設駐外使館。郭氏的日記描寫他的經驗和感想，是十分有趣的。但王湘綺記時人對郭氏言行的感想更加有趣。

第三節　琉球問題

引論

琉球隸屬中國，起自明洪武十五年，西曆一千三百七十二年。自那時起，直到清光緒初年，歷五百年，琉球按期進貢，曾未中斷過。但在明萬曆三十年，西曆一千六百零二年，琉球又向日本薩摩諸侯稱藩，就成了兩屬，好像一個女人許嫁兩個男子。幸而這兩個男子曾未遇面，所以這種奇特現像倒安靜的存在了二百七十餘年。自日本維新，力行廢藩以後，琉球在日本人看來，既然是藩屬，也在應廢之列。日本初則阻止琉球入貢，繼則改琉球為縣。中日間的琉球問題就這樣的發生了。

在中國方面，這問題的發動在福建地方當局，因為琉球進貢通商皆由福州入口。但最初地方及中央並無政策，僅令駐日公使何如璋去試試。何氏以「日本通」自居，就積極幹起來，結果成為僵局。

適是時美國前任總統格蘭忒到遠東來遊歷。李鴻章及恭親王不明瞭前任總統的地位，就請格蘭忒調停。格氏被李鴻章灌了不少米湯，居然一口答應了。這一幕完全是外行演的。

光緒六年，中俄關係因伊犂問題以致緊張的時候，我們怕日本與俄國合作，日本想有機可乘，於是宍戶璣在北京與總理衙門進行直接交涉。日本的方案是瓜分琉球羣島，同時中國與日本互給最惠國待遇。總理衙門接收了這個方案，且自以為外交得勝，可以收場。不料少數青年文人政治家如陳寶琛，張之洞等，世所謂清流黨，大起反對，斥總署的外交爲幼稚。總署得了醇親王的協助還不能壓倒反對派。最後訴諸李鴻章，李氏亦不以給日本最惠國待遇爲然。宍戶璣與總署所定的草約遂擱淺了。

第十章　伊犂問題

引論

俄國在尼古拉一世（Nicolas I）時代竭力經營中央亞細亞。到一千八百五十年，俄國的疆界已與新疆西界相連。次年，咸豐元年，中國許俄商到伊犂及塔爾巴哈臺兩處通商。於是俄國與我們的西北除鄰近外，尚有所謂經濟利益。

咸豐同治兩朝，我們接續的爲三個大內亂所困：太平天國，捻匪，及回亂。回亂的區域很大，南有雲南，北有陝甘及新疆。陝甘的領袖是白彥虎；新疆的領袖是阿古柏。阿古柏於同治四年佔莎車疏勒；六年佔温宿及和闐，儼然一個獨立國家，英俄兩國竟與通使立約。俄國因種種原故，於同治十年，一八七一年，佔據伊犂。第一、俄國的屬民之內有不少的回教徒。倘阿古柏的勢力太大，他不會吸引或鼓動俄國的回教徒嗎？佔伊犂形勢之地，就是牽制阿古柏最好的方法。第二、俄國的軍事家以爲中央亞西亞的疆界非自然的，難於防守，不若趁中國勢力不能達到新疆的時候，加以修正。第三、俄國佔伊犂以保商業。這是伊犂問題發生的背景。

第一節述俄佔伊犂以後的初步交涉。俄國一面要求先解決中俄之間的懸案，然後交涉伊犂；一面確又冠冕堂皇的說，等到中國的勢力能達伊犂的時候，她一定交還，她的佔據是暫時的，代守的。

到了同治十三年年底，左宗棠已平定陝甘的回亂，正預備着出師新疆。問題是如何籌軍費；方法是靠沿海各省的協濟。那末，這時候因爲臺灣問題，沿海的督撫如李鴻章，沈葆楨，丁日昌都主張大辦海軍。軍費也是問題。他們的答案是放棄新疆，省下錢來辦海軍。同末光初的海防與塞防，東南與西北的輕重先後的爭執是我國歷史上的大辯論之一。這是第二節所述的。

辯論的結果是妥協：海軍也辦，新疆也要收復。光緒四年春，左宗棠的大功告成了。於是中國就派崇厚出使俄國，主要使命的索回伊犂。總理衙門所以派崇厚是因爲他在北洋通商大臣任內頗得外人歡心，且曾出使法國，代表政府爲天津教案道歉。正因爲他是外人所稱贊的，士大夫階級就不喜歡他。並且他所訂的條約實在應受攻擊。這樣那班少年文人政治家——清流黨——得着出風頭的機會了。我們讀第三節的時候，應該特別注意這些人的言論。最有趣的是他們主張定崇厚死罪，以示中國的決心。

等前清廷算好了清流黨外交的代價，決定赦免崇厚，再派曾紀澤出使俄國。我們如果切實研究第四節，就能了解曾氏外交勝利的所以然及外交家之所以成爲外交家。

第十一章　越南問題

引論

法國與越南之關係，起自十七世紀末年，卽康熙中年。是時法國東印度公司派代表至越南要求通商。越南不許，法國亦未堅持，因爲在法王路易十四正忙於大陸戰爭。在十八世的中年，法屬印度總督杜卜萊（Dupleix）曾擬由印度向東發展以達越南，但因在印度爲英所敗，遂未實行。一七七六年，越南內亂，阮福暎信了法國敎士的計策，派敎士畢約（Pigneau de Behaine）出使法國求援。畢約於一七八七年在維爾塞與法國訂約，法擔任派兵一千六百助阮氏，阮氏允割二島作酬報。法國因故未派兵，所以這約並未實行。阮氏得了少數洋將的幫助，終於十九世紀初年統一越南。

在十九世紀的前半，阮福晈，福時，福任相繼爲王，都行閉關主義，拒絕法國派領事，屢殺敎士及敎徒。拿破侖三世在法稱帝以後，竭力聯絡敎堂以圖維持其帝位。英法聯軍攻天津以後，法國就進攻越南。同治元年，一八六二年，法越定西貢條約。根據此約，越南（一）割南三省與法國，（二）許傳敎及信敎自由，（三）賠款四百萬元，（四）如割地與他國，必先得法國的同意。越南不服，暗阻義勇軍以收復失地。法人遂進而佔西南三省，以絕亂根。這是同治六年的事情。

前段所講的事情，法國未通知中國，越南亦未報告中國。所以法越的衝突未影響中法關係，亦未影響中越的宗藩關係。越南仍舊進貢。

法國得了南圻三省之後，湄公江口遂入法人之手。湄公江在中國境內的一段稱瀾滄江。法人以爲若湄公江能通航，則法國與中國西南三省的通商因得便道就可發展了。同治四年，交阯支那總督派特拉格來（de Lagrée）及晃西士安鄴（Francis Garnier）組探險隊去調查湄公江。發現湄公江並不適於航行。

是時法商睹布益（Jean Dupuis）在漢口因軍器與湖廣總督李翰章發生關係。雲南巡撫岑毓英及提督馬如龍爲剿回亂的方便，轉請睹布益到雲南。同治八年，雲南當局許睹布益由紅江轉運軍火入雲南。法人竟在中國保護之下發現了中越之間的水路了。

睹布益在販軍火往來紀江的時候，已爲越南人所不滿；後來他又販鹽，遂與越南起衝突了。是時法國總督杜白蕾（Duperré）既知道要由越南進中國西南最好經紅江，要航行紅江必發展勢力到越南北圻，於是調安鄴去援助睹布益。安鄴後雖死於黑旗軍劉永福之手，越南於同治十三年與法國訂第二次西貢條約。這約是矛盾的，一方面法認越南爲獨立，同時越南外交又規定由法主持。此外這約給了法國紅江航行權。

次年，光緒元年，法國駐北京代理公使羅淑亞（Rochechouart）致照會於恭親王，報告法越所訂的新約，並要求中國許在雲南通商及防止中國匪徒進越南。法國認越南爲獨立，這就是否認中國在越南的宗主權。恭親王應該趁機抗議法越條約。他並沒有，因爲他不知道這種宗主權與國際的承認或否認有關係，他以爲只要越南繼續承認，那就够了。但他對羅淑亞確曾聲明越南既是中國的藩屬，中國自有保護責任，防止匪徒是當然的；至於雲南通商，那是不可能的。這個聲明間接否認了法越新約。如法國要保存這約的權利，羅淑亞應該抗議。但他也沒有抗議。其實這時中法雙方均無決心。光緒初年的時候，法德關係很壞，法國不敢在遠東多事，且國內反對共和政體，圖謀復辟者有不少的人。總理衙門亦樂得將就過去。此後越南仍照舊進貢。光緒四年，中國且派兵進越南，幫助剿匪。

光緒四年，一八七八年，在柏林會議，畢士麥曾告法國代表瓦定敦（Waddington）如法國圖謀收復失地，那德國將不客氣；如法國將從事海外發展，則德國願意贊助。次年年初，復辟黨失敗，共和黨操政。共和黨中有不少人士主張接收畢士麥的方案，作爲暫時的妥協。同時在越南，法國這時也感覺現狀之不滿。第一、因黑旗軍的阻撓，紅江的航行不能完全實現。第二、自第二次西貢條約以後，中越的關係反日趨密切。第三、法國恐英國將先下手。因此層層理由，法國於一千八百八十年，光緒六年，決計在越南北圻再進一步。

是時曾紀澤正在俄京。他聞信即向法外部提出抗議。從這個抗議起，越南問題就成中法問題了。

第十二章　朝鮮問題

引論

在中國的藩屬之中，從國防上看來，最要緊的是朝鮮。因爲這個原故，李鴻章對伊犁及越南諸問題都主張消極，以便集中力量來保朝鮮。雖然，總理衙門及李鴻章的朝鮮政策不是前後一致的。這政策的演變是我國外交史的最有趣的一段。

在明治維新以前，日韓關係，在日本方面，由幕府主持，由對馬島之藩主執行。維新初年，日人的新政遂成了日韓關係的阻礙。這時朝鮮的國王李熙年幼，他的父親大院君李昰應攝政。大院君素仇視外人，屢殺傳教士；他的政策是閉關自守。他對日本的新政是很不滿意的，以爲日本從此變爲無法之國了。日本以「皇上」名義來的公文，日本着新式禮服的官吏都是大院君拒絕與日本往來的理由。於是日本國內發生「征韓」之潮流。「征韓」的理由，除朝鮮不與新日本往來外，可說有三：（一）日本不向海外發展不能圖強，（二）日本不先下手，西洋各國將佔朝鮮，（三）征韓能爲因日本廢藩而不得志者謀出路。這種動機是强有力的。光緒元年（明治八年）又發生朝鮮砲擊日本測量船的事情，這就是所謂江華島事件。「征韓」之潮因此大漲。反對征韓者以爲日本應先理內政，後圖向外發展；所以他們並不是反對征韓，不過反對彼時征韓。這派人——岩倉具視，大久保利通，伊籐博文，井上馨等——也覺得在華江島事件以後，日本對韓不能不有所舉動。日本政府於是一面派黑田清隆及井上馨率軍艦到朝鮮去交涉通商友好條約，一面派森有禮來北京試探中國的態度並避免中國的阻抗。

本章第一節述森有禮與總理衙門及李鴻章的交涉。李與總署的態度大體是一致的：（一）朝鮮的內政外交，中國不干涉，也不負責；（二）朝鮮久爲中國的藩屬；（三）根據中日條約之所屬邦土不相侵犯一條，日本不得侵犯朝鮮。森有禮則謂中國既不負責，就無宗主權；有之，亦是禮貌的，有名無實的；所以日韓的關係，中國不得干涉。實在這個衝突就是中國傳統的宗藩觀念與近代的國際公法之宗藩觀念的衝突。日本的立場合乎時潮，我們的則不合。在朝鮮問題的開端，我們就爲傳統所誤。

黑田及井上與朝鮮所訂的條約承認朝鮮爲獨立自主之邦，與日本平等。這就是間接的否認中國在朝鮮的宗主權。日韓雙方均曾送這條約給中國政府看。總署亦未向日本抗議，禮部亦未責備朝鮮。中國又爲傳統所誤，因爲中國歷代的宗主權未曾因國際的承認或否認而發生問題。照傳統的觀念，只要朝鮮承認中國爲宗主，那就夠了。在光緒初年，「天朝」在朝鮮的威信，朝鮮對「上國」的忠順都是全無問題的。總署因此就未重視日韓條約。

等到琉球問題發生，（參看第九章第三節），少數人士以爲日本既能滅琉球，就能滅朝鮮。他們主張由中國勸朝鮮與西洋各國立通商條約，借英美法德通商的利益，來抵抗日本及俄國的土地的野心。李鴻章如何誘導朝鮮走這條路：朝鮮的懷疑與躊躇；李氏如何促進美韓條約的成立及在這約中如何保留中國的宗主權：這是第二節所述的。

美韓及英韓條約成立以後不滿兩月，就發生所謂壬午事變。這個事變表面上是朝鮮守舊黨與開化黨的衝突，實際是王后閔妃與大院君爭權。中國派兵表面上是代朝鮮平內亂，實際是防日。這次派兵的影響極大。第一、自元朝以後，中國干涉朝鮮的內政以這次爲最積極。且事變平定後，中國留兵駐防。因此中國在朝鮮的勢力大爲長進。第二、這次隨軍隊到朝鮮去的有兩個少壯人物，張謇和袁世凱。他們看見朝鮮之不敢抵抗「天兵」，又看見日人之不敢多事，於是以爲中國既能爲所欲爲，應該行積極政策，或改朝鮮爲行省，或派大員監國。在北京的清流黨如張佩綸及鄧承修甚至主張由李鴻章率師討伐日本。李氏亦主積極，但方式不同。這是第三節所述的。

壬午事變以後，朝鮮人想學日本以圖强者加多。日本想扶朝鮮獨立，藉以減殺中國的勢力者亦加多。光緒十年中法戰爭一起，日人及朝鮮的親日派以爲有機可乘。這是甲申事變的背景。次年，李鴻章與伊籐在天津訂立協定，其中最要一條規定以後中日兩國均得派兵到朝鮮，只要彼此事先通知。伊籐的外交得了勝利，這是很明白的，且甲午的禍根，就在此條。但李氏也有他的理由。這是第四節的內容。

末後三節述中國勢力的長進。英俄的角逐替中國造了機會。我們在甲午以前的九年適有袁世凱在朝鮮，能充分利用這個機會。於是朝鮮與西洋的邦交，因中國的干涉，不能自由。朝鮮的海關，電政，外債，幾全在中國之手。到了甲午年，中國的宗主權完全換了內容，袁氏可說是朝鮮的太上王。

這一章所述的，可說是中日甲午之戰的遠因。

第十三章　甲午之戰

引論

前一章所述的是甲午之戰的遠因；本章第一節及第二節所述的是甲午之戰的近因。

金玉均是朝鮮人；刺客也是朝鮮人。行刺地點是上海公共租界。彼時日本在中國沒有領判權，所以這案是日本所不能干涉的。日本政府始終亦未過問。但金玉均是開化黨親日派領袖之一。自甲申事變後，他逃難在日本。日本自由黨的人多與他勾結。被刺的消息傳到日本以後，輿論為之沸鼎。後金氏的屍身又在朝鮮遭屠戮，日人更為憤慨。讀者根據前一章及本節的史料不難解決金氏被刺的責任問題。

東學黨之亂是朝鮮腐化的暴露。李鴻章，袁世凱，及總理衙門均主張派兵助朝鮮平定內亂；足證我們不知道彼時日本的國情。日本民間有激昂的輿論，政府又見中國在朝鮮的勢力已澎漲過甚，於是決定假保衞使領及僑民的名義亦同時出兵。但是東學黨勢力所到之處離使領及僑民所在之地甚遠。並且東學黨之亂不久亦告平息。更加上中國願意撤兵。日本有何口實不撤兵呢？倘日本與中國都撤兵，那甲午之戰就可免了。日本外務大臣陸奧為渡過這難關，要求中日兩國協議强迫朝鮮改革內政。倘中國接收這項要求，其結果必是中日共管朝鮮。這是中國所不能容許的。所以朝鮮內政改革的問題是甲午之戰的最直接，最近的導火線。其責任不能不歸給陸奧。

我們對甲午之戰有一個大誤會，以往我們都說李鴻章主和。其實李氏這年軍事主張緩進，外交則主張不讓步。他這個外交積極，軍事有消極的辦法是反常態的，以後竟遺誤軍事。但李氏也有他的理由：他以為俄國的援助是可靠的。但是他的聯俄外交也有毛病。第一、各國的大政不是一個駐外的公使所能決定的。李氏這年過於篤信喀西尼的談話。第二、中國這年如要得外援，必須使英俄合作。李氏反於這時離開英俄。

論戰時之外交的第三節不過暴露中國外交到這時還爲「體制」所誤。第四節論馬關議和。李氏的負責與北京的不負責是讀者所應該注意的。

血歷史96　PC0674

新銳文創
INDEPENDENT & UNIQUE

中國近代史論集：
蔣廷黻外交史著作選（復刻典藏本）

原　　著	蔣廷黻
主　　編	蔡登山
責任編輯	洪仕翰
圖文排版	詹羽彤
封面設計	楊廣榕

出版策劃	新銳文創
發 行 人	宋政坤
法律顧問	毛國樑　律師
製作發行	秀威資訊科技股份有限公司 114 台北市內湖區瑞光路76巷65號1樓 電話：+886-2-2796-3638　傳真：+886-2-2796-1377 服務信箱：service@showwe.com.tw http://www.showwe.com.tw
郵政劃撥	19563868　戶名：秀威資訊科技股份有限公司
展售門市	國家書店【松江門市】 104 台北市中山區松江路209號1樓 電話：+886-2-2518-0207　傳真：+886-2-2518-0778
網路訂購	秀威網路書店：http://www.bodbooks.com.tw 國家網路書店：http://www.govbooks.com.tw

出版日期	2017年10月　BOD一版
定　　價	430元

Printed in Taiwan

國家圖書館出版品預行編目

中國近代史論集：蔣廷黻外交史著作選（復刻典藏本）/ 蔣廷黻原著 ; 蔡登山主編. -- 一版. -- 臺北市 : 新銳文創, 2017.10

面 ; 公分. -- (血歷史 ; 96)

BOD版

ISBN 978-986-95251-4-5(平裝)

1. 近代史 2. 中國史 3. 文集

627.607 106013820

讀者回函卡

感謝您購買本書，為提升服務品質，請填妥以下資料，將讀者回函卡直接寄回或傳真本公司，收到您的寶貴意見後，我們會收藏記錄及檢討，謝謝！如您需要了解本公司最新出版書目、購書優惠或企劃活動，歡迎您上網查詢或下載相關資料：http:// www.showwe.com.tw

您購買的書名：______________________________

出生日期：________年________月________日

學歷：□高中(含)以下　□大專　□研究所(含)以上

職業：□製造業　□金融業　□資訊業　□軍警　□傳播業　□自由業
□服務業　□公務員　□教職　□學生　□家管　□其它_____

購書地點：□網路書店　□實體書店　□書展　□郵購　□贈閱　□其他

您從何得知本書的消息？

□網路書店　□實體書店　□網路搜尋　□電子報　□書訊　□雜誌
□傳播媒體　□親友推薦　□網站推薦　□部落格　□其他_________

您對本書的評價：(請填代號　1.非常滿意　2.滿意　3.尚可　4.再改進)

封面設計____　版面編排____　內容____　文／譯筆____　價格____

讀完書後您覺得：

□很有收穫　□有收穫　□收穫不多　□沒收穫

對我們的建議：______________________________

____

____

____

請貼
郵票

11466
台北市內湖區瑞光路 76 巷 65 號 1 樓

秀威資訊科技股份有限公司 收

BOD 數位出版事業部

（請沿線對折寄回，謝謝！）

姓　　名：________________ 年齡：________ 性別：□女　□男

郵遞區號：□□□□□

地　　址：____

聯絡電話：（日）________________（夜）________________

E-mail：____